아동 생활지도

GUIDANCE OF YOUNG CHILDREN

아동 생활지도

GUIDANCE OF YOUNG CHILDREN

이소은 /
이완정 /
성미영 /
권기남 /

(주)교 문 사

Preface ; 머리말

영유아의 건강한 성장과 발달에 있어 성인의 바람직한 생활지도가 가지는 의의는 매우 크다. 영유아는 살아가면서 주변 사람의 안내에 따라 기본생활습관을 갖추고, 부정적인 감정을 느끼게 되는 장면에서는 이를 어떻게 표현하는 것이 적절할지 배우게 되며, 또래 등 상대와의 상호작용에서 바람직하게 행동하는 방식에 대해 알게 된다.

이외에도 영유아는 성장하면서 크고 작은 실수를 하는데 주로 의도하지 않은 잘못을 저지르기도 하지만 때로는 의도하고 거짓말을 하는 등 문제행동을 하기도 한다. 영유아의 연령이 어려 자아통제나 자기규제가 덜 발달되어 있기 때문에 이러한 일은 무수히 반복되어 일어나게 마련이다. 이들은 아직 양심의 발달이 충분히 이루어지지 않았으며 도덕성 발달도 초보적인 단계에 머물러 있다. 그러므로 영유아의 실수나 잘못을 야단치기보다는 이들이 바람직한 판단과 행동 기준을 배우고 궁극적으로 자신에 대한 자아존중감을 높일 수 있도록 긍정적인 방식으로 영유아를 지도할 필요가 있다.

이 책은 영유아 성장과 발달에 대한 기초 지식을 토대로 영유아의 가정 및 보육교육기관에서의 일상생활을 바람직하게 지도하는 데 필요한 이론과 실제를 다루고 있다. 1부에서는 아동생활지도의 기초를 다루고 있다. 아동생활지도의 개념과 특성을 이해하고, 아동생활지도를 접근하는 여러 가지 이론적 접근에 대해 다루고 있다. 영유아의 행동을 이해하기 위해 영유아의 행동에 영향을 미치는 여러 가지 요인을 살펴보고, 영유아의 행동을 관찰, 평가하고 진단하는데 필요한 기법과 내용을 안내하고 있다.

2부에서는 아동생활지도의 원칙과 실천기법에 대해 자세히 다루고자 하였으며, 이를 토대로 보육교육기관과 가정에서 생활지도를 할 때 따라야 할 기본원리를 설명하였다. 3부에서는 영유아의 발달 특성에 대한 이해를 기본으로 어떻게 생활지도가 이루어져야 하는지에 대해 0~1세 영아, 2세 영아, 3~5세 유아의 발달단계별로 나누어 다루고 있다. 마지막으로 4부에서는 아동생활지도의 실제에 대해 안내하였다. 영유아를 위한 기본생활습관지도의 원리와 특성을 다루고, 부적응행동을 이해하고 이를 어떻게 지도해야 할지에 대해 설명하고 있으며, 영유아 장애지도에 대한 기본개념을 소개하고 있다.

이 책은 네 명의 저자들이 공동 연구로 저술하였다. 1부 1~3장은 성미영, 4장은 이완정, 2부 5~6장은 이소은, 7~8장은 이완정, 3부 9~11장은 권기남, 4부 12~15장은 이소은이 저술하였다.

2013년 초봄

저자 일동

Contents ;차례

| PART 2 |

아동생활지도의 접근

| PART 3 |

아동의 발달특성과 생활지도

| PART 4 |

아동생활지도의 실제

아동생활지도는 개별 영유아의 성장 및 발달을 극대화시키고 잠재적 능력을
개발하도록 돕는 과정이다. 생활지도 과정을 통해
영유아가 현재 당면하고 있는 문제를 현명하게 해결해나갈 수 있도록 도울 뿐만 아니라,
앞으로 발생 가능한 문제를 효과적으로 다룰 수 있는 능력을 길러 줄 수 있다.

PART 1

아동생활지도의 기초

CHAPTER 1

아동생활지도의 이해

학습개요

영유아는 일상에서의 새로운 경험을 통해 많은 것을 배우면서 성장한다. 그러나 일상 생활에서 부딪치는 모든 문제를 영유아 스스로 해결하고 적응해나가기는 어렵다. 따라서 영유아가 자신의 문제를 스스로 파악하여 해결할 수 있는 능력을 갖출 수 있도록 주위에서 도울 필요가 있다.

이 장에서는 먼저 아동생활지도의 개념을 정의하고, 아동을 대상으로 한 생활지도가 왜 필요한지, 그리고 목표는 무엇인지를 살펴보며, 이러한 목표를 달성하기 위해 요구되는 아동생활지도의 일반적인 원리에 대해 살펴본다.

학습목표

- 아동생활지도의 개념과 영역을 파악한다.
- 아동생활지도의 목표를 설명한다.
- 아동생활지도의 기본원리와 필요성을 이해한다.

주요 용어

아동, 생활지도, 권리존중, 문제예방

아동생활지도의 개념

아동생활지도는 개별 영유아의 성장 및 발달을 극대화시키고 잠재적 능력을 개발하도록 돕는 과정이다. 생활지도 과정을 통해 영유아가 현재 당면하고 있는 문제를 현명하게 해결해나갈 수 있도록 도울 뿐만 아니라, 앞으로 발생 가능한 문제를 효과적으로 다룰 수 있는 능력을 길러 줄 수 있다. 이러한 측면에서 아동생활지도는 영유아교육현장에서 필수적인 교육영역의 한 분야로 볼 수 있다. 아동생활지도는 영유아를 둘러싼 주변 생활영역에서 발생하는 모든 일상활동을 대상으로 영유아가 경험하는 부적응이나 문제 상황을 사전에 예방하거나, 조기에 발견하여 치료하도록 도와주는 과정을 의미한다.[홍연숙·김진선·손윤경, 2006]

생활지도라는 용어는 일반적으로 훈육, 지도, 행동지도 등 다양한 용어로 사용되어 왔다. 전통적으로는 훈육이라는 용어가 많이 사용되었는데, 훈육[discipline]은 라틴어인 'disciplina'에서 유래된 용어로 지시하거나 가르치는 것을 의미하고, 영유아의 행동을 변화시키거나 통제하는 모든 행동이나 말로 정의된다.[Marion, 1991] 전통적인 관점에서 훈육은 본보기가 되는 대상을 관찰하여 그 행동을 학습하는 과정이며, 영유아가 바람직한 행동을 하도록 이끌어 바로잡는 과정으로 간주된다. 영유아는 권위나 통제에 순종하여 부모나 교사가 옳다고 생각하는 바를 따르고, 바람직하지 못한 행동을 하였을 경우 벌이나 체벌을 통해 통제를 받았다. 이러한 전통적인 훈육의 의미는 아동발달심리 연구와 아동중심 사상이 확산됨에 따라 성인에 의한 훈육보다는 영유아 자신의 자율적인 자기통제에 의한 훈육 개념으로 수용되고 있어, '훈육'이라는 용어보다는 '생활지도'라는 용어를 주로 사용하게 되었다.[조운주·최일선, 2004]

영어의 'guidance'는 '안내하다' '이끌어주다' '지도하다'의 의미가 있으며, 'guide'에서 유래하였다. 일반적으로 생활지도라는 개념은 지도[guidance], 지시[direction], 안내[pilot], 관리[management], 조정[steering] 등의 다양한 의미를 가진다. 이처럼 다양한 의미를 가진 생활지도를 한마디로 정의하기는 어렵다. 생활지도에 대한 정의는 학자마다 상이하며, 먼저 외국 학자의 경우 존스[Jones, A. J]는 생활지도를 "현명한 선택과 적응을 위해 개인에게 제공되는 조력"을 뜻한다고 보았으며, 이러한 개인의 선택은 생득적인 능력이 아니므로 지도가 필요하다고 보았다. 따라서 생활지도란 현명한 선택, 문제해결, 또는 환경적응에 있어서 각 개인에게 주어지는 조력을 의미하고, 이는 각 개인의 선택이 타인의 권리를 침해하지 않는 범위에서 민주적 원리에 기초를 두고 있음을 의미한다.[홍연숙·김진선·손윤경, 2006] 셰르처와 스톤[Shertzer & Stone, 1974]은 생활지도를 "개인이 자기 자신과 자신의 세계를 이해하는 데 돕는 과정"으로 정의하였고,[강문희, 2001] 밀러[Miller, 2000]는 생활지도를 느리고 복잡한 방법으로 할수록 더 특별한 가치를 지닌다고 하였다. 즉, 긍정적이면서 확고한 훈육 수행은 부가적 기술이나 노력을 필요로 하지만, 개인의 성장과 영유아기 생활에 영향력을 미치는 측면에서는 가치 있는 방법이라고 보았다.[조희숙·공숙자·김선옥, 2003] 또한 트랙슬러[Traxler, 1966]는 생활지도를 "학생 각자가 자신이 지닌 능력, 흥미, 인격적 특성을 이해하여 이를 최대한으로 발전시켜나가며, 자신의 생활목표와 결부시켜 결국에는 민주사회의 바람직한 시민으로서 원만하고 성숙한 자기지도를 이루는 과정"으로 정의내림으로써 생활지도에서 자기이해와 자기지도를 강조하였다.[강문희, 2001]

국내 학자의 경우, 정원식[1982]은 아동생활지도를 "모든 아동이 일상생활에서 당면하는 여러 가지 문제를 자력으로 해결함으로써 건전하게 성장하고 발달하도록 도와주는 봉사활동의 과정"이라고 정의하였다. 이재창[1995]은 자기 자신과 주위세계를 잘 이해하여 현명하게 선택하고 적응함으로써 건전한 사회의 일원으로 성장하고 발달하는 일련의 지속적인 조력과정으로 생활지도를 정의하였다.[조윤주·최일선, 2004] 공석영 등[2000]은 "생활지도란 개인이 자신과 환경에 대한 이해를 통해 건전하게 적응하도록 조언하는 조직적인 교육활동"으로 보았다. 따라서 생활지도는 자기발견과 탐구의 과정으로 자기지도력[self-direction]을 배양하는 데 그 의의가 있다. 이처럼 영유아의 성장과정에서 교육적 지도로 이루어지는 생활지도는 영유아의 책임감, 자신감, 절제력 발달을 돕는다.

이상에서 살펴본 바와 같이 여러 학자들의 정의를 종합해볼 때, 생활지도란 개별 아동이 자기의 일상생활에서 당면하는 여러 가지 상황을 이해하고 이에 자율적으로 대처해나가는 능력을 길러줌으로써 건전하게 성장하고 발달하도록 돕는 과정이며,[강문희, 2001] 생활지도의 개념을 정의하는 데 있어 중요한 것은 다음의 세 가지 요소이다. 첫째, 생활지도는 아동 자신이 당면한 상황이 무엇인지를 이해하도록 돕는다. 둘째, 생활지도는 아동이 당면한 사태에 대처함에 있어 타인에게 의존하기보다는 자율적·효율적·창의적으로 해결하도록 돕는다. 셋째, 생활지도는 아동이 원만하고 성숙한 민주시민으로 성장하고 발달하도록 돕는다.

아동생활지도는 영유아가 긍정적인 행동을 하도록 돕는 것을 의미하며, 교육과 관련된 경우에는 영유아 스스로가 자신의 문제를 보다 심도 있게 이해하도록 도와주는 다양하고 풍부한 경험을 제공하는 것이다.[조운주·최일선, 2004] 영유아는 신체적·인지적·정서적·사회적으로 미성숙하고, 발달과정에 있으므로 생활 속에서 부딪히는 문제나 위기를 스스로 해결해나가기 어렵다. 따라서 부모와 교사는 영유아가 문제를 바르게 인식하고 해결해 나갈 수 있도록 지원한다. 학자들마다 생활지도의 의미를 다양하게 부여하고 있으나, 생활지도의 개념을 종합해보면 생활지도는 영유아가 전 생애에 걸쳐 유용한 기술을 발달시키도록 돕는 과정이자, 영유아의 성장 발달과 사회적 요구에 기초한 가르침이며, 자기이해를 돕는 과정으로 정의할 수 있다.

아동생활지도의 영역

영유아를 위한 생활지도는 영유아의 모든 생활영역에서 지속적으로 이루어져야 한다. 따라서 가정과 유아교육기관은 물론 지역사회에서 직면하는 다양한 문제를 영유아 스스로 해결할 수 있도록 도와주며, 이러한 경험을 통해 조화로운 성장과 발달을 이룰 수 있도록 돕는 활동이 모두 생활지도의 영역에 포함된다.[홍연숙·김진선·손윤경, 2006] 기본생활습관지도, 사회생활지도, 안전생활지도, 건강생활지도, 친환경생활지도 등의 영역이 영유아를 위한 생활지도 영역의 예에 해당한다.[강문희, 2001]

기본생활습관지도

영유아는 기본적인 생활습관을 생의 초기부터 일상생활을 통해 익히게 된다. 올바른 인사예절, 청결한 몸과 마음 가꾸기, 질서 지키기, 건강한 식사습관과 수면습관, 절약하기 등은 영유아기부터 형성해야 하는 중요한 기본생활습관에 해당한다. 이러한 생활습관은 어렸을 때부터 형성되며 영유아기에 올바른 습관을 형성하는 것은 매우 중요하므로 기본생활습관지도는 아동생활지도에서 가장 중요한 영역에 해당한다.

사회생활지도

영유아는 다른 영유아와 함께 놀이하고 활동하는 동안 협동과 사회적 규범의 중요성을 깨닫고, 이러한 사회생활을 통하여 많은 것을 학습한다. 또래와의 관계에서 자신의 생각과 감정을 적절히 표현할 수 있는 능력을 기르며, 또래와 서로 협력하여 목표를 달성하기도 하고, 목표를 달성하는 과정에서 만족감을 얻는다. 이처럼 사회생활은 영유아의 사회적·정서적 발달에 중요한 역할을 담당한다. 아동은 또래와의 관계에서 사회생활에 필요한 행동을 배우며, 사회적으로 인정받는 바람직한 행동과 올바른 사회적 태도, 도덕적 가치관을 학습한다. 아동의 사회성 발달을 돕고, 원만한 민주시민으로 성장하도록 아동의 사회생활을 지도하는 것은 생활지도의 중요한 영역이다.

안전생활지도

영유아기는 호기심이 많은 시기이나, 아직 인지적 판단력이 충분히 성숙하지 못했기 때문에 주위환경의 자극에 대해 민감하게 반응하며, 때로는 충동적인 행동을 함으로써 자신의 안전이 위협당하는 경험을 한다. 가정이나 유아교육기관, 놀이터 등 아동의 주변환경에는 안전사고를 유발하는 요소들이 산재해 있다. 따라서 아동을 대상으로 안전교육을 실시하여 사전에 사고를 예방할 수 있도록 안전지도를 하는 것은 생활지도의 중요한 영역이다.

건강생활지도

영유아의 건강은 신체적 성장과 발달은 물론, 인지적·정서적·사회적 발달의 토대가 된다. 영유아의 건강교육은 건강에 문제가 발생한 이후의 치료보다 사전 예방에 초점을 두고, 건강할 때 건강한 상태를 유지하고 증진시키도록 지도한다. 영유아가 자신이 생활하고 있는 환경을 청결하게 유지하고, 성장·발달에 필요한 영양을 충분히 섭취하며, 운동과 휴식을 적절히 취할 수 있도록 지도하는 것은 생활지도의 또 다른 영역이다.

친환경생활지도

급격한 산업화와 경제성장 우선 정책, 그리고 환경보호 소홀은 공기나 물의 오염, 녹지의 황폐화, 오존층의 파괴 등 심각한 환경문제를 가져와 지구온난화와 이상기후 현상이 나타나고 있다. 깨끗하고 오염되지 않은 환경을 가꾸고 유지하는 일은 오늘날 인간의 생존과도 밀접한 관계를 가지는 중요한 과제이다. 습관과 태도의 기본이 형성되는 영유아기에 환경에 대한 긍정적인 경험과 체계적 교육으로 영유아가 환경에 대한 올바른 인식과 태도를 지니게 한다. 또한 환경을 보전할 수 있는 기초적인 지식을 습득하게 하여 궁극적으로는 환경보존을 실천하도록 돕는 일은 매우 중요한 생활지도의 영역이다.

아동생활지도의 필요성

최근 영유아의 다양한 발달특성에 관한 연구가 지속적으로 진행되면서 영유아에 대한 지식과 정보가 축적되었고, 현대사회 가치관의 변화로 영유아에 대한 인식이 새로워졌다. 이에 따라 영유아를 더 효과적으로 지도할 수 있는 방법이 필요하게 되었다. 영유아기는 변화 가능성이 높은 인생의 초기단계에 해당하며, 이 시기의 바람직한 생활지도는 영유아 이후 성장과 발달에 크게 기여하므로, 영유아가 앞으로 직면하게 되는 다양한 변화에 대응하도록 부모와 교사의 적극적인 생활지도가 필요하다. 아동생활지도의 필요성이 제기된 주요 원인을 사회적 필요성과 개인적 필요성으로 구분하여 살펴본다.

사회적 필요성

아동생활지도의 사회적 필요성으로 급격한 사회변화, 가족구조 및 기능의 변화 및 영유아에 대한 가치관의 변화를 들 수 있다.

급격한 사회변화

우리나라는 급격한 경제성장과 산업의 근대화를 달성하였고, 경제발전으로 인해 산업과 취업구조가 변화되었다. 도시 집중화, 핵가족화, 여성 취업의 증가, 그리고 빈부의 격차가 가속화되었다. 교통수단의 발달과 통신수단의 발달은 우리에게 편리한 생활을 제공해준 반면 우리의 전통문화와 가치관에 변화를 가져와 세대 간의 격차와 갈등이 심화되었다. 그러므로 가정, 학교, 지역사회에서는 변화하는 사회에서의 새로운 가치관과 사회의 기대에 아동이 적응해 나가도록 도울 필요가 있다.[강문희, 2001]

가족구조 및 기능의 변화

우리나라의 산업화와 경제성장에 따른 사회변동은 전통적인 가족형태에 영향을 미쳐 가족의 규모가 축소되었으며, 부부를 중심으로 한두 자녀로 구성되는 핵가족 및 소가족이 가족의 전형으로 대두하였다.[이순형 외, 2011] 이러한 가족구조의 변화로 생활지도의 필요성이 강조된다. 영유아는 미숙하고 의존적인 경향이 있으므로 가족의 영향을 많이 받는다. 그런데 현재의 가정은 부모와 자녀의 소수 인원으로 구성되어 있어 대가족 제도의 조부모와 여러 형제 사이에서 자연스럽게 이루어지던 교육적 기능과 사회적 기능이 약화되었다. 특히 기혼여성의 사회진출이 증가하면서 어머니가 제공하는 자녀양육이나 교육의 기회가 감소하였다. 또한 최근 증가한 부모이혼은 영유아에게 심리적 위해로 작용한다. 이러한 사회적 현상으로 인해 유아교육기관의 교육적 기능 확대 및 생활지도의 필요성이 제기되었다.[조운주·최일선, 2004]

과거 전통사회에서는 자녀를 양육하고 지도해야 하는 책임이 부모에게만 강조되었으나, 오늘날에는 자녀 양육 및 지도의 실질적 책임이 부모뿐 아니라 영유아기의 양육과 교육을 담당하는 교사 등 타인에게도 부여되었다. 맞벌이가정, 한부모가정의 증가와 같은 가족구조의 변화는 영유아 생활지도의 필요성이 요구되는 환경을 초래하였다.[홍연숙 외, 2006; Blankenhorn, 1997; Duis, 1997; Elkind, 1995] 가족규모의 축소와 더불어 여성의 사회적 참여가 증가하였고, 저출산과 이혼가정의 증가는 청소년의 비행과 사회적 갈등을 촉진시킨다. 이로 인해 유아기의 생활지도가 더욱 강조되며 인성의 기본적 틀이 완성되는 영유아기부터 생활지도를 통한 긍정적인 행동 지도가 필요하다.

영유아에 대한 가치관 변화

과거에는 아동이 스스로 환경을 탐색하거나 문제를 해결할 능력이 없는 무기력한 존재로 간주되었다. 그러나 최근 들어 아동 역시 성인과 마찬가지로 자기 나름의 능력과 소질을 가지고 있으며, 자신의 관심과 욕구를 충족하기 위해 부단히 노력하는 존재임이 확인된다. 즉, 아동은 무기력하고 수동적인 존재가 아니라 적극적이고 자발적인 존재로서 주위환경과 상호작용하면서 문제해결방안을 모색해나가는 인격체라는 인식이 고조되었다. 이와 같이 아동에 대한 가치관의 변화에 따라 아동이 자신의 잠재능력을 개발하도록 돕는 방법의 하나로 생활지도의 필요성이 제기되었다.[강문희, 2001]

개인적 필요성

개인적 측면에서 생활지도의 필요성은 성격형성, 개인의 잠재능력 발달 및 기본생활습관의 형성 측면에서 살펴볼 수 있다.

영유아의 성격 형성

영유아기 성격형성을 위한 생활지도의 중요성을 들 수 있다. 생애초기 경험은 성격형성에 절대적인 영향력을 미치며, 신뢰감, 자율성 및 주도성과 같은 기본생활습관이나 성격요인은 영유아기에 성취해야 할 주요 과업이다. 따라서 영유아기에 원만한 성격이 형성되도록 지도함으로써 개인의 성장과 발달의 토대를 마련하고 문제예방에 도움을 줄 필요가 있다. 인간은 성장과 발달 가능성을 가지고 태어나며 이러한 성장잠재력과 환경의 힘에 의해서 원만한 인격을 형성할 수 있다. 특히 신체발달과 행동발달의 속도가 가장 빠르고 변화의 폭이 다른 어느 시기보다 큰 영유아기의 생활지도는 바람직한 환경의 제공으로 영유아가 올바르고 건강한 성인으로 성장하도록 돕기 위해 필요하다.[공석영 외, 2000]

영유아의 기본생활습관 형성

생활지도는 개인의 잠재적인 능력발달과 기본생활습관 형성을 위해서 필요하다. 인간발달의 원리에서 유전과 환경은 상호작용하며 개인 발달에 영향을 미친다. 영유아는 생활지도를 통해 자신의 발달적 측면에 대한 이해를 도모하고, 자신의 잠재적인 능력을 발견할 수 있는 기회를 갖는다. 즉, 영유아는 생활지도를 통해 전인으로서 발달한 기회를 갖게 되고 자신에 대한 이해를 증진하여 자신의 능력을 발현하게 된다. 현대 민주주의 사회에서는 개인의 독특한 개성을 인정하며, 개인의 잠재능력과 가능성을 최대한으로 이용하고 개발하는 것에 매우 큰 가치를 둔다. 그러므로 개인의 욕구·흥미·동기 등을 중시하는 현대사회에서 교육도 각자의 개인차를 존중하고 인정하는 데 가치를 두고 있다. 동일한 연령의 아동도 발달 속도나 성격, 기질 등에 개인차가 존재하므로 이들의 잠재능력과 특징을 조기에 발견하여 성장과 발달에 도움이 되도록 생활지도를 실천할 필요가 있다. 아동이 민주사회 시민으로서의 자질을 갖춘 성인으로 성장하여 사회문화적 환경의 변화에 적응하는 능력을 갖도록 돕는 차원에서 아동생활지도의 필요성이 제기된다.[조윤주·최일선, 2004]

아동생활지도의 목표

영유아 생활지도의 목표는 한 개인의 성장과 사회생활에 필요한 전인적인 모든 성장을 돕는 것이다. 아동을 위한 생활지도 목표는 단기적 목표와 장기적 목표로 구분한다. 아동생활지도의 단기적 목표는 우선 아동이 현재 상황에서 직면한 여러 가지 문제를 적절히 해결해나감으로써 현실에 잘 적응하도록 돕는 것이다. 아동생활지도의 장기적 목표는 아동이 성장하여 사회에 잘 적응하는 성인으로 발달하도록 돕는 것이다. 따라서 생활지도는 생애 중 특정 한 시기에만 집중적으로 필요한 도움의 손길이라기보다는 영유아기부터 청소년기에 이르기까지 지속적으로 진행되는 일련의 연속적인 과정이다.[강문희, 2001]

아동생활지도의 일반적 목표

아동생활지도는 영유아를 중심으로 계획 실천되며, 개별 영유아를 돕는 것이 무엇보다 중요하다. 이를 위해 아동생활의 지도자가 전문적 지식과 체계적 방법을 갖추어야 한다. 아동생활지도는 일시적인 활동이 아니라 구체적 목표를 달성할 때까지 지속적으로 이루어진다. 이러한 측면에서 아동생활지도의 일반적인 목표는 다음과 같다.계정희 외, 1983

첫째, 영유아가 자율적으로 성장하도록 돕는다. 생활지도는 개인이 자기 자신을 이해하고, 수시로 직면하는 문제를 스스로 해결하도록 도와줌으로써 궁극적으로 자율적 성장을 도모하는 것이다.

둘째, 영유아가 자신의 성장 가능성을 최대한으로 개발하고 실현하도록 돕는다. 인간은 신체적·정서적 문제나 불리한 환경적 여건 등 여러 가지 원인으로 인해 자신의 잠재 가능성을 충분히 실현하지 못하는 경우가 많다. 생활지도활동은 이러한 방해요인을 제거해주거나, 스스로 이를 극복하도록 도와줌으로써 개인의 자아실현에 도움을 제공한다.

셋째, 생활지도는 문제해결이나 증상의 제거뿐만 아니라 개인의 전인적 성장을 돕는다. 영유아의 신체적·인지적·정서적 측면과 사회적 측면을 모두 포함하여 조화되고 통합된 성장을 이루도록 돕는다.

넷째, 영유아가 앞으로의 생활에 보다 건전하고 성숙한 적응을 할 수 있는 기초를 마련한다.

다섯째, 영유아가 자신이 소속된 공동체나 사회를 위하여 자신만의 독특한 공헌을 하도록 돕는다.

아동생활지도의 장기적 목표

아동생활지도의 목표를 설정함에 있어 현재 시점에서 직면한 문제를 해결하는 데 초점을 두기보다는 보다 미래지향적인 관점에서 아동생활지도의 목표를 설정할 필요가 있다. 장기적인 차원에서 아동생활지도의 목표는 다음과 같다. Fields & Boesser, 1994

첫째, 영유아가 긍정적인 자아감을 갖고 성장하도록 돕는다. 자기존중감은 자신뿐 아니라 타인으로부터 가치를 인정받고 존중받으며, 자신이 상황을 조절할 수 있도록 허용될 때 형성된다. 특히 긍정적 자아감은 유아가 타인으로부터 존중받고 정당하게 평가받음으로써 강화되므로, 영유아가 타인으로부터 어떻게 인정받는지가 중요하다. 따라서 생활지도는 영유아를 하나의 인격체로서 존중하는 것에서 시작하며, 이러한 존중을 통해 긍정적 자아감을 갖도록 지원한다.

둘째, 영유아가 자기통제력을 갖고 성장하도록 돕는다. 영유아를 위한 생활지도의 목표는 타인의 강요와 억압에 의해 따르기보다는 개인적 가치와 사회적 기대에 부응하여 자신의 행동을 내적·자발적으로 조절할 수 있는 자기통제력을 증진하는 데 있다.

셋째, 영유아가 도덕적 자율성을 갖고 성장하도록 돕는다. 생활지도는 처벌이나 보상체계와 관계없이 다른 사람의 관점을 고려하여 스스로 도덕적 판단과 결정을 내리는 능력인 도덕적 자율성을 함양하는 것이다. 도덕적 자율성을 발달시키기 위해서는 생활지도 시 성인에 의한 처벌이나 보상으로 행동을 제재하는 방법은 배제하고 영유아 스스로 자신의 도덕적 가치를 구성하도록 격려한다.

유아교육기관에서의 아동생활지도 목표

영유아를 위한 생활지도는 가정과 더불어 어린이집이나 유치원 등 유아교육기관에서도 함께 진행된다. 유아교육기관에서의 교육과정과 관련지어 영유아 생활지도의 목표는 다음과 같이 제시된다. 김충기·장선철, 2001

첫째, 영유아가 기본적인 생활습관과 예의범절을 익히도록 돕는다. 가정이나 유아교육기관에서는 생활지도를 통해 영유아에게 기본적인 생활습관과 예의범절을 익히도록 돕는다. 식사지도 및 대변훈련, 청결 및 안전지도, 의복 착용 및 낮잠지도, 학습 습관지도, 경제습관지도, 그리고 예절지도 등이 여기에 해당한다.

둘째, 영유아의 자율적 성장을 돕는다. 영유아는 발달과정 중인 존재로 무한한 성장 발달의 가능성을 지닌 개체이다. 따라서 생활지도 활동을 통해 그들의 성장 발달을 개발시켜 주고 자아실현이 가능하도록 한다. 이를 위해 생활지도는 유아가 자신에 대한 정확한 이해와 통찰의 경험을 제공함으로써 가정이나 유아교육기관의 일상생활에서 겪게 되는 문제와 위기상황, 혹은 부적응 행동을 스스로 해결하도록 돕는다.

셋째, 영유아가 주변환경과 적절한 관계를 형성하도록 돕는다. 생활지도를 통해 영유아가 소속된 다양한 집단 내에서 적절한 인간관계를 맺어가는 가운데 '우리'라는 의식을 갖도록 돕고, 또래관계를 원만하게 형성하도록 도와준다.

넷째, 영유아의 협동성을 신장시킨다. 영유아를 위한 교육의 궁극적인 목표는 다른 사람과 어울려 함께 살아가는 능력을 길러 주는 데 있다. 유아교육현장에서의 활동이나 가정과 사회에서 또래집단의 놀이를 통해 공동 목표를 위해 힘을 모으는 협동심을 길러준다.

다섯째, 생활지도는 영유아의 전인적 성장에 관심을 둔다. 생활지도의 궁극적인 목표는 영유아의 전인적인 성장 발달에 있다. 생활지도를 통하여 영유아가 신체적·인지적·사회적·정서적인 측면에서 조화로운 인생을 즐길 수 있도록 돕는다.

공동생활에서의 아동생활지도 목표

영유아는 다른 영유아와 함께 놀이활동에 참여하면서 협동심을 배우고, 주변환경과 적절한 관계를 맺으며 성장한다. 공동생활에서 관계의 중요성에 초점을 둔 영유아 생활지도는 다음과 같다.김진경, 2002

첫째, 예의 바르게 행동하고 질서를 지키며, 일상적인 인간관계에 필요한 식사, 옷

차림, 인사, 언어 등의 기본예절을 익힘으로써 집단규범을 수용한다. 정직과 질서는 자율적인 도덕성 발달의 토대가 되는 기본적인 덕목이므로, 사물의 차례나 순서를 익히고, 아껴 쓰고 절제하는 생활을 통해 질서, 예절 등의 기본생활습관을 다른 덕목과 연결하여 일상생활에 필요한 사회적 규범과 문화를 따르도록 한다.

둘째, 긍정적 자아개념을 기초로 자신의 일을 계획하고 실천함으로써 자기조절능력을 기르며, 개인생활 경험을 통해 다른 사람을 수용하고 존중하는 능력을 기른다. 영유아의 자발적인 흥미와 요구를 기초로 주변 상황에 알맞게 통합하여 조정함으로써 자기를 둘러싼 환경과 조화를 이루게 한다. 영유아의 자율적인 생활태도는 우선 자신을 긍정적으로 생각하는 것에서 시작하여 스스로 일을 계획하고 실천하는 기회를 통해 자기조절능력을 기르도록 지도한다.

셋째, 나와 다른 사람의 관계를 이해함으로써 서로 협력하고 더불어 살아가는 능력을 기르며, 가족의 소중함과 고마움을 느끼는 가운데 가족구성원의 요구나 선호도, 그리고 느낌을 수용하며 협력하고 화합하여 서로에게 만족감을 가져다주는 사회생활이 되도록 지도한다. 영유아의 사회적 능력이 다른 사람과 함께 공유하고, 협동하며, 의견을 나누는 과정을 통해 발달할 수 있도록 상황에 적합한 행동을 알려주고, 타인의 권리를 존중하며, 자신의 느낌과 생각을 자유로이 표현할 수 있는 다양한 경험과 환경을 제공한다.

넷째, 지역 사회와 환경에 대하여 관심을 가짐으로써 사회적 적응력을 기르며, 유능한 시민적 자질을 배양하기 위해서는 지역사회, 국가, 역사, 경제, 직업, 환경, 민족적 전통, 세계화, 정보화 등에 관한 지식과 비판적·창조적 사고과정을 보다 심화하고 정교히 하는 사회학습의 기술능력이 필요하다. 현대사회는 다양한 생활양식이 공존하고 있기 때문에 영유아 자신이 소속된 사회의 여러 가지 현상과 환경에 관심을 가지고, 개인생활, 집단생활을 함에 있어 지속적인 자원이 되도록 한다.

아동생활지도의 기본원리

아동생활지도의 궁극적인 목표는 아동 자신이 타고난 능력을 발휘하여 신체적·정신적으로 건강하게 성장하여 사회생활을 잘 영위하도록 돕는 것이다. 이러한 아동생활지도의 목표를 달성하기 위해 요구되는 생활지도의 기본원리는 다음과 같다.[강문희, 2001]

모든 아동을 대상으로 한 생활지도

생활지도는 모든 아동을 대상으로 한다. 일반적으로 문제행동을 보이는 아동만을 생활지도의 대상으로 한정하기 쉽다. 즉, 문제행동을 보이는 아동을 대상으로 실시한 치료활동으로 생활지도를 간주하는 경향이 있다. 그러나 생활지도는 신체적·정서적·사회적 영역에서 모든 아동의 전인적인 성장과 발달을 돕는다는 목표가 있으므로 문제행동을 보이는 아동뿐만 아니라 잘 적응하고 있는 아동의 경우에도 그들의 잠재력을 최대한 개발하기 위해 생활지도를 제공할 필요가 있다.

아동의 권리존중에 근거한 생활지도

생활지도는 아동의 권리존중에서 시작된다. 민주주의 국가에서 모든 인간은 존엄할 권리를 가지고 자유와 평등을 누릴 권리가 있는 것처럼, 아동을 하나의 인간으로서 존중하고 그들의 자유와 권리를 소중히 여기는 것은 생활지도의 전제 조건이다. 아동의 권리를 존중한다는 의미는 아동이 우수한 지적 능력을 가졌거나 예의 바른 행동을 보였기 때문에 존중해야 한다는 의미는 아니다. 지적 능력이 우수하든 그렇지 않든 모든 아동이 인간으로서의 존엄성을 인정하고 이를 존중하는 것에서 생활지도가 출발해야 함을 뜻한다. 이러한 전제를 토대로 할 때, 아동이 스스로 자신의 문제를 해결하고 행동의 방향을 선택하며 건전한 인간관계를 형성할 수 있는 잠재적 능력을 발휘하게 된다.

문제예방을 위한 생활지도

생활지도는 아동에게 이미 발생한 문제를 해결하거나 처벌하기보다는 이러한 문제발생을 예방하기 위한 목적으로 아동의 성장과 발달을 촉진하는 데 중점을 둔다. 아동의 행동이나 습관은 대부분 가정, 유아교육기관, 이웃에서의 인간관계로부터 형성된다. 아동이 바람직한 행동이나 습관을 보여줄 때 이를 긍정적으로 인정하고, 바람직하지 못한 행동이나 습관을 보여줄 때는 이를 수용하지 않는다면, 아동은 자연스럽게 바람직한 행동과 태도, 생활습관을 익히게 된다. 이처럼 예방적인 생활지도는 문제가 발생한 이후 해결하거나 처벌하는 것보다 시간과 노력 측면에서 더 경제적이며 효과적이다.

아동의 필요에 의한 생활지도

생활지도는 부모나 교사의 편의에 따라 이루어져서는 안 되며, 아동의 성장과 발달 과정에서 요구되는 신체적·심리적·사회적 필요에 의해 이루어져야 한다. 부모와 교사가 아동의 필요와 욕구를 존중하지 않을 경우 아동의 행동과 습관은 바람직하지 않은 방향으로 나타날 수 있다. 따라서 가정이나 유아교육기관에서는 아동의 이러한 필요를 존중하고 배려하면서 지도한다.

객관적인 근거에 기초한 생활지도

생활지도는 과학적으로 객관적인 근거에 기초를 두고 이루어진다. 아동은 각자 개성이 다르고, 능력이나 흥미, 가치관의 차이가 있으며, 발달 속도에서도 개인차를 보인다. 이러한 개인차를 고려하면서 지도하기 위해서는 아동 지도에 대한 풍부한 경험이 토대가 되어야 한다. 각종 심리검사나 아동행동의 관찰기록, 환경조사서나 개인 성장기록표 등과 같은 객관적인 자료는 주관적인 판단이나 이해를 벗어나 보다 효율적으로 아동을 이해하도록 돕는다.

지속적이고 체계적인 생활지도

생활지도는 지속적이면서 체계적으로 이루어져야 한다. 생활지도는 아동이 문제행동이 보일 경우에만 실시하고 그 이후에는 실시하지 않는 일시적이고 단기적인 지도가 되어서는 안 된다. 생활지도는 영유아 시기부터 초·중·고등학교, 대학에 이르기까지 전 교육과정을 통하여 지속적이면서 체계적으로 이루어져야 한다. 이러한 의미에서 생활지도는 한 개인이 성장 발달하는 과정에서 전인적 발달을 촉진하기 위한 총체적 교육과정으로서 의의를 가진다.

CHAPTER 2

아동생활지도의 이론적 접근

학습개요

아동의 발달 및 행동 특성을 이해하고 아동의 적응을 돕기 위한 방법은 과학적 지식과 경험적 증거를 체계화한 다양한 이론적 접근에 토대를 둔다.

이 장에서는 아동생활지도의 이론적 접근을 신경생리학적 접근, 성숙론적 접근, 정신분석학적 접근, 인본주의적 접근, 행동주의적 접근, 정보처리적 접근, 그리고 상호작용주의적 접근으로 구분하여 살펴본다.

학습목표

- 신경생리학적 접근과 성숙론적 접근에 근거하여 아동생활지도의 특성을 파악한다.
- 정신분석학적 접근과 인본주의적 접근에 근거하여 아동생활지도의 특성을 이해한다.
- 행동주의적 접근과 정보처리적 접근에 근거하여 아동생활지도의 특성을 설명한다.
- 상호작용주의적 접근에 근거하여 아동생활지도의 특성을 이해한다.

주요 용어

정신분석학적 접근, 행동주의적 접근, 상호작용주의적 접근

신경생리학적 접근

신경생리학적 접근에서는 인간의 행동을 신경생리학적 관점에서 해석한다. 신경생리학적 접근에서는 인간의 행동을 뇌와 신경계의 연합에 의한 결과로 보고, 인간의 정신 현상도 신체적·생리적 기초에서 설명하고자 시도하였다. 따라서 인간의 행동이나 학습과정을 이해하기 위해서는 신경계, 특히 중추신경 구조의 기능을 규명할 필요가 있다고 주장한다. 뇌의 활동과 행동 사이에는 밀접한 관계가 있다고 보는 이 접근은 뇌의 특정 부위를 손상시키거나, 전극의 끝을 통해 전기 자극을 흘러 보냄으로써 뇌 조직을 자극하는 방법으로 인간의 행동이 변화될 수 있다고 믿었다.김현주, 2001

뇌의 활동과 행동 사이에 밀접한 관계가 있음을 생리심리학에서는 오래 전부터 분명한 사실로 밝혀왔다. 예를 들어 공포, 분노와 같은 정서는 뇌의 특정 부위를 자극했을 때 일어난다는 것을 동물과 인간을 대상으로 한 실험에서 입증하였고, 인간 뇌의 특정 부위를 전기로 자극하면 쾌감과 동통을 느끼며 기억이 생생하게 되살아난다는 결과도 있다.

인간행동을 지배하는 신경생리적인 기제가 뇌 속에 자리하고 있다는 것이 실험으로 증명되기도 하였으나, 그러나 인간의 뇌는 매우 복잡한 기제로 조직되었을 뿐 아니라 인간의 뇌를 연구목적으로 완전히 해부하기는 어려우므로, 현재 시점에서 인간의 모든 행동을 신경생리학적 접근만으로 설명하기는 어렵다.장선철, 2009

성숙론적 접근

성숙론적 접근에서는 환경이 아동발달에 주도적인 영향을 미치지 못하므로 아동의 선천적인 능력을 벗어난 범위에서 아동을 교육하는 것은 적절하지 않은 방법이라고 주장한다. 즉, 성숙론적 접근에서는 아동발달이 유기체 내부에서 자연스럽게 진행된다는 점을 강조하므로 환경은 인간의 행동을 변화시키는 이차적 역할을 담당할 뿐이라고 보았다.

플라톤[Platon]의 전통에 토대를 두고 있는 성숙주의자들은 학습이 인간의 내부로부터 발생한다고 본다. 성숙론적 접근의 대표적인 학자인 게젤[Gesell, 1880~1961년]은 인간의 유전자가 발달과정의 방향을 결정하는 기제를 '성숙'이라고 명명하고, 아동은 환경보다는 성숙에 의해 발달하며, 아동의 외적 환경은 인간의 발달 결과를 통제할 수 없다고 주장한다. 또한 아동 자신의 유전적·생물학적 특성이 아동의 지능과 인성을 결정한다고 본다.[조희숙·공숙자·김선옥, 2003; Gesell, Halvorson, Thompson, & Ilg, 1940; Miller, 2000]

그림 1 게젤

게젤은 모든 유기체가 이미 성장의 방향이 결정되어 있는 성장모형이 있으며, 이러한 성장모형은 이미 결정된 유전적 요소들로 이루어져 있다고 본다. 따라서 환경적 요인은 이러한 유전과 성장모형을 부분적으로 수정할 뿐이지, 전반적인 발달을 주도하지는 못한다. 그러나 게젤은 환경이 아동발달에 미치는 영향을 완전히 배제하지는 않았으며, 단지 아동발달에 있어서 성숙과 환경 중 성숙이 더 중요한 요인임을 강조한다.[정옥분, 2004]

오늘날 다수의 심리학자들은 게젤의 성숙이론이 지나치게 극단적이라고 비판한다. 즉, 아동발달에서 성숙이 담당하는 역할을 일정 부분 인정하지만 환경이나 학습의 효과도 무시할 수 없다. 그럼에도 불구하고 성숙이론은 아동을 통제하거나 지시하고 조기교육을 시키려는 부모들에게 스스로 성장할 기회를 아동에게 제공할 필요가 있음을 일깨워줬다는 점에서 의의가 있다.[서봉연, 1983; 유효순, 1992; 이숙재 외, 1999; Schickedanz, Hansen, & Forsyth, 1990]

정신분석학적 접근

그림 2 프로이트

정신분석학적 접근은 의식수준에서의 경험만으로는 인간의 행동을 이해할 수 없으며, 오히려 인간행동에 대한 이해는 의식되지 않는 무의식을 통해 가능하다고 보는 입장이다. 정신분석학적 접근에서는 인간의 본성을 정신결정론과 무의식적 정신과정이라는 두 가지 개념으로 규정한다. 정신결정론이란 인간의 모든 행동은 정신세계에 의해 결정됨을 의미하고 무의식적 정신과정이란 인간의 모든 행동이 자신의 의지로 실행되는 것처럼 보이지만 전적으로 무의식적 과정의 지배를 받음을 뜻한다.

정신분석학의 창시자인 프로이트Freud, 1856~1939년는 모든 인간의 심리적 현상에는 원인이 있으며, 인간행동의 원인은 무의식에서 찾을 수 있다고 주장한다. 그는 인간의 정신세계를 의식, 전의식, 무의식으로 구분하였는데, 의식은 지각·사고·추리 등과 같이 개인이 의식하고 있는 정신작용을 의미하며, 무의식은 본능적 욕망, 꿈 등을 통해서 나타나는 것으로 개인의 의지에 의해 쉽게 의식될 수 없는 정신작용에 해당한다. 정신분석학적 접근에서는 아동의 행동을 이해하기 위해서는 성적 에너지인 리비도libido에 지배되는 무의식 과정을 이해할 필요가 있다고 주장한다.

프로이트는 인간의 정신세계에서 무의식이 가장 큰 비중을 차지한다고 보았으며, 이러한 인간의 정신세계를 빙산에 비유하여 설명한다. 즉, 의식이 바다 위에 드러나 있는 빙산의 일각이라면, 무의식은 바다 속에 잠겨 있는 빙산의 거대한 부분에 해당한다. 따라서 인간의 행동은 무의식 세계에 존재하는, 겉으로 드러나지 않으면서 통제가 불가능한 어떠한 힘에 의해 지배받고 있다는 것이다.

프로이트는 인간의 성격구조를 원초아, 자아, 초자아로 구분하였다. 원초아는 성격의 가장 원초적인 부분으로서 생물학적 본능으로 구성되어 있으며 세 가지 성격구조 중 가장 먼저 발달한다. 이러한 본능적 충동은 배고픔, 목마름, 졸음 등과 같이 태어날 때부터 지니고 있는 생리적 동기로 이루어져 있으며, 양심을 고려하지 않은 채 충동적이고 즉각적으로 이러한 생리적 욕구를 충족시키려고 한다. 이처럼 원초아는 현실세계와 접촉 없이 쾌락을 최대로 추구하고 고통을 최소로 추구하는 쾌락원리에 의

해 지배된다.강문희, 2001

성격구조의 두 번째 요소인 자아는 1~2세경에 원초아에서 발달하기 시작한다. 아동은 출생 후 성장하고 발달하는 과정에서 가족이나 주위사람들과 다양한 인간관계를 형성하고 현실에 적응해나가는 방법을 학습하게 되므로 생후 초기처럼 본능에 따라 즉각적으로 욕구를 충족시키는 행동은 더 이상 용납되지 않음을 알게 된다. 자아의 이러한 기능으로 인해 아동은 자신의 욕구와 본능에 충실한 행동을 점차 자제하고 현실적으로 요구되는 행동을 수행함으로써 성인으로부터 인정받는 동시에 자신의 욕구를 충족하는 방향으로 행동을 조정한다. 따라서 자아는 원초아의 욕구를 충족시키면서도 초자아의 양심을 현실적으로 고려하기 때문에 현실원리를 추구한다.

성격구조의 세 번째 요소인 초자아는 일반적으로 양심 또는 도덕성이라고 불린다. 초자아는 어떤 행위가 옳고 어떤 행위가 그른지를 판단하는 역할을 하며, 이는 아동의 성장 및 발달 과정 중 부모나 가족, 이웃, 학교, 또래 등과의 관계 속에서 자연스럽게 습득된다. 예를 들어 아동이 거짓말을 했을 때 아동이 거짓말을 하지 않도록 부모가 꾸중하거나 처벌하는 등의 방법으로 제재를 가하면, 아동은 그러한 행동이 옳지 않음을 알게 되므로 더 이상 거짓말을 하지 않는다. 이처럼 어떤 행동에 대한 가치 판단을 통해 아동은 자연스럽게 도덕성이나 양심을 형성하게 되고, 일정 시간이 지난 이후에는 부모나 교사가 특별히 처벌을 가하지 않아도 옳지 않은 행동을 하지 않는다.

프로이트는 성격구조 중 상대적으로 원초아의 세력이 지나치게 확장될 경우 정신병리적 현상이 나타나게 되는 것과 마찬가지로 초자아의 기능이 지나치게 강화되어도 문제가 될 수 있다고 보았다. 따라서 정신분석학에서는 본능과 양심을 적절히 충족시키는 역할을 담당하는 자아 기능의 강화에 중점을 둔다. 일반적으로 원초아와 초자아는 서로 상반된 목적을 추구하므로 본능적으로 작용하는 원초아와 이를 억제하려는 초자아 간에 긴장이 발생하고 자아가 이를 제대로 중재하지 못할 경우 불안을 느끼게 된다.

프로이트의 정신분석학적 접근은 오이디푸스 콤플렉스가 모든 문화권에서 나타나는 보편적인 현상이 아닐 수 있다는 문화적 편견과 성적 편견이 내재되어 있다는 점, 자유연상이나 꿈의 해석 등에 연구자의 주관이 개입될 수 있어 과학적 검증이 어렵다는 점, 그리고 아동발달에서 성적인 측면을 지나치게 강조했다는 점에서 비판받고 있다.김순혜, 2004

이러한 비판에도 불구하고 프로이트는 주로 인간의 '의식 세계'에만 초점을 두었던 과거의 심리학적 관점에서 벗어나 '무의식 세계'란 새로운 분야를 개척하였으며, 특히 교사나 부모가 겉으로 드러나는 아동의 외현적 행동에만 관심을 가질 것이 아니라 아동의 내면적 행동에도 관심을 가짐으로써 아동의 욕구체계나 동기 등을 이해할 필요가 있다는 시사점을 제시하였다.김현주, 2001

인본주의적 접근

그림 3 로저스

인본주의적 접근의 기본적인 가정은 모든 인간은 적절한 환경이 제공되면 스스로 긍정적 방향으로 성장할 수 있으며, 자신의 문제를 이해하고 이를 스스로 해결할 수 있는 잠재적 능력을 가지고 있다는 것이다. 즉, 인간은 누구나 자신의 잠재력을 실현하려는 경향이 있으며, 이러한 성장 잠재력의 실현은 무비판적인 이해와 수용을 경험하는 인간관계 속에서 발휘될 수 있다.김순혜, 2004

인본주의적 접근에 근거한 아동생활지도에서 교사는 아동의 인격을 존중하며, 아동의 생각과 느낌을 이해하고 반영하는 역할을 담당한다. 또한 아동의 잠재적인 성장 가능성을 완전히 신뢰하므로 아동의 행동을 통제, 명령, 지시하지 않는다. 반면에, 아동의 능력을 긍정적인 관점으로 바라보아 하나의 독립된 인격체로서 아동을 있는 그대로 수용하고 진심으로 존중하는 태도를 보여준다. 이를 통해 아동 스스로 긍정적인 자아개념을 발달시키도록 돕는다.

인본주의 이론가는 인간의 인간다운 측면을 강조하는 입장에서 인간을 이해한다. 인본주의적 접근은 행동주의적·자연과학적 방법을 지나치게 존중하는 연합주의, 인간을 지나치게 분석적·결정론적으로 보는 인지주의와 정신분석학에 대항하는 제3의 움직임으로 인간은 동물과 달리 자유의지로 자신의 운명을 통제할 수 있음을 전제하고, 성장과 자기실현의 동기를 중시한다.김현주, 2001

정신분석학적 접근에서는 정상인이 아닌 신경증 환자를 대상으로, 행동주의적 접근에서는 주로 동물을 대상으로 인간행동 특성을 설명하고자 시도한 것과 달리, 인본주의적 접근에서는 건전한 정상적인 인간 자체를 대상으로 인간을 능동적인 성장 잠재력이 있는 주체로 파악한다. 또한 인간은 자기조절적, 자기통제적, 자기선택적인 존재이므로 인간의 행동은 강요와 통제가 아닌 자발성과 자율성으로 결정된다고 주장한다. 따라서 인본주의적 접근에서는 인간의 자유의지와 자아실현에 역점을 두고, 인간의 행동은 성장과 자아실현의 동기에 따라 달라진다고 본다.장선철, 2009

인간행동의 이해에 대한 인본주의적 접근은 인간의 본성을 선하고 긍정적인 존재로 인식하고 있으며, 인간은 자신의 의지로 스스로의 삶을 이끌어가는 존재이기 때문에 교육적 활동은 자신의 유일성과 전체성을 파악할 수 있도록 도와주는 역할을 수행하는 것이라고 본다.

인본주의적 접근의 대표적인 학자로 로저스Rogers, 1902~1987년가 있으며, 로저스는 인간이 자기이해에 대한 잠재력이 있으며, 이는 일상생활에서 겉으로 잘 드러나지는 않지만 적절한 심리적 환경이 조성될 경우 나타난다고 주장한다.정옥분, 2004 로저스는 자아를 중요한 개념으로 간주하고, 자신이 지각하는 자아와 타인이 자신을 바라보는 관점에서 자아 간의 일치가 중요하다고 보았다. 이들이 서로 일치하지 않을 경우 인간은 부적응적 행동을 보이게 되어 결과적으로 불안을 경험하거나 방어적이 되고 왜곡된 사고를 하게 된다.

인본주의적 접근 중 특히 로저스의 인간중심이론은 상담과 치료 분야에 지대한 영향을 미쳤고, 로저스는 인본주의 교육운동의 선봉장 역할을 하였으며, 매슬로우Maslow와 함께 인본주의 운동을 주도하였다. 인본주의 심리학의 등장은 지나치게 냉담한 행동주의와 지나치게 비관적인 정신분석학에 대한 하나의 대안이 되었다.

인본주의적 접근이 갖는 이러한 의의에도 불구하고, 로저스의 이론은 지나치게 소박한 현상에 근거를 두고 있으며, 정서적 요인의 강조로 인지적 요인을 무시하는 경향이 있다는 비판을 받았다. 또한 유기체의 본질이 무엇인지, 성장 잠재력이란 정확히 무엇을 의미하는지에 대한 해답을 제공하지 못했다는 점도 지적받았다.

행동주의적 접근

그림 4 스키너

그림 5 왓슨

아동의 발달은 환경적 조건에 따라 결정되며, 부모나 교사는 아동의 발달을 유도하기 위해 환경을 조절함으로써 적절한 개입자가 되어야 한다는 입장이 행동주의 접근이다. 행동주의적 접근의 대표적인 이론가는 스키너(Skinner, 1904~1990년), 왓슨(Watson, 1878~1958년), 반두라(Bundura, 1925~) 등을 들 수 있다.

행동주의적 접근에서는 부적응 행동을 포함한 인간의 행동 및 여러 심리적 특성은 출생 직후부터 겪는 경험으로 형성된 습관적인 반응들로 구성된다고 보고, 객관적 관찰이 가능한 유기체에 주어진 자극과 유기체를 통해 나오는 행동의 관계, 즉 자극—반응의 관계를 파악함으로써 인간에 대한 이해가 가능하다고 본다.

행동주의는 왓슨이 1913년에 발표한 '행동주의자가 본 심리학'이라는 논문에서 시작된 심리학의 한 분야로 행동주의 심리학에서 인간의 행동이란 자극에 대한 반응으로 일어나는 것이며, 다른 물질에서와 같이 인과관계에서 결정된다고 본다. 따라서 행동주의 심리학 이전의 심리학자들은 정신적 경험이나 정신적 활동을 연구대상으로 하였으나, 행동주의 심리학자들은 인간의 내부에서 일어나고 있는 현상에 대해서는 전혀 관심을 가지지 않고 오직 외현적 행동만을 그들의 연구 주제로 삼았다.(김현주, 2001)

행동주의적 접근에서는 인간의 행동을 자극과 그에 대한 반응이라는 관계로 해석하며, 자극—반응 관계에서 행동을 유발하는 자극이 적절한 보상과 처벌로 인해 반응이 오랫동안 지속되면 인간의 행동이 변화한다고 보았다. 즉, 유기체의 내부에서 일어나고 있는 현상에 대해서는 특별한 관심을 두지 않으며 개인의 의식과 경험을 철저히 배제한다. 따라서 행동주의적 접근에서는 인간의 행동을 자극과 반응의 관계로만 볼 뿐 자극과 반응 사이에서 생기는 정신과정에 대해서는 전혀 관심을 두지 않는다는 점이 특징이다.

행동주의 심리학자들은 인간의 내면세계에서 일어나고 있는 일에 대한 관심은 완전히 배제한 채 오직 표면으로 드러나는 행동에만 관심을 둔다. 따라서 행동주의적 접근에서 아동생활지도의 대상은 객관적으로 관찰 가능하고 측정 가능한 행동으로 한정한다. 행동주의 이론의 기본적인 특징은 다음과 같다.

첫째, 관찰 가능한 행동에만 관심을 가진다.

둘째, 인간의 모든 행동은 정상적인 행동이건 비정상적인 행동이건 학습된 결과이다.

셋째, 바람직하지 않은 행동은 모두 학습된 것이므로 소거가 가능하다.

행동주의 이론에서는 아동이 사회적으로 바람직한 행동을 보였을 때 보상을 하면 그 행동이 증가되는 반면에, 바람직하지 못한 행동을 보였을 때 처벌을 가하면 그 행동은 감소된다고 주장한다. 예를 들면 아동이 장난감을 가지고 논 후에 이를 잘 정리했을 때 어머니가 칭찬해주면 기분이 좋고, 그 후에는 어머니의 칭찬을 듣기 위해서 정리·정돈을 잘하게 된다. 반면 아동이 다른 아동의 장난감을 빼앗는 행동을 보여주었을 때, 이를 꾸짖거나 심리적으로 보상해주지 않으면 이러한 행동을 보이지 않는다.[강문희, 2001]

행동주의 이론가들은 아동의 행동을 지도하기 위해 교사가 보상과 처벌을 적절히 사용하는 것이 매우 중요함을 강조한다. 대표적인 행동주의 이론가인 스키너는 아동의 생활지도에 있어 동기나 사고, 감정 등은 고려하지 않은 채 행동 자체의 수정에만 관심을 둔다. 스키너가 제시한 조작적 조건형성 이론에서는 아동의 행동을 결정하는 가장 강력한 요인은 바로 강화라고 보았으며, 강화는 그 행동이 이후 반복해서 발생할 확률과 관련된다고 보았다. 체벌은 아동의 행동을 통제하는 가장 비효과적인 방법이며, 오히려 회피반응을 유발한다. 부모나 교사는 아동의 행동을 수정할 권리와 의무가 있으며, 이들은 유아의 바람직한 행동을 유지하기 위하여 칭찬이나 무시 등의 강화, 토큰 사용과 같은 보상, 잘못된 행동에 대한 벌로서 활동중지 등을 사용하는 것이 효과적이다. 이처럼 스키너의 조작적 조건형성 원리에 근거한 아동생활지도 방법에는 행동조성, 행동연습, 토큰경제 등이 있다.[장선철, 2009]

스키너의 조작적 조건형성은 동물의 학습과정을 설명하는데 적합한 원리이지만, 인간의 경우에는 직접적인 강화나 처벌 없이도 학습이 가능하다는 점에서 반두라는 사회학습이론을 제시하였다. 사회학습이론의 대가인 반두라는 관찰학습 또는 모방학습을 강조하며 인간이 사회적 상황에서 타인의 행동을 관찰하고 이를 모방함으로

그림 6 반두라

써 학습이 이루어진다고 주장한다. 외적인 강화 없이 타인의 행동을 단순히 관찰함으로써 필요한 행동을 학습하는 관찰 학습은 아동이 모델의 행동을 모방함으로써 이루어진다.김춘경 외, 2002 예를 들어 아동이 TV에서 시청한 영화 주인공을 모방하여 공격적 행동을 하거나 부모의 말투를 모방하여 그대로 따라하는 경우를 들 수 있다. 이런 경우에 아동은 특정 모델을 관찰하고 모방하여 새로운 행동을 학습한다.이숙재 외, 1999 반두라의 사회학습이론에 근거하여 바람직한 행동을 보여주는 모델을 아동에게 제시하고 아동이 모델의 행동을 모방하는 과정에서 생활지도가 가능하다.

행동주의적 접근에 근거한 바람직한 행동수정기법을 이용하여 정적 강화물로 아동의 행동을 지도하고자 할 때 다음과 같은 점에 주의한다.유효순·지성애, 2002

첫째, 강화는 아동의 바람직한 행동에만 주어져야 한다.

둘째, 강화는 바람직한 행동이 일어난 즉시 주어져야 한다.

셋째, 아동에게 제공할 강화물에는 여러 종류가 있으나 아동마다 선호도가 다르므로 동일한 강화물이라도 아동에 따라 효과가 다르다.

넷째, 강화는 아동의 행동을 증가시킬 만큼 충분히 주어져야 하지만, 너무 지나치게 주어져서는 안 된다.

이러한 행동주의적 접근은 다음과 같은 점에서 비판받고 있다.강문희 외, 1997 첫째, 행동주의는 단순한 행동에 초점을 맞추고 있으므로 더욱 복잡한 인간문제에 적용할 때에는 유용하지 않을 수 있다. 둘째, 행동주의자들은 성숙 발달 및 내적 동기유발에 관한 기본원칙을 무시한다. 셋째, 생활지도나 치료는 아동을 중심으로 이루어져야 하는데 아동의 행동을 성인의 입장에서 수정한다는 것은 윤리적으로 문제가 될 수 있다. 넷째, 행동주의에 기초를 둔 프로그램은 아동이 습득한 새로운 기능을 다른 환경에서 사용하도록 하는 훈련의 전이가 어려우므로 행동수정 프로그램의 긍정적인 결과는 지속되기 어렵다. 다섯째, 행동수정 프로그램에서 혐오자극이나 격리를 남용하여 아동의 정서적인 면에 바람직하지 않은 영향을 미칠 수 있다.

행동주의적 접근은 인간발달에서 환경의 중요성을 일깨워 주었으며 행동수정 프로그램 개발에 많은 기여를 하였으나 몇 가지 한계점이 있다.조복희, 1995 첫째, 행동주의는 겉으로 드러나는 외현적 행동에 초점을 맞추기 때문에 사고력, 문제해결력, 감정

등의 고차원적인 정신활동에 대해서는 설명하지 못한다. 둘째, 행동주의에서는 인간을 외부에서 통제 가능한 기계와 같은 존재로 간주함으로써 인간의 자발성을 무시하였다. 셋째, 행동주의는 대부분 실험실에서의 연구결과를 토대로 성립된 이론이므로 그 원리나 결과를 일상생활에 적용하는 데 어려움이 있다.

정보처리적 접근

정보처리란 감각자극을 다양한 방식으로 변형하고, 부호화하고, 저장하고, 인출하는 과정을 의미한다. 정보처리적 접근은 인간을 컴퓨터에 비유하여 일종의 정보처리체계로 보는 입장으로, 인간은 감각기관을 통해 들어오는 정보를 여러 가지 방식으로 받아들여 반응으로 나타낸다. 정보처리론자들은 유기체가 단지 피동적으로 자극을 지각하는 것이 아니고, 능동적으로 자극을 받아들여서 그것을 다시 새로운 형태의 유목으로 변형한다고 주장한다. 이러한 주장은 톨만[Tolman, 1886~1959년]의 기호학습 이론에서 출발한다. 이들은 자극과 반응의 기계적인 연결로 인간의 행동을 설명하는 학습이론에 반대하며 인간의 인지적 정보처리활동을 강조한다.[장선철, 2009]

그림 7 톨만

이처럼 행동주의의 기계론적인 사고에 반대하는 정보처리적 접근에서는 인간뿐만 아니라 쥐와 같은 동물의 행동도 목적추구 및 인지 등과 같은 정신기능을 개입시켜야만 적절하게 설명될 수 있다고 주장한다. 쥐가 복잡한 미로실험에서 목표 지점을 바르게 찾아가는 행동을 학습하는 경우, 이러한 학습은 단순한 조건 반사적 반응이 아니라 목표를 예측하여 그 목표에 도달하는 단서가 되는 기호들의 관계를 인지하는 것이라고 해석한다.[김현주, 2001]

동물은 특수한 반응을 습득하는 것이 아니라 기호학습을 통하여 기호들과 그 의미로 구성되는 인지적 지도를 내면하여 행동한다. 즉, 정보처리적 접근에서는 인간의 행동은 기억에 기반을 두고 있으며, 주의를 요하는 환경적 자극에 대하여 선택적으로 반응한 결과라고 해석한다. 따라서 이론은 정보처리체계라고 불리는 현대사회의 컴퓨터와 비교된다. 들어오는 정보는 여러 가지 방법으로 선택·비교·조합되고 변형되어 나타나며, 반응출력은 내적 처리가 어떻게 되었느냐에 달려 있으며 그에 따라 행동이 달라진다고 보는 것이다.

상호작용주의적 접근

그림 8 피아제

그림 9 비고츠키

상호작용주의적 접근이란 유기체인 아동이 주변환경과의 지속적인 상호작용을 통해 가장 효과적으로 인지발달이 진행된다고 보고, 발달이나 학습에 있어 유기체나 환경 모두 능동적인 역할을 한다고 보는 접근이다. 이 접근의 대표적인 이론가로 피아제Piaget, 1896~1980년와 비고츠키Vygotsky, 1896~1934년를 들 수 있다. 피아제는 아동이 환경과의 상호작용 과정에서 자신의 사고와 새로운 사고의 통합으로 새로운 정보를 얻어 지식을 형성한다고 하였다. 이는 아동이 주변환경에 초점을 두어 근접발달지대ZPD의 역할을 중요시해야 한다는 비고츠키의 이론과도 일맥상통한다. 즉, 아동은 성인이나 또래와의 상호작용 속에서 탐색을 통해 발달한다.홍연숙 외, 2006

피아제는 아동 개인의 성숙과 개인의 생물학적 경향성을 강조하여 유기체의 능동적인 인지활동을 통해 새로운 지식이 형성된다고 보았다. 즉, 동화와 조절을 통해 인지적 균형 상태인 평형을 유지하는 과정에서 새로운 지식을 형성함으로써 성장하고 발달한다고 보았다. 그의 이론은 인지적 갈등을 경험하면서 아동 스스로 새로운 지식을 구성해나간다는 점을 강조함으로써 아동의 발달 수준에 적합한 과제를 교사가 제공해줄 필요성을 부각시켰다.권민균 외, 2012 그러나 취학전 아동의 능력을 과소평가하였고, 사회문화적 영향력을 간과하였다는 점에서 비판받았다.

비고츠키는 아동이 자신이 속한 사회문화적 맥락에서 자신의 지식을 능동적으로 구성해나간다고 보았다. 그는 모든 아동이 동일한 인지발달 과정을 거치지 않으며, 자신이 속한 문화 내에서 아동이 성인과 어떠한 상호작용을 하는지에 따라 아동의 사고방식과 행동이 다르게 형성된다고 가정하였다. 그의 이론은 단순히 아동을 현재의 발달수준에 근거하여 평가하지 않고, 근접발달지대를 통해 또래나 교사와의 상호작용으로 아동이 잠재능력을 발휘하도록 도와준다는 점에서 긍정적인 평가를 받았다. 그러나 공유된 활동에서 타인의 역할을 너무 강조함으로써 아동이 능동적인 참여자가 되기 위한 조건이 무엇인지를 명확하게 제시하지는 못했다.

비고츠키는 아동 행동에 있어 특히 환경 중 또래와의 상호작용이 건전한 발달의 기본이라고 본다. 아동의 갈등 상황은 갈등에 관련된 모두가 책임을 공유하고 함께 참여하여 해결에 대한 결정을 내리지 않고는 진정한 해결이 될 수 없다. 즉, 쌍방이 문제의 원인과 해결에 직접 문제해결자로 참여해야 한다. 따라서 갈등이 얼마나 자주 일어나는가보다는 어떻게 해결되는가에 중점을 두며, 쌍방이 존중되고 그들의 욕구가 충족될 수 있음을 느낄 수 있어야 한다는 것이 아동생활지도의 기본원리이다.[장선철, 2009]

CHAPTER 3

아동행동에 영향을 미치는 요인

학습개요

아동의 행동발달에 영향을 미치는 요인은 크게 아동 개인의 내적 요인과 외적인 환경 요인으로 구분된다. 아동행동에 영향을 미치는 개인적 요인에는 기질, 애착이 대표적이며, 사회환경적 요인으로는 가족, 또래, 대중매체를 들 수 있다.
이 장에서는 아동행동에 영향을 미치는 요인을 개인적 요인과 사회환경적 요인으로 구분하여 살펴봄으로써 아동생활지도의 접근방향을 탐색하고자 한다.

학습목표

- 아동행동에 영향을 미치는 개인적 요인을 이해한다.
- 아동행동에 영향을 미치는 사회환경적 요인을 설명한다.

주요 용어

기질, 애착, 대중매체

개인적 요인

기질

기질은 외부환경의 자극에 대한 개인의 정서적 반응의 질과 강도에서 안정적으로 나타나는 개인차를 의미한다. 즉, 기질은 출생 직후부터 나타나는 개인의 안정되고 일관된 특성이자 환경에 대해 예측된 방식으로 반응하는 개인적 경향을 뜻한다[Caspi & Silva, 1995]. 기질은 출생 이후 1년 동안 형성되는 발달적 특성으로 성격 형성의 토대가 되는 중요한 요소이다. 영유아는 기질에 따라 상이한 행동특성을 보이며 이러한 영유아의 기질유형을 토마스와 체스[Thomas & Chess, 1977]는 순한 기질, 까다로운 기질, 반응이 느린 기질의 세 가지 유형으로 구분하였다.

순한 기질

첫 번째 유형은 순한 기질의 아동[easy child]이다. 수유, 배설, 수면 등의 일상생활습관이 규칙적이면서 환경변화에 대한 적응력이 높다. 새로운 경험에도 쉽게 적응하고 낯선 사람에게도 미소로 반응하고 쉽게 접근하며 대체로 안정적이면서 행복한 정서가 주로 나타난다.

까다로운 기질

두 번째 유형은 까다로운 기질의 아동[difficult child]이다. 수유, 배설, 수면 등의 일상생활습관이 불규칙적이고 새로운 경험에 대해 쉽게 적응하지 못하며, 주로 낯선 환경에 처하면 울음이나 저항 등의 부정적인 반응을 보인다. 낯선 사람을 보면 피하고 울거나 새로운 음식을 주면 뱉어내는 등의 민감하고 적대적인 반응을 보인다.

반응이 느린 기질

세 번째 유형은 반응이 느린 아동slow to warm up child이다. 활동성이 떨어지고 환경의 변화에 대한 반응이 느리며 낯선 사람이나 새로운 사물에 적응하는 데 오랜 시간이 걸린다. 성미가 까다로운 점이 까다로운 기질의 아동과 유사하지만, 까다로운 기질의 아동과는 달리 새로운 환경에 대한 반응이 적대적인 수준은 아니고, 새로운 음식을 주면 뱉어내지는 않는 등 새로운 자극에 약한 강도의 반응을 보인다.

이처럼 기질의 유형에 따라 영유아의 행동은 다르게 나타나며 개별 영유아의 기질 유형을 파악하여 이에 적합한 양육행동을 제공함으로써 영유아의 발달과 적응을 도울 필요가 있다. 구체적으로 까다로운 기질의 자녀를 둔 부모는 자녀양육에 어려움을 겪게 되고 자녀 역시 반응적이고 온정적인 양육을 제공받지 못한다. 까다로운 기질의 아동이 보이는 불규칙적인 생활방식과 화를 잘 내고 공격적인 성향으로 부모는 정신적·신체적으로 무력감을 느끼게 되고 자녀에게 적대적이거나 무관심한 양육행동을 보인다. 이 경우 부모가 미리 자녀의 기질 특성을 파악함으로써 까다로운 기질의 특성을 이해하고 이에 적절한 양육행동을 취함으로써 원만한 부모자녀 관계가 되도록 노력해야 한다. 유아교육기관의 교사에게도 사전에 자녀의 기질 특성을 알리고 이에 적절한 반응을 해주도록 요청함으로써 가정과 유아교육기관 모두 아동의 생활지도 시 기질을 고려할 필요가 있다.

애착

애착은 영아가 자신과 가장 가까운 사람, 주로 양육자와 정서적인 유대를 강하게 형성하는 것을 의미한다.Ainsworth, Blehar, Waters, & Wall, 1978; Bowlby, 1958 애착형성을 설명하는 대표적인 이론으로 애착을 학습경험의 결과물로 보는 행동주의 이론, 생존을 위한 진화된 행동체계의 하나로 보는 동물행동학 이론이 있다. 이외에 구강기의 욕구를 만족시키는 과정에서 애착이 형성된다는 정신분석 이론, 애착형성능력과 인지발달과의

밀접한 관련성을 강조하는 인지발달 이론이 있다.조윤주·최일선, 2004

애착의 유형은 안정secure 애착, 불안정–회피insecure-avoidant 애착, 불안정–저항insecure-resistent인 애착, 혼란disorganized 애착으로 구분된다.Ainsworth, Blehar, Waters, & Wall, 1978 애착 유형별 특징은 다음과 같다.

안정 애착

안정된 애착의 유아는 엄마와 함께 있을 때 주변을 적극적으로 탐색하고 엄마가 나가려고 하면 당황한다. 엄마가 돌아오면 반갑게 맞이하고 유아가 당황해 하더라도 엄마가 금방 달랠 수 있으며, 낯선 사람보다는 엄마를 더 좋아한다.

불안정–회피 애착

불안정–회피 애착의 유아는 엄마와 함께 있을 때에도 주변을 탐색하며 잘 놀지 못하고, 엄마와 떨어졌을 때 고통스러워하지 않는다. 엄마가 접촉하려고 노력하면 거부하지는 않으나 엄마에게 안겨 있어도 달라붙지는 않는다. 낯선 사람을 엄마와 동등하게 취급한다.

불안정–저항 애착

불안정–저항 애착을 보이는 유아는 엄마와의 분리 이전에 엄마에게 가까이 있으려 하고 엄마와 분리될 때 매우 당황한다. 엄마가 돌아오면 화를 내고 저항하며 쉽게 달래지지 않는다. 낯선 사람의 접촉도 거부한다.

혼란 애착

혼란 애착유형은 최근에 발견된 애착유형으로 낯선 상황에서 유아가 가장 큰 스트레스를 받고 가장 불안정한 모습을 보이는 경우이다. 혼란 애착유형은 불안정 애착의 가장 심한 형태로 회피 애착과 저항 애착이 결합된 형태이다. 엄마와 유아가 다시 만났을 때 멍하고 얼어붙은 듯한 행동을 하거나, 엄마가 안아줘도 먼 곳을 쳐다보는

표 1 에인스워드(Ainsworth)의 낯선 상황 실험 과정

에피소드	실험 내용
1	실험자가 엄마와 영아를 실험실로 안내하고 떠난다.
2	영아가 장난감을 가지고 노는 동안 엄마는 곁에 앉아 있다.
3	낯선 사람이 들어와 엄마와 이야기를 나눈다.
4	엄마가 방을 나가고 낯선 사람이 영아와 상호작용을 한다.
5	엄마가 돌아와 영아를 반기고 낯선 사람이 방을 나간다.
6	엄마가 방을 나간다.
7	낯선 사람이 들어와 영아를 진정시킨다.
8	엄마가 돌아와 영아를 반기고 영아의 관심을 장난감으로 유도한다.

자료: 정옥분(2002).

행동을 보인다.

이와 같은 애착형성의 결과는 유아의 정서적 안정과 대인관계의 중요한 기초가 되며, 애착은 유아기 이후의 행동에도 지속적으로 영향을 미친다. 따라서 안정된 애착형성을 위해 양육자와의 상호작용 질을 높이도록 노력한다.

사회환경적 요인

가족

가족은 인간의 삶이 시작되는 최초의 장이자 인간발달의 가장 중요한 사회화의 장으로서, 영유아 발달에 지대한 영향을 미치는 대표적인 사회환경적 요인이다. 가족

은 복잡한 사회체계일 뿐 아니라 역동적인 체계이며, 모든 가족구성원은 서로가 서로에게 영향을 미친다. 부부관계, 부모자녀관계, 형제관계 등은 가족구성원 개별 발달에 영향을 미친다. 가족체계 내에서 자녀의 발달과업에 맞는 양육행동과 같은 예측된 변화와 형제의 죽음, 부부관계의 긴장과 같은 예측되지 않은 변화는 가족의 상호작용에 큰 영향력을 행사하고, 이는 아동발달에 영향을 미친다. 따라서 가족은 자녀의 성장과 발달이 이루어지는 체계이며, 이러한 역동성은 가족구성원의 개별 발달에 변화를 일으켜 지속적인 발달이 이루어지도록 한다.

부모

부모의 양육행동은 아동의 사회화 과정에서 가장 중요한 환경요인이며, 아동의 인지발달, 사회성발달, 정서발달에 영향을 미치는 주요 요인 중 하나이다. 온정적이고 민감한 양육태도를 보이는 부모는 영아와 자주 대화를 나누며 호기심을 자극하는 환경을 제공한다. 이러한 양육행동은 자녀와 안정적인 애착을 형성하는 데 긍정적인 요소로 작용한다. 영유아를 돌보는 양육자의 온정적인 양육행동은 영유아가 심리적으로 건강한 성인으로 성장하는 데 결정적인 역할을 담당하며, 영유아기 이후 삶의 토대를 형성한다.

바움린드Baumrind, 1971는 애정과 통제 차원을 기준으로 부모의 양육행동을 권위가 있는 양육행동, 권위주의적인 양육행동, 허용적 양육행동, 그리고 방임적 양육행동 네 가지 유형으로 구분한다. 애정 차원은 부모가 자녀에게 애정을 표현하고 지원하며, 자녀의 반응에 민감하게 반응하고 관심을 갖는 정도를 말한다. 통제 차원은 부모의 지시에 따라 자녀가 행동하도록 자녀의 행동을 감독하고 조종하는 것을 의미한다. 부모의 양육행동 중 애정과 통제 차원이 모두 높은 경우는 권위 있는 부모이고, 통제 차원은 높지만 애정 차원이 낮은 경우는 권위주의적 부모로 분류한다. 애정 차원은 높은데 통제 차원이 낮은 경우는 허용적 부모이며, 마지막으로 애정과 통제 차원이 모두 낮은 경우는 방임적 부모로 분류했다.권민균 외, 2012

권위가 있는 부모 권위가 있는 부모는 애정수준과 통제수준이 모두 높은 방식으로 자녀를 양육한다. 자녀를 따뜻하게 감싸주며 자녀의 행동에 대한 한계를 명확하게 설정해준다. 할 수 있는 일과 해서는 안 되는 일에 대한 규칙을 명확하게 제시하고 이를 자녀가 이해하도록 설명하는 방식을 취한다. 또한 가족사와 관련된 의사결정 과정에 자녀를 참여시킴으로써 자녀가 결정한 일에 대해 책임의식을 갖도록 한다. 권위가 있는 부모 밑에서 자라난 자녀는 책임감 있고 자신감 있는 사람으로 성장한다.

허용적 부모 허용적 부모는 통제수준은 낮고 애정수준은 높은 방식으로 자녀를 양육한다. 자녀가 자신의 감정이나 욕구 등을 자유롭게 표현할 수 있도록 허용하지만 자녀의 행동을 자세히 관찰하지 않으며, 자녀의 행동을 통제하지 않는다. 허용적 부모의 자녀는 규율을 무시하고 제멋대로 행동하며, 자기중심적이고 공격적이기도 하며, 독립심이 부족한 경향이 있다.

권위주의적 부모 권위주의적 부모는 애정수준은 낮고 통제수준은 높은 방식으로 자녀를 양육한다. 애정을 별로 주지 않는 독재적 방식으로 자녀를 양육한다. 부모가 정해놓은 규율을 자녀에게 강요하고 자녀가 납득할 수 있는 설명은 하지 않는다. 권위적 부모는 자녀의 의견을 무시하며 자신의 말이나 규칙을 무조건적으로 따라야만 한다고 생각한다. 이런 방식으로 성장한 자녀는 다른 사람에게 의존적이면서도 반항적인 성격이 되기 쉽다.

방임적 부모 방임적 부모는 애정수준과 통제수준이 모두 낮은 방식으로 자녀를 양육한다. 애정도 별로 보이지 않고 통제도 거의 하지 않는 방법으로 자녀를 양육한다. 이는 가장 성공적이지 않은 양육방식이며, 부모는 자녀를 거부하고 부모 자신의 스트레스나 문제가 너무도 심각하여 자녀양육에 관심을 쏟지 않는다. 이런 부모 밑에서 자란 자녀는 매우 공격적이며 울분을 표출하기도 한다. 또한 아동기에는 학습수행능력이 떨어지고, 적대감, 자기중심적 경향을 보이며 청소년기에 이르러서는 일탈행동을 보이는 경향이 있다.

부모의 양육태도 유형의 특징 및 발달에 미치는 영향을 살펴보면 표 2와 같다.[Baumrind, 1971; Berk, 2000] 구체적으로, 권위가 있는 부모의 유아기 자녀는 일상생활에 생기가 있고 즐겁게 지내며, 높은 자존감과 자기통제력을 지니고, 권위가 있는 부모의 청소년기 자녀는 자존감과 학업성취 수준이 높다.

다음으로 권위주의적 부모의 유아기 자녀는 일상적으로 불안한 모습을 보이거나 욕구가 좌절될 경우 적대적인 태도를 보이며, 권위주의적 부모의 청소년기 자녀는 허용적이거나 방임적인 부모의 자녀보다 학업성취 수준이 높다.

허용적 부모의 유아기 자녀는 충동적이거나 반항적인 태도를 보이기 쉬우며, 허용적 부모의 청소년기 자녀는 자기통제력이 부족하고 학업성취 수준이 낮은 경향을 보인다. 마지막으로 방임적 부모의 유아기 자녀는 또래관계에서 사회정서적 기술이 부족하고 공격적 행동을 우선시하며, 방임적 부모의 청소년기 자녀는 정서적 자기조절과 학업수행에서 부진함을 보이고, 비행행동을 보이는 경향이 있다.

한국청소년 상담원(1996)에서는 우리나라 부모의 양육행동을 자애로움과 엄격함의 두 가지 차원에서 네 가지 유형으로 구분하였다.[정옥분, 2006] 자애로움은 자녀를 신뢰하고 따뜻하며 관대하게 대하는 행동을 의미하고, 엄격함은 확고한 원칙에 따라 정해진 바를 일관되게 밀고 나가는 행동을 의미한다. 네 가지 유형은 자애롭기만 한 부

표 2 부모의 양육행동 유형에 따른 아동의 발달특성

양육행동 유형	부모의 양육행동 특징	자녀의 유아기 발달특성	자녀의 청소년기 발달특성
권위가 있는 유형 (authoritative)	• 적절한 애정과 통제를 하는 부모로 공정하고 합리적임 • 행동기준이 안정적이고 애정적임 • 발달수준에 준한 민감하고 반응적인 요구를 함	• 생기 있고 즐겁게 지냄 • 자존감이 높고 자기통제를 잘함 • 성유형화가 덜 고정적임	• 자존감이 높음 • 사회적·도덕적으로 성숙함 • 학업성취가 높고, 교육수준이 높음
권위주의적 유형 (authoritarian)	• 복종에 가치를 둠 • 상호호혜적인 의사소통은 거의 이루어지지 않음	• 불안하고 철회적이며 불안정한 기분상태를 보임 • 욕구 좌절 시 적대적인 태도를 나타냄	• 권위 있는 부모의 자녀에 비해 적응력이 떨어짐 • 허용적이거나 방임적인 부모의 자녀에 비해 학업성취가 높음
허용적 유형 (permissive)	• 비교적 온정적이고 비지배적이며 비요구적임 • 처벌하는 경우가 거의 없음	• 충동적이며 반항적임 • 성인에게 요구가 많고 의존적임 • 과제완수력이 떨어짐	• 자기통제는 부족하고 학업성취 수준이 낮음 • 약물사용이 빈번하게 나타남
방임적 유형 (uninvolved)	• 자녀양육에 관심이 적음 • 자녀의 요구를 거부하거나 무시함 • 훈육에 일관성이 없음	• 애착, 인지, 놀이 및 사회정서적 기술이 부족함 • 공격적인 행동이 앞섬	• 정서적 자기조절과 학업수행이 부진함 • 약물사용이 빈번하고 비행행동이 나타남

자료: 조운주·최일선(2004); Berk(2000).

모, 엄격하기만 한 부모, 엄격하면서 자애로운 부모, 엄격하지도 자애롭지도 못한 부모로 구분되는데, 이중 가장 바람직한 유형은 '엄격하면서 자애로운 부모'이며, 제일 바람직하지 못한 유형은 '엄격하지도 자애롭지도 못한 부모'다.

형제자매

최근 들어 출산율의 감소로 형제가 있는 가정보다 외동이인 경우가 증가하고 있으나 많은 가정에서 아동은 형제자매와 함께 성장한다. 형제자매는 아동의 발달에서 부모와는 또 다른 영향을 미치는 중요한 인물이다. 형제가 있는 경우에는 가족 내에서 자연스럽게 형제관계를 통해 다양한 경험을 하게 된다.

가정에서 형제자매관계는 동료로서, 그리고 효과적인 교사로서 상호호혜적인 영향을 미친다. 형제자매와의 경쟁 및 갈등의 경험은 대인관계의 기초를 이루는 협동, 갈등, 경쟁의 원리를 학습하는 데 기여한다. 특히 형제자매는 안정감과 정서적 지지를 제공하여 애착의 대상이 되며, 사회적 모델과 교사의 역할을 하는 등 서로에게 긍정적인 영향을 미치는 것으로 나타났다.Dunn, 1985; Miller & Marayama, 1976

형제관계는 대인관계 중에서 가장 오래 지속되는 관계이며, 부모자녀관계와는 달리 상호적이며 평등한 관계이다. 형제 간의 상호작용은 또래 집단 간의 상호작용과 상당히 유사하며, 빈번한 상호작용, 솔직한 정서표현, 서로에 대한 관심 표현이 이루어진다. 형제관계에서는 상호작용을 통해 서로를 모방하려는 경향이 강하게 나타나며, 특히 동생이 형을 모방하는 정도가 더 강하다.

부모는 형제관계에 영향을 미치는 요인인데 부부관계가 원만하면 자녀의 형제관계도 원만한 경향이 있다. 부모가 형제 중 어느 한쪽을 편애하거나 아동의 성격이 좀 더 자기중심적이라면 훨씬 더 경쟁적인 관계를 보일 것이다. 형제 간의 경쟁적인 관계는 상호적 관계보다 부정적인 결과를 가져올 수 있다. 형제관계는 친밀하면서도 동시에 갈등이 존재하는 관계이다. 특히 또래관계가 활성화 되기 이전에는 형제관계가 또래관계보다 더 중요하다.

형제들은 함께 많은 시간을 보내며 다정하게 지내기도 하지만 희생, 양보, 이해의 긍정적인 감정도 가진다. 때로는 경쟁하고 질투하며, 미워하는 부정적인 감정을 가지는 모호한 관계이다. 대부분의 부모는 둘째가 태어날 경우 많은 시간을 태어난 아기와 보내며 애정적인 관계를 형성한다. 자연스럽게 맏이에게 보이던 관심과 애정이 감소하며, 이러한 변화로 인해 형제 간의 경쟁심이 유발된다.

형제 간의 경쟁행동은 이성의 형제든 동성의 형제든 상당히 보편적으로 나타나는 현상이며, 나이 차이가 적을수록 심한 편이다. 동생이 태어나면 형의 입지가 그 전보다 좁아지면서 부모의 관심을 끌기 위해 경쟁한다. 경쟁적인 행동은 공격적인 행동이나 퇴행행동으로 표출된다. 공격적 행동은 종종 손위 형제가 주로 동생을 때리거나 꼬집으면서 적대감을 보이는 행동으로 나타낸다. 퇴행행동은 컵으로 우유를 마시던 아이가 동생처럼 우유병으로 먹겠다고 떼를 쓰기도 하고, 아기 같은 발음을 하면서 어리광을 부리는 등 부모의 애정을 되찾으려는 무의식적 의도에서 나타난다.권민균 외, 2012

손위 형제는 부모를 대신해 동생을 돌보는 역할을 하고, 동생은 형에게 애착을 형성한다. 놀이 상대로서 서로를 좋아하는 긍정적 측면이 강하게 나타난다. 형은 동생보다 발달적으로 앞서기 때문에 놀이를 하는 동안 좋은 모델이 되기도 하고, 가르치는 역할을 하기도 한다. 동생이 형을 모방하고 형의 행동을 학습하면서 동생의 인지적 능력이 발달한다. 자녀의 성별이 동성일 경우, 형제나 자매 관계의 사이가 더 좋으며 더 친밀한 경향을 보인다.

또래

또래란 사회적 지위, 인지능력, 행동특징이 유사한 동년배를 의미한다. 핵가족화, 취업모의 증가, 조기교육의 일반화 추세에 따라 어린이집이나 유아교육기관 등에서 과거보다 빨리 또래관계를 경험한다. 이에 따라 그들의 일상생활 및 발달에 미치는 또래관계의 영향이 더 커졌으며, 특히 유아기와 아동기의 부정적인 또래관계가 고등학교 중퇴, 청소년 및 성인기의 범죄와 정신병리 등 사회생활의 부적응을 초래하고, 장기적으로 영향을 미칠 수 있다는 점에서 또래관계의 중요성이 매우 크다.

또래가 아동발달에 미치는 영향은 매우 크다. 또래관계는 성인의 지시나 주도에 일방적으로 따르는 수직적인 관계가 아닌 서로의 의견을 자유롭게 교환하는 수평적인 관계이다. 이러한 상호작용에서 다양한 지식과 기술을 습득하고, 또래를 사회적 비교의 준거로 삼아 자신을 평가하며, 또래의 행동을 관찰 모방하고, 또래로부터 다양한 사회적 지원을 받는다는 점에서 또래와 효과적인 관계를 형성하고 유지하는 능력을 습득하는 것은 매우 중요하다.[권민균 외, 2012] 아동은 또래와의 상호작용에서 사회적 역할과 규범을 배우고, 사회적 조망수용능력을 발달시키며, 사회적 기술을 연습한다. 또래관계는 성공적인 사회적 상호작용을 위해 기본적으로 요구되는 사회적 기술을 훈련시키며, 아동에게 사회적 지원과 안정을 느끼게 하고, 사회관계 내에서 자아를 정의하게 되므로 자아개념 발달에 기여한다는 측면에서 또래관계의 중요성을 확인할 수 있다.

부모와의 애착형성 정도나 상호작용 경험도 영유아의 또래관계에 영향을 미치는 요인이다. 예를 들어, 부모와 안정된 애착을 형성한 영유아는 불안정한 애착을 형성한 영유아보다 또래관계에서 더 유능한 경향을 보인다. 부모의 양육행동이 애정적이고 부모와 자녀의 관계가 전반적으로 안정적인 가정에서 성장하는 영유아는 또래와도 원만한 관계를 형성하고 또래집단에 쉽게 적응하는 모습을 보인다.[정옥분, 2006]

또래란 단순히 동년배라기보다는 행동의 복잡성이 유사한 수준에서 상호작용하는 대상이다. 유아는 성장하면서 가족과는 다른 형태인 또래집단과 접촉한다. 걸음마 시기 이후에는 성인과의 상호작용이 감소하고 또래와의 상호작용이 증가하며, 특히 아동기에서부터 청소년기까지는 또래가 다른 시기보다 중요한 영향을 미친다.[윤운성·정정옥, 1998]

또래는 유아에게 있어 사회적 행동에 대한 모델이자 강화자로서의 역할을 담당한다. 이 시기에 경험하는 또래와의 상호작용은 유아가 타인의 문제에 관심을 가지고 타인의 관점을 이해하게 되면서, 신체적·인지적·사회적 기술을 발달시키는 중요한 맥락을 제공한다.

유아는 또래와의 상호작용과정에서 갈등, 힘겨루기, 소외감, 따돌리기 등과 같은 다양한 사회적인 경험을 한다. 또래관계에 영향을 미치는 요인으로 장난감, 놀이집단의 크기, 연령 구성 및 또래의 친숙성을 들 수 있다. 이러한 요인들은 또래 상호작용의 빈도와 질에 중요한 영향을 미친다. 자유로운 놀이환경, 여러 용도로 활용되는 장난감의 제공, 연령이 동일하고 친숙한 또래는 긍정적이고 언어적이며, 협동적인 상호작용을 촉진한다. 특히 유아의 연령이 높아질수록 또래의 위치나 비중은 더 중요한 부분을 차지하기 때문에 또래의 격려와 인정은 긍정적인 자아상을 형성하며 사회구성원으로서의 기초를 세운다.[조운주·최일선, 2004]

영아기 또래관계

생후 첫달부터 아기는 다른 아기에게 관심을 보이지만 생후 6개월은 지나야 상호작용이 가능하다. 1세 후반이면 또래의 단순한 행동을 모방하고, 18개월이 되면 또래와 협동하는 상호작용을 시작한다. 또래와 함께 웃고 즐거워하는 등 또래관계에서 긍정적인 정서를 보인다. 장난감을 서로 빼앗으려다 우는 등 소리를 지르는 등 부정적인 반응도 함께 보인다. 다른 영아와 함께 있는 경험이 많은 영아일수록 낯선 또래를 만나면 적극적으로 접촉을 시도하는 등 영아기의 또래 경험은 이후 사회적 상호작용에 영향을 미치게 된다.[권민균 외, 2012]

유아기 또래관계

또래 간 상호작용은 유아기에 급격히 증가한다. 2~3세 유아는 방관자적 놀이와 혼자 놀이를 주로 보이지만, 3~5세 유아는 또래와 협동하며, 가상놀이를 주로한다. 3~5세가 되면, 장난감을 상호교환하고 주제를 가지고 가상놀이를 하는 등의 놀이형태로 발전한다. 또한 7세경까지는 이성의 또래와 함께 노는 빈도가 높아지나 대체로 7세 이후부터는 동성의 또래와 함께 노는 시간이 급격히 증가하며, 이성 또래와의 상호작용은 제한된다.

학동기 또래관계

초등학교 아동의 경우는 역할이 배정되고 규칙이 있는 게임형태의 놀이와 협동놀이를 위주로 또래관계가 형성된다. 놀이에서 보다 세분화되고 복잡한 사회적 구조를 지니며, 놀이에 동원되는 기능이나 규칙의 인지적 복잡성이 점차 증가한다. 학동기의 또래 집단은 유아기에 비해 급격히 확장되며, 가족과의 접촉은 줄어들고 또래로부터의 동료애, 조언 및 충고, 정서적 지지를 더 중요시하는 특성을 보이는 등 발달적 측면에 있어서도 매우 중요한 의미를 갖는다.

또래로부터 인기가 있는 아동은 또래갈등의 발생 빈도가 낮으며, 갈등을 해결하기 위해 비언어적인 저항보다는 언어적 저항을 더 많이 사용하고, 갈등이 종결되었을 때 더 긍정적인 정서를 보인다. 또래관계에서 인기 있는 아동은 거부아에 비해 지도력과 친사회적 행동수준이 높고, 긍정적인 자아개념을 가진다.Fabes & Eisenberg, 1992 이에 반해, 또래관계에서 인기가 없는 아동은 또래와의 갈등수준이 높고 갈등해결전략으로 비언어적인 저항과 통제를 더 많이 사용하며 갈등 종료 후 부정적인 정서를 더 많이 보였으며, 자아존중감은 더 낮았다.Coie, Dodge, & Kupersmidt, 1990 특히 거부아는 학업성취수준이 낮고 또래에게 공격적이며 파괴적·요구적·간섭적·공격적 행동을 보이고, 무시아는 수줍어하거나 위축된 행동을 보인다. 고립 아동의 행동특성은 주로 공격행동과 위축행동의 두 가지 유형으로 구분되는데, 공격행동은 폭력적이거나 비협조적인 행동, 심하게 떼쓰는 행동으로 나타나며, 위축행동은 다른 사람과 접촉을 꺼리거나 사회적 상호작용 횟수가 낮은 것으로 나타난다.

대중매체

TV와 비디오

대중매체가 보편적으로 보급되면서 유아의 일상생활에서 대중매체가 차지하는 비중은 높아지고 있다. TV와 비디오 등은 모방심리가 강하고 감수성이 예민한 유아에게 특정 행동을 유도하거나 행동유형을 바꾸게 할 수도 있다. TV의 경우에는 이미 유아의 사회적 태도와 행동, 공격성, 친사회적 행동, 성역할에 있어 부정적인 영향을 끼친다는 연구가 많이 제시되었다.Barcus, 1983; Huesmann, 1986; Reinhardt & Fredrikson, 1983 TV와 비디오의 부정적인 측면으로는, 장시간의 TV나 비디오 시청은 학습활동이나 건전한 여가시간을 방해할 뿐 아니라 TV에 중독될 수 있다는 점이다. 나아가 TV나 비디오 시청은 타인에게 관심을 보이지 않으며 사회적 상호작용을 어렵게 하는 요인이 될 수 있다. 또한 폭력적인 장면은 유아가 공격적인 방법으로 문제를 해결하도록 유도하며, 대인관계에서도 적대적인 감정을 갖게 한다.[Friedrich-cofer & Huston, 1986]

반두라의 사회학습이론에 의하면 폭력적인 TV프로그램은 아동이 폭력적인 행동을 모방하게 하여 아동의 공격성과 반사회적 행동을 증가시킨다. 이처럼 아동의 공격성이 증가되는 이유는 다른 사람의 공격적인 행동을 관찰하게 되면 관찰자가 생리적으로 흥분하게 되고 이를 통해 공격성이 유발되기 때문이다. 다음으로 아동은 TV프로그램에서 관찰한 공격행동을 모방하게 되고, 관찰한 공격행동에 처벌 대신 보상이 주어질 경우 아동의 공격행동이 지속된다. 부모가 자녀와 함께 폭력적인 TV프로그램을 시청하면서 아동이 이 프로그램의 유해성을 비판적으로 평가하도록 조언하는 것은 폭력적인 TV프로그램의 유해성 문제를 해결하는 한 가지 방법이다.

TV와 비디오가 유아의 발달과 교육에 긍정적인 영향을 미치는 도구로 활용하기 위해 고려할 사항[박성옥 외, 2003]은 첫째, TV와 비디오 시청 지침을 정한다. 지침사항으로 시청시간의 양, 시청 가능한 프로그램 종류, 시청을 피할 시간 등을 들 수 있다. 둘째, TV와 비디오 내용을 계획하고 제한한다. 프로그램을 선정하는 방법 중 하나로 프로그램 등급제를 활용하는 것도 효과적이다. 셋째, 성인이 유아와 함께 TV나 비디오를 시청한다. 성인은 언어적 상호작용을 유도하고, 시청한 것 중 유익한 내용에 대해서는 참고자료를 찾아 지식과 경험을 확대할 기회를 마련한다. 한편 폭력적인 프로그램에 노출될 경우에는 유아에게 폭력의 심각성을 설명하고 그들이 시청한 것을 평가하도록 지도한다. 넷째, 성인은 좋은 모델이 되어야 한다. 성인이 프로그램을 신중하게 선택하고 시간을 스스로 제한하는 모습을 보임으로써 유아가 바른 TV시청 태도를 배우도록 한다.

TV시청으로 인해 가족구성원 간의 대화가 줄어들면서 'TV 안보기 운동'이 실시되기도 하였고, 일부 가정에서는 TV를 없애는 경우도 있었다. 그 결과, 가족구성원 간의 대화가 늘어나면서 대화단절로 인해 가족관계에서 발생했던 다양한 문제가 해결되기도 하였다. 이러한 현상은 TV가 가족, 학교, 또래만큼 아동발달에 중요한 영향을 미치는 요인임을 보여주며, TV를 어떻게 활용하느냐에 따라 아동의 발달에 긍정적 또는 부정적으로 작용할 수 있음을 보여준다. 따라서 TV의 긍정적 측면을 최대한 끌어낼 수 있는 방식으로 아동생활지도를 실시할 필요가 있다.

컴퓨터

컴퓨터 보급이 확산되고 일상생활에서 컴퓨터 이용 활동의 비중이 커짐에 따라 컴퓨터가 아동발달에 미치는 영향도 증가하였다. 컴퓨터가 아동에게 미치는 긍정적 측면으로는 컴퓨터 활동이 아동의 창의적 사고, 추론능력, 문제해결능력, 언어발달, 수학능력 발달에 도움이 되며, 학교에서 컴퓨터 보조학습을 받은 아동은 통제집단에 비해 학업성취도와 학습에 대한 긍정적 태도가 높았으며, 학교생활을 더욱 즐거워하는 것으로 나타났다. 반면 컴퓨터로 혼자놀이가 가능하므로 또래집단에서의 사회적 관계 단절을 가져올 수 있다는 문제점도 제기되었다.

이처럼 컴퓨터 보급의 보편화로 인해 유아는 컴퓨터를 친근하게 사용하면서 디지털키드digital kid로 성장하고 있다. 컴퓨터는 학습보조매체로 유아의 발달과 학습에 활용할 수 있는 긍정적인 효과가 있다. 하지만 한편으로 컴퓨터는 공격적 행동의 조장, 사회적 고립, 충동성 같은 문제점과 전자파의 노출로 건강상의 위험을 내포하고 있다. 한 예로 컴퓨터 게임은 강력한 시각적인 자극을 제공하는 특성이 있어서, 이러한 자극에 익숙해진 유아는 일상의 자극이나 학습자극이 단순하게 느껴져 일상생활에 대해 흥미를 갖거나 행동에 집중하는데 어려움을 겪게 된다. 더욱이 대부분의 게임들이 인간의 공격적인 본능이나 경쟁심을 유발하므로 이러한 경험은 유아가 실제생활에서 타인과의 상호작용이나 갈등을 원만하게 해결하는 능력을 저해한다. 따라서 컴퓨터를 교육적인 지원매체로 활용하기 위해서는 양질의 프로그램 개발 및 선정과 효과적인 컴퓨터 교육을 위한 교사 교육에 대한 노력이 병행되어야 한다.조운주·최일선, 2004

한편 인터넷 환경에 대한 관심과 지도도 중요하다. 인터넷은 수많은 정보를 원하는 시간에 자유롭게 얻을 수 있는 장점이 있지만 이러한 인터넷 정보가 모두 올바르고 유용하기만 한 것은 아니다. 인터넷 중독의 대표적인 하위 유형으로 게임 중독, 통신 중독, 음란물 중독이 있다. 이러한 중독의 문제점으로 학업에 소홀하고 현실의 일상생활에 흥미를 잃어 인간관계보다 게임에 몰두하고, 게임을 하지 않으면 불안, 초조, 환상 등의 금단현상을 경험하기도 한다. 2011년 우리나라의 인터넷중독 실

표 3 2011년 우리나라 인터넷 중독 실태조사 결과(발달시기별)

(단위: %)

발달시기별	아동(5~9세)	청소년	성인	전체
고위험군	1.0	2.9	1.4	1.7
잠재적 위험군	6.9	7.5	5.4	6.0
전체	7.9	10.4	6.8	7.7

자료: 행정안전부(2012).

표 4 2011년 우리나라 인터넷 중독 실태조사 결과(학령별)

(단위: %)

학령별	유치원생	초등학생	중학생	고등학생	대학생
고위험군	0.0	2.1	2.1	4.1	2.0
잠재적 위험군	3.6	7.9	6.5	8.3	9.0
전체	3.6	10.0	8.6	12.3	11.0

자료: 행정안전부(2012).

태조사 결과에 의하면, 인터넷중독률은 7.7%로 전년대비 0.3%p 감소하였으나, 고위험군 중독률은 1.7%로 전년대비 0.3%p 증가하였다. 특히 5~9세 아동의 인터넷중독률은 7.9%로 성인의 인터넷중독률 6.8%보다 더 높은 것으로 나타났고, 청소년의 인터넷중독률은 전년대비 2%p 감소하였으나, 그 중 고등학생의 중독률이 12.4%로 가장 높았는데, 고등학생 고위험군 중독률은 4.1%로 중학생 고위험군 중독률 2.1%보다 더 높았다.[행정안전부, 2012] 이를 통해 볼 때 아동과 청소년의 인터넷중독 문제의 심각성을 알 수 있다.

최근에는 지나치게 오랜 시간 동안 컴퓨터에 접속하여 일상생활에 심각한 사회, 심리, 신체 및 직업 활동에 지장을 초해하는 상태인 사이버 중독이 사회적 문제로 대두되기도 하였다. 따라서 이러한 문제에 대해 가능한 대책을 세워 스스로 인터넷 환경으로부터 지킬 수 있는 안전능력을 키워나가는 것이 필요하다. 유아가 컴퓨터와 인터넷을 바람직하게 활용할 수 있도록 교사는 다음과 같은 역할을 한다.[박성옥 외, 2003]

첫째, 교사는 컴퓨터와의 다양한 경험과 활동을 통해 불안감을 감소시키고 컴퓨터 활동을 하나의 놀이로서 즐겁게 상호작용하는 모델을 보여준다.

둘째, 유아에게 내적 동기 유발을 촉진하고 발달적·문화적·지식적으로 적합한 소프트웨어를 선택하여 제공한다.

셋째, 컴퓨터 소프트웨어를 현 교육과정에 통합하는 데 있어 창의적이고 계획적으로 구성한다. 이와 함께 유아가 건강한 네티즌으로 성장하기 위해 부모와 교사는 컴퓨터와 관련된 환경적 요소, 보호단체, 법적 규제들을 이해하고 실천한다.

CHAPTER 4

아동행동 평가 및 진단

학습개요

아동행동 평가의 기초로 형성평가, 총괄평가, 진단평가의 의미에 대해 알아본 후 아동행동 평가의 원리를 살펴본다. 아동행동의 평가를 위한 자료수집방법에 대해 알아본다. 아동행동을 평가하기 위해 한 가지 혹은 여러 가지 다면적인 방법으로 수집한 자료를 종합하는 과정을 다룬다. 아동행동에 대한 평가 및 진단의 결과 의사결정 단계에서 교수 계획, 행동 개선, 관계 증진, 판별, 의뢰 등 여러 가지 생활지도 방법에 대한 결정이 이루어짐을 이해한다.

학습목표

- 아동행동 평가의 원리와 방법을 안다.
- 아동행동 평가를 위한 자료수집 방법을 안다.
- 아동행동에 대한 진단의 의미를 안다.

주요 용어

행동평가, 관찰법, 다면적 자료수집, 포트폴리오

아동행동 평가의 이해

아동행동의 평가는 아동의 행동에 대해 여러 가지 방법으로 자료를 수집하여 이를 기록화시킨 후 종합, 요약된 자료를 해석하고 증거에 근거하여 판단, 의사결정을 하는 일련의 과정[강숙현, 2002]이라고 정의할 수 있다. 이 절에서는 아동행동 평가의 개념과 원리에 대해 알아본다.

아동행동 평가의 기초

평가의 전통적 개념

평가란 어떤 것의 가치를 판단하는 과정이다. 전통적으로 평가는 교육에 있어 목표 달성과 연관된 협의의 개념으로 다루어져 왔다. 즉, 교육의 순환요소에 있어 최초로 설정한 목표의 달성 정도를 의미하는 것으로 교육 프로그램이나 교수방법에 의해 목표가 얼마나 실현되었는가를 밝히는 과정인 것이다. 그러다가 1960년대 중반 이후 교육평가가 하나의 독자적인 영역을 이룰 만큼 보다 포괄적인 개념으로 확대되었다. 하지만 평가는 정보의 실제적 활용을 강조하는 활동으로서, 지식의 일반화를 목적으로 하는 연구[research]와는 구별된다.[이은해, 1997]

이은해에 따르면, 평가는 원래 형성평가와 총괄평가로 구분되다가 여기에 더하여 진단평가의 개념이 추가되는 방향으로 발전되어 왔다.

형성평가 형성평가는 교육 프로그램의 부분적인 수정 및 개선을 위한 목적으로 이루어진다. 형성평가는 프로그램의 진행과정 중에 필요한 관련 정보를 제공하기 위해 실시된다. 이를 위해 프로그램을 이루는 인적 구성의 특성, 환경적 혹은 물리적 측면이 계획대로 무리 없이 진행되고 있는지를 주기적으로 점검하는 것이다. 이를 통해 프로그램의 성공적인 수행을 위해 어느 측면에서든지 수정되거나 보완될 사항이 있는지를 결정한다.

총괄평가 총괄평가는 프로그램의 초기 진행과정보다는 중반 이후나 종료 후에 종합적으로 실시되는 것이라 할 수 있다. 즉, 프로그램의 주요 효과 및 영향을 알아보기 위한 과정을 총괄평가라 하며, 대체로 프로그램이 본 궤도에 오르고 난 후 일정 기간이 지나서 혹은 프로그램이 종료된 후 실시된다. 총괄평가의 목적은 기대했던 목표가 달성된 정도, 대상 아동에게 미친 효과를 알아보는 것이다. 총괄평가를 통해 프로그램의 이후 적용과 수정, 보완 등 프로그램의 방향 면에서 주요 결정을 하기 위해 자료를 수집하고 분석하는 것을 말한다.

진단평가 진단평가는 교사가 아동의 발달 및 학습능력을 구체적으로 파악하고, 아동을 전인적인 개체로서 이해하기 위한 목적으로 실시한다. 교사는 아동 간의 상대적 비교에 관심을 두기보다는 개체 내의 여러 발달 수준 간의 비교에 초점을 둔다. 진단평가의 자료는 교사가 교육활동을 구체적으로 계획하고 아동과 상호작용할 때 유용한 정보가 된다.

이와 같이 평가의 개념이 변화함에 따라 평가방법에서도 보다 다양한 평가를 중시하게 되었다.[이춘재 외, 1998] 즉, 정보수집과정에서 기존의 표준화된 검사 외에 관찰이나 면접 또는 그 밖의 비형식적인 절차도 활발하게 이용된다. 그리고 아동을 이해하거나 프로그램의 효과를 측정하기 위한 준거가 보다 다양한 측정치로 평가되어야 한다는 주장이 제기되면서 중다측정에 대한 관심이 높아지게 되었다. 또한 객관적인 자료뿐만 아니라 전문가적인 판단도 평가자료로 활용할 필요가 있다는 주장이 점차 설득력을 얻게 되었다.

아동행동의 평가

영유아를 대상으로 하는 보육교육기관에서 아동행동 평가는 주로 아동의 발달과 학습과정을 이해하기 위한 목적으로 사용되며 이에 따라 아동행동의 평가 개념은 기존의 전통적인 교육평가와 약간 다른 의미로 사용된다. 아동행동 평가는 아동의 성장과 발달, 학습과정과 결과를 수집하고 조직하는 일련의 행위이다.

강숙현[2002]은 아동행동을 평가하는 이유를 다음과 같이 제시한다.

첫째, 영유아가 현재 무엇을 할 수 있는지, 무엇을 알고 있는지, 영유아의 신체적 건강 정도와 안녕 상태뿐 아니라 정서, 흥미, 태도, 습관, 성향은 어떠한가를 더 잘 이해할 수 있다. 이를 위해 교사는 영유아의 현재 상태뿐 아니라 시간의 흐름에 따른 영유아의 정보를 평가하기 위한 정보자료들을 주기적으로 수집할 필요가 있다.

둘째, 좀 더 개별화하고 반응적인 활동을 계획하고 교실의 환경을 조정하는 데 필요한 의사결정을 하는 데 있어 유용한 정보를 제공받을 수 있다. 이런 의미에서 평가는 발달에 적합한 교육 실제의 계획과 실행에 필수적이다.

셋째, 특별한 요구나 도움이 필요한 영유아를 분명히 알 수 있다. 여러 가지 방법으로 아동행동에 대한 자료를 수집하고 이를 종합하여 평가하는 과정을 주기적으로 시행하게 되면 교사는 영유아의 발달과정과 변화를 보다 심층적으로 이해할 수 있다. 그 결과 보다 교사의 세심한 관심과 주의가 필요한 영유아를 인식할 수 있게 되고 아동행동의 원인과 이에 영향을 미치는 요인들을 파악할 수 있다. 교사는 이를 통해 아동에게 도움을 줄 수 있는 지도방안을 마련하게 된다.

아동행동을 평가할 때는 아동의 신체적 발달, 인지 및 언어 발달, 정서, 사회성 발달 측면의 특성, 심미적 능력, 도덕성, 정신적 발달을 평가한다. 아동의 독특한 발달 패턴, 지식, 태도 및 흥미를 평가하되 아동이 할 수 없는 것보다는 그 아동의 장점과 요구를 밝혀내는 데 중점을 둘 필요가 있다. 아동의 학습 성향과 관련하여 새로운 과제에 대한 호기심과 개방성, 주도성, 지구력, 주의력, 반성적 사고와 해석능력, 인지 양식 등 아동이 학습하고자 하는 데 필요한 여러 가지 특성을 살펴보고 이를 위한 관련 자료를 수집한다. 아동행동을 보다 잘 이해하기 위해 필요한 경우에는 개별 유아뿐 아니라 전체 집단에 대한 공동의 관심사나 문제를 중심으로 정보자료를 구할 수 있다.

아동행동 평가의 원리

아동행동의 평가는 교사의 입장에서 단순히 자료의 수집이나 기록을 위한 것이 아니고 아동을 보다 잘 이해하고 필요한 요구를 적절하게 지원해줌으로써 보육교육활동을 보다 성공적으로 이끌어가기 위한 것이다. 그러므로 아동행동을 평가할 때에는 일회적이기보다는 주기적·체계적으로 수행할 수 있도록 세심하게 계획한다. 아동행동에 대한 자료의 수집이나 평가는 일회적인 사건이나 경험으로 이루어지기보다는 합리적이고 이성적인 과정을 통해 이루어질 필요가 있다. 이를 위해 아동행동 평가에 대한 과학적 접근을 통해 실증적 자료에 기초한 판단을 내릴 수 있도록 한다.Kerlinger & Lee, 2000

직관적 평가와 형식적 평가

평가의 가장 기본적인 분류는 평가가 얼마나 형식적이고 과학적인 절차와 과정을 거쳐 이루어지는가에 따른 것이다. 아동행동을 이해하기 위해서는 직관적 평가와 형식적 평가가 모두 중요하다.이은해, 1997

직관적 평가는 교사 자신이 가지고 있는 일종의 내적 인지도 혹은 내적 참조의 틀에 따라 아동행동에 대한 판단을 내리는 것이다. 직관적 평가는 인간의 공통적인 기본 기능의 하나로서 개인적인 내적 인지도에 의해 대부분 자동적으로 활용된다. 교사는 아동의 발달특성과 보육교육과정의 요소에 대해 전문적인 지식을 가지고 있으므로 자신의 내적 기준을 통해 아동행동의 원인이나 문제점을 직관적으로 판단하는데 있어 대부분 신뢰할만한 통찰력을 가지고 있다고 볼 수 있다.

하지만 직관적 평가의 문제는 교사가 가지고 있는 내적 인지도가 사람마다 모두 다르며 종종 객관적으로 검토되지 않는다는 점이다. 그러므로 아동행동을 평가하는데 있어 교사가 주로 직관적 평가에만 의존한다면 아동행동을 이해하는데 오류가 있을 수 있으며 이는 교사의 교수활동이나 아동과의 상호작용에 반영되어 아동에게 부정적이고 온당하지 못한 영향을 미칠 수 있다.

그러므로 교사는 직관적 평가 외에 보다 객관적이고 체계적이며 과학적으로 신뢰할만한 방법으로 아동에 대한 자료를 수집하여 보다 합리적이고 공정한 평가를 내릴 수 있도록 유의하여야 한다. 아동행동 평가에 대한 체계화를 통해 교사의 내적 인지도 역시 보다 전문적이고 객관적인 성향을 띠므로 이는 교사의 직관적 평가에도 긍정적인 효과가 있다.

형식적 평가는 객관적인 평가절차가 있어 이에 따라 평가가 진행되고 판단 준거가 명료한 평가를 말한다. 형식적 평가는 평가하고자 하는 아동행동의 내용과 범위가 제한적이어서 명료하고, 미리 체계화시킨 절차에 따라 객관적이고 전문적인 방법으로 자료수집이 이루어지며, 이를 미리 설정한 기준을 중심으로 판단하고자 하는 일련의 과정을 의미한다. 보육교육현장에서 형식적 평가는 교사의 준비와 시행 정도에 따라 평가의 형식성과 비형식성의 양극단을 잇는 연속선상의 어떤 지점에 위치하게 된다.

아동행동 평가의 절차

보육교육기관에서 아동행동의 평가는 근본적으로 아동을 보다 잘 이해하고 아동의 개별성을 인정하고 존중하기 위한 것이다. 이은해는 보육교육기관 현장에 적용 가능한 평가의 주요 과정을 다음과 같은 네 과정으로 제시한다.

첫째, 아동의 놀이 및 일상적 활동에 대해 관찰기록을 한다. 교사는 아동의 우발적 행동에 대한 비정기적 관찰과 계획된 관찰을 병행하여야 한다. 우발적인 행동의 관찰은 주로 일화기록의 형태를 취한다. 이와 비교하여 계획된 관찰은 정해진 시간에 전체 아동을 교사가 관찰할 수 있도록 계획하는 것이다. 가령 하루에 10분 정도씩 관찰시간을 정해놓고 일부 아동을 나누어 관찰한다. 단, 전체 아동을 관찰하는 데 며칠이 소요될 수 있다. 혹은 관찰하고자 하는 행동특성이나 발달영역을 구체적으로 정해놓고 이를 일정한 양식의 행동관찰목록이나 평정척도로 평가할 수도 있다.

둘째, 부모로부터 아동에 관한 정보를 수집한다. 교사는 부모를 통해 아동행동에 대한 자료를 보다 심층적으로 수집할 수 있다. 교사는 부모가 매일 아동을 데려오고 데려갈 때 짧은 대화를 나눌 수 있다. 이외 전화나 수첩을 통한 교류를 통해 자료를 수집할 수도 있다. 이외 정기적인 면담이나 필요 시 심층면담을 통해 아동에 대한 정보를 주고받을 수도 있다. 부모와의 교류를 통해 아동의 욕구, 흥미, 습관, 성격, 선호에 대한 정보를 얻을 수 있으며 이는 아동의 행동을 이해하는 데 보다 중요한 내용이 된다. 이를 통해 교사는 아동의 행동을 보다 의미 있게 해석할 수 있다.

셋째, 아동에 대한 종합적인 평가체계를 발전시킨다. 각 아동의 발달을 충분히 이해하기 위해서는 아동의 여러 측면에 대해 다양한 방법으로 수집된 자료로 종합적인 해석이 이루어져야 한다.

넷째, 평가자료를 아동생활지도를 위한 보육교육과정의 계획과 실행에 적용한다. 아동의 욕구, 흥미, 능력 등에 관한 평가자료는 곧 보육교육과정이나 프로그램 계획에 활용할 수 있다. 아동행동을 보다 적합한 방향으로 수정하도록 목표를 설정하여 활동을 진행할 수 있으며, 교실의 물리적·인적 환경을 바꿀 수도 있다. 또래 간 역동성을 바꾸기 위하여 소집단 활동을 중점적으로 수정할 수도 있고, 아동 개인의 특성에 따른 개별 요구를 중점적으로 반영하기 위해 개별행동지도 계획을 세울 수도 있다.

아동행동에 대한 자료수집

아동행동을 평가하기 위한 자료수집방법은 여러 가지가 있으며 어떤 방법을 취하는가는 그 보육교육기관의 상황마다, 교사마다 매우 다양하다. 아동행동의 평가는 결과를 평가하기보다는 과정을 평가하는데 중점을 두며 과정을 평가하기 위해서는 한 가지의 자료수집방법에 의존하기보다는 다양한 접근으로 실행한다.Cohen & Swerdlik, 2005

관찰법

관찰법은 아동행동에 대한 정보를 얻기 위해 교사의 시각정보로 입수된 아동행동을 일정한 체계와 절차에 따라 기록하는 방법이다. 관찰을 시작할 때 가장 먼저 결정해야 하는 것은 어디서부터 관찰을 시작하여 어디까지 포괄할 것인가의 문제이다. 보육교육현장에서 관찰할 수 있는 아동행동은 매우 다양하다. 체계적인 관찰을 위해서는 평가를 위한 계획을 수집하는 것이 필요하다.

관찰법은 구체적인 방법에 따라 여러 가지 세부적인 유형으로 구분되지만 그 절차에 있어서는 대체로 세 단계의 과정을 거친다.김희진·박은혜·이지현, 2000 첫째는 관찰한 것을 기록하는 단계이다. 기록은 관찰자 앞에서 일어나고 있는 장면을 가능한 한 자세하고 객관적으로 기록하는 것이다. 두 번째 단계는 해석으로, 해석은 눈앞에 보이는 것을 넘어서서 행동의 원인, 그 행동을 할 때의 감정을 추측해보고 기록한 자료의 의미를 찾아보는 과정이다. 세 번째 단계는 평가로서 축적된 관찰자료를 바탕으로 현재의 상태와 앞으로의 방향에 대한 결론을 내리는 단계이다.

관찰할 때 교사가 가장 주의해야 할 것은 기록, 해석, 평가의 세 가지 요소를 분명히 구분하는 것이다. 기록은 그 장면에 있는 누구나 눈으로 볼 수 있고, 귀로 들을 수 있는 객관적이고 외현적인 정보만을 기록하는 것이고, 해석이나 평가는 반드시 객관적이고 충분한 관찰기록을 토대로 세심하게 이루어질 필요가 있다.

일화기록

일화기록은 보육교육현장에서 발생한 직접적으로 관찰된 사건을 요약한 간략한 이야기로 사건 발생 후에 기록하는 것이다. 여러 명의 영유아가 함께 생활하는 보육교육현장에서 관찰 직후 이를 상세히 일화로 기록하는 것은 여건이 허락하지 않는 경우가 대부분이다. 그러므로 교사는 기록할만한 가치가 있는 사건을 기록한 후 주요 단어들을 짧게 기록해두고 낮잠시간이나 일과 후 기록된 주요 단어로 의미 있는 일화기록으로 완성한다.

일화기록은 육하원칙을 바탕으로 그 장면에 있지 않았던 사람이 기록의 내용을 보고 그 장면을 그려볼 수 있도록 작성한다. 사건이 일어난 장소와 인적·물적 환경의 맥락, 발생사건에 대한 객관적이고 명료하며 간단한 요약, 영유아가 했던 말과 외현적인 행동을 구체적으로 기록한다. 이를 위해 일화기록에서 행동을 기록할 때는 먼저 행동의 전반적인 측면이나 주요 행동을 적고, 주요 행동의 하위행동을 묘사한 후, 마지막으로 행동의 진행상황을 구체적으로 기술한다.

아동이 했던 말은 그대로 인용부호(“ ”)를 사용하여 기록하며 아동의 언어표현은 특성이 있기 때문에 주요 단어를 기록할 때 아동의 언술을 적어놓는 것이 좋다. 가령, “이빨이 빠지려고 하면 쓰레기통에 대고 있어요? 이빨이 갑자기 뚝 떨어지면 어떻게 해요?”와 같은 표현은 아동의 상상력이 성인과 다르다는 것을 잘 보여준다. 이러한 기록은 나중에 아동의 성장과정에서 나타나는 흥미로운 일화로 아동에 대한 정보를 풍부하게 해준다.

일화기록에서는 여러 가지 행동을 모두 기록하기가 어려우므로 아동의 한 가지 행동

표 1 일화기록 양식의 예

이름: 일시: 관찰 상황:	생년월일: 장소:
장면기록:	해석:
교수전략:	

에만 초점을 맞추기도 한다. 이를 위해 피관찰자 아동의 말과 행동뿐 아니라 아동과 상호작용하는 다른 유아나 교사의 말과 행동도 기록할 수 있다. 어떤 사건에 한 명 이상의 아동이 참여했고 이들이 모두 주요 인물인 경우에는 관련 아동의 기록에도 같은 일화를 포함시켜 놓으면 유용하다. 일화기록이 아동생활지도의 자료로 사용하려면 그 아동에 대한 계속적인 기록이 누적되어 이를 종합했을 경우에만 진단적 가치가 있으므로 동일한 아동에 대한 기록이 주기적으로 이루어지도록 하는 것이 좋다.

시간표집법

시간표집법은 관찰하고자 하는 아동의 행동을 시간을 표집해서 관찰하는 방법으로 특정 행동이 정해진 시간 내에 얼마나 자주 일어나는지의 행동출현빈도를 기록하는 방법이다. 관찰시간의 기록단위는 관찰하고자 하는 행동특성에 따라 1분에서 15분 정도로 하는 경우가 많다. 관찰시간의 기록단위가 1분인 경우에는 아동행동을 지속적으로 쳐다보다가 모두 기록할 수 있다. 이를 위해서는 1분 관찰, 30초 기록 및 휴식, 다시 1분 관찰, 30초 기록 및 휴식 등으로 간격을 설정한다. 관찰의 기록단위가 1분 이상으로 길어질수록 지속적으로 행동을 관찰하기는 어렵다. 이를 위해서는 계획에 따라 가령, 매 3분마다 1회씩 3~5초 정도 아동행동이 발생하는지를 관찰하고 이를 기록하는 방법도 사용할 수 있다. 이 경우 실제 아동을 쳐다보는 시간은 몇 초 이내이기 때문에 알람만 정확하게 울린다면 지속적인 관찰로 시각적 피로를 줄일 수 있다.

표 2 시간표집법 기록의 예

이름: 관찰일시: 관찰장소:							
시간	10:01	10:02	10:03	10:04	10:05	10:06	10:07
행동1[1]							
행동2[2]							

1 친사회적 행동(함께 쓰기, 돕기, 위로 등)
2 공격적 행동(밀치기, 빼앗기, 때리기 등)

자주 일어나는 아동행동의 예로는 대화, 미소, 놀이행동 등이 있고, 자주 나타나지 않는 행동에는 실패, 공격적 언어, 신체적 가해행동 등이 있다. 그러므로 관찰하고자 하는 행동의 통상적인 발생 경향에 따라 관찰시간의 기록단위와 기록단위 내에서 지속 관찰할 것인지 수초 내로 관찰할 것인지, 휴식시간은 어느 정도의 간격으로 둘 것인지 등을 계획하는 것이 적절하다.

시간표집법은 통제관찰의 한 방법으로 관찰하기 전 계획단계에서 상당한 시간과 노력이 필요하다. 관찰하고자 하는 목표행동을 분명하고 관찰 가능한 행동으로 구분하고, 관찰의 행동범주를 상호배타적으로 목록화한다. 관찰범주가 모호할 경우 기록할 때 어느 칸에 적어야 할지 판단하기가 애매할 수 있기 때문이다.

사건표집법

사건표집법은 시간표집법과 달리 관찰단위가 시간이 아니라 어떤 행동이나 사건 자체가 된다. 그러므로 사건표집법은 관찰하고자 하는 사건이 일어나면 이를 기록화하는 방법이다. 사건표집법은 한 영유아에 대해 초점을 맞추어 그 아동에게서 일어난 사건에 대해 기록하지만, 때로는 사건 자체에 초점을 맞추어 동시에 여러 명의 영유아를 관찰하기 위해 사용하기도 한다. 사건이 일어날 때마다 교사는 사건을 기술하고 필요한 경우에는 사건 이전의 상황 맥락도 기술한다. 사건표집법은 일반적으로 다음의 절차를 거친다.[김지은·김진숙, 1996]

첫째, 교사는 관찰하고자 하는 행동이나 사건을 조작적으로 정의한다. 가령, 어떤 유아의 공격적 행동에 대해 생활지도를 하기 위해 관찰할 필요가 있다면 이에 대한 조작적 정의를 내려야 한다. 교사는 자기 교실에서 생활지도 대상이 되는 공격적 행동의 범위를 다른 유아에게 부정적인 의도로 신체적 위해를 입히는 행동, 다른 유아의 심리적 위축이나 반응적 공격을 초래하는 언어라고 정의할 수 있다.

둘째, 관찰하고자 하는 행동이나 사건에 대해 교사가 언제, 어떤 장면에서 관찰할 것인지를 정한다. 교사는 자유선택활동시간에 나타나는 공격행동에 관심을 가질 수도 있고 실외놀이 중 나타나는 공격행동에 관심을 가질 수도 있으며 심지어 낮잠 시간이 종료되는 시점에 나타나는 유아 간 공격행동에 관심을 가질 수도 있다. 특정 유아의 공격행동을 관찰하고자 할 경우에는 일정기간 동안 하루일과에서 나타나는 장면을 모두 기록하여 시간대별 발생의 경향을 파악할 수 있다.

셋째, 기록하고자 하는 정보나 자료의 종류를 결정한다. 사건표집법은 일화기록의 방식으로 자료를 정리할 수도 있고, 사건이 발생한 시간부터 종료될 때까지의 지속시간을 정리할 수도 있으며, 미리 자세하게 규정한 행동의 범주가 얼마나 발생했는지를 횟수를 기록할 수도 있어 자료기록방법은 융통성이 많다.

행동목록법

행동목록법은 관찰하고자 하는 행동의 목록을 준비하고 정해진 관찰시간 동안 목록에 있는 행동이 나타났는지의 여부를 체크하는 방법이다. 이 방법은 세밀하게 준비된 목록에 의거하여 발생 여부를 표시하는 방법이기 때문에 관찰자의 주관적 평가를 가능한 배제하기 위한 목적이 있다. 이 방법은 사건이나 행동의 발생 여부에만 관심이 있을 때 사용하는 것이 바람직하다.

일반적으로 행동목록은 세세한 행동특징들로 길게 작성되어 있기 때문에 유목 간 상호배타성과 논리적 배열을 하여 관찰행동을 표시할 때 인지적 부담을 줄이고 오류가 없어야 한다. 행동목록에 포함되는 문항은 가능한 모호하지 않고 명백하며 관찰 가능한 구체적인 행동으로 명확하게 정의해야 한다. 가령, '분류개념을 가지고 있다' 문항은 너무 모호하여 주관적 판단이 이루어지므로 '색깔에 따라 사물을 분류할 수 있다' '모양에 따라 사물을 분류할 수 있다' 혹은 '크기에 따라 사물을 분류할 수 있다' 등으로 분리하여 보다 명확하게 정의한다.

표 3 행동목록법의 예

기본생활습관 이름: 관찰일:		
문항	예	아니오
1. 자신의 옷과 가방을 스스로 정돈한다.		
2. 간식/식사 전에 손을 씻는다.		
3. 먹은 후 칫솔질을 스스로 한다.		
4. 친구와 교사를 만나면 인사를 한다.		
5. 고마워, 괜찮아, 미안해 등의 말을 적절히 쓴다.		
6. 쓰고 난 물건을 제자리에 놓는다. 이하 생략		

또한 행동목록은 관찰하려는 행동범위에 대해 가능한 포괄적이고 대표적인 목록을 구성해야 하며, 문항 간 상호배타성이 뚜렷하여 관찰한 한 가지 행동에 대해 어느 목록에 표시하여야 하는지 모호함을 느끼지 않도록 구성하여야 한다. 그리고 행동목록의 리스트는 일반적인 것부터 구체적인 것, 영역별 순서를 따른 것, 행동으로 나타난 것과 언어로 표현된 것 등 가능한 한 순서가 있어 논리적으로 조직되어 있어야 한다.

평정척도법

평정척도법은 행동목록법과 마찬가지로 관찰하고자 하는 행동목록이 있을 때 사용한다. 그러나 평정척도법은 어떤 행동의 발생 여부만 아니라 행동의 질적인 특성을 평가하여 점수로 부여하는 방법이므로 교사의 주관적 평가를 기초로 한다. 그러므로 평정척도법은 관찰하고자 하는 행동의 질적인 차이를 평가하고자 할 때 연속성 있는 단계로 수량화된 점수로 평정한다.

평정척도에 표시할 때 교사는 아동행동에 대한 직접적 관찰, 과거의 관찰, 혹은 전체적인 인상에 기초하여 점수를 부여한다. 이는 목표 행동에 가치나 특성을 할당하는 행위이다. 이러한 이유로 행동목록법처럼 행동의 범주가 있지만 이것이 교사의 판

표 4 평정척도법 목록의 예

사회성 평정척도

이름:

평정자:

문항	1 거의 그렇지 않다	2 그렇지 않다	3 그렇다	4 매우 그렇다
1. 친구와 교구를 나누어 쓴다.				
2. 친구가 다쳤을 때 위로해준다.				
3. 친구와 이야기를 나눈다.				
4. 친구와 공동놀이를 한다.				
5. 친구가 필요로 할 때 도와준다.				

단을 필요로 하는 보다 종합적이고 유추적인 특성일 경우가 많다.

평정척도는 관찰자의 판단이 요구되기 때문에 관찰자 개인의 편견이 개입될 소지가 있으며, 관찰자의 평정에 일정한 전문성이 요구된다. 그럼에도 불구하고 사용하기가 편리하고 다량의 데이터를 쉽게 얻을 수 있어서 아동행동의 경향을 통계로 정리하기 위한 목적으로 많이 사용된다. 이러한 자료는 보육교육현장의 아동생활지도를 위한 기초자료로 사용될 수 있으며, 교실에 있는 유아 전체의 경향을 빠른 시간에 판단할 때 유용하다.

검사법

검사법은 아동을 이해하기 위한 한 방법으로 검사도구를 이용하여 아동행동이나 능력, 성향, 태도 등을 평가하는 것이다.

검사법의 특성

검사는 전문가가 개발한 검사도구를 사용한다. 대부분의 검사도구는 통계적 절차를 거쳐 표준화 작업을 한 검사도구이며, 표준화 작업을 거치지 않은 일반 검사도구도 있다. 검사도구는 실시방법을 숙지하면 보육교육현장의 교사가 실시할 수 있는 것도 많지만, 특정 검사도구는 훈련을 받은 전문가만이 실시할 수 있다.

교사가 검사를 실시하고자 할 때에는 수많은 검사 중 어떤 검사를 사용할 것인지 결정하기 위하여 검사의 정확한 목적과 특징을 알고 있어야 한다. 특정 검사도구를 사용하기로 결정한 후에는 검사 실시요강을 충분히 숙지한 후 실시하되, 아동의 심리상태가 편안하고 조용한 장소에서 검사를 진행한다. 검사를 실시하기 직전에는 아동에게 검사를 간단히 소개하고, 아동에게 검사에 대한 동기화를 충분히 부여한 후 아동이 자신의 잠재적 능력과 특성을 최대한 잘 표현하도록 한다. 검사가 종료된 후에는 정확하게 채점하고 올바르게 해석하는 것이 중요하다.[최지영, 2010]

검사의 종류

지능검사 지능검사도구로는 아동에게 많이 사용되는 스탠포드 비네 검사[Stanford-Binet], 웩슬러 지능검사[Wechsler Intelligence Scale for Children, WISC], 카우프만의 K-ABC검사[Kaufman Assessment Battery for Children] 도구 등이 있으며, 이 세 가지 검사는 모두 국내 타당화 작업을 거쳐 번역판이 시중에 나와 있어 사용하기가 편리하다. 지능검사는 심리검사도구 중 가장 먼저 개발된 유형으로 아동의 지적 능력을 객관적으로 측정하고자 하는 목적이 있다.

지능검사도구로 측정한 결과는 표준화된 수치인 IQ로 표현된다. 아동의 생활지도를 위해 지능검사도구를 사용하는 경우에는 전체적인 IQ지수만이 아니라 하위영역별 지수, 영역 간 점수 차이에 주목하는 것이 좋다. 또한 소검사의 특징과 소검사로 측정하고자 한 지적 능력에 대한 이해를 토대로 한 아동특성을 분석할 필요가 있다.

발달검사 발달검사도구로는 게젤[Gesell]의 발달예정표를 토대로 한 베일리 영아 발달 검사[Bayley Scales of Infant Development, BSID]와 미네소타 학령 전 아동 척도[Minnesota Preschool Scale]를 대표적인 예로 들 수 있다. 발달검사의 하위영역은 지각/동작 발달, 소근육 발달,

대근육 운동발달, 언어발달, 쓰기능력 발달, 자조능력 발달, 사회성 발달 등 검사도구의 특성에 따라 여러 가지 발달을 측정하고자 하는 경향을 나타내며, 이에 따라 발달검사도구는 상당히 포괄적인 내용을 다룬다.

발달검사의 목적은 영유아의 발달적 진전을 정상적인 영유아들의 규준적 행동에 비교하여 기술하고, 발달적으로 지진 또는 이탈의 여부를 판별하기 위해 사용된다. 발달검사의 결과는 검사자와 영유아 간의 라포형성, 검사 상황 및 유아의 신체적 장애의 유무나 정도에 크게 영향을 받는다. 교사는 검사시간에 배가 고프거나 졸리운 등 영유아의 상태가 생리적으로 만족스럽지 못한 상태인지를 예민하게 살펴 영유아에게 쾌적한 상태를 조성할 필요가 있다.

준비도검사 준비도의 개념은 통상 초등학교 입학 초기 학습에 대한 준비도를 의미한다. 준비도는 접근방법에 따라 중점을 두는 부분이 약간 다르다. 먼저 과정 지향적인 접근에서 준비도는 직접적인 교수나 학습과는 관계가 적으며, 지식과 기술의 습득에 필요한 기저과정에서의 준비를 말한다. 가령, 일반지능, 적성, 지각 변별력 등의 과정이 발달하면, 아동은 학습준비가 되어있다고 본다. 다음으로 기술지향적 접근에서 준비도는 선행학습기술을 어느 정도 갖추고 있느냐를 보는 것이다. 이러한 관점은 학습기술이나 지식의 위계적 발달을 강조하며, 지식이나 학습과제의 상세한 분석을 통해 준비도를 판단한다.이은해, 1997

준비도검사의 측정영역은 전통적으로 읽기 학습에서 간주하는 주요 내용에 중점을 두어왔다. 이외 학교 학습에서 필요한 수리적 사고와 쓰기에 필요한 감각운동 조절능력도 강조된다. 구체적 영역으로는 시각 및 청각 변별, 운동 조절, 청각 이해, 어휘, 수나 양적 개념, 그리고 일반정보 등이 포함된다. 하지만 근래에는 과정지향적 접근법을 강조하여 초등학교 학습에 대한 준비도가 발달검사와 유사하게 구성되는 추세이다.

창의성검사 창의성은 새로운 아이디어를 창출하는 능력이나 이미 알려진 요소를 재조합하여 새로운 것을 만드는 특성을 의미한다. 창의성 검사도구로는 토렌스의 창의성 검사Torrance Tests of Creative Thinking, TTCT가 가장 유명하다. 이 검사는 그림검사와 언어검사로 구성되며, 사고의 유창성과 융통성, 독창성을 측정한다. 이외 교사가 평정할 수 있는 창의적 놀이행동 검사도구 등이 개발되어 있다.

성격검사 성격은 이론적 관점이 다양하여 일반화된 정의를 내기기 어려우나, 성격이 조직화되고, 지속적이며, 특징적이어서 검사도구로 측정이 가능하다. 성격검사는 지필식 검사이므로 영유아용 검사가 드물고 초등학교 고학년 이상 실시할 수 있다. 대표적인 아동용 성격검사도구로는 미네소타 다면적 인성검사Minnesota Multiphasic Personality Inventory, MMPI의 타당화 방법과 거의 비슷한 절차로 개발된 미네소타 아동용 성격검사Personality Inventory for Children, PIC를 들 수 있다. 이 검사는 아동에 대해 잘 아는 성인, 일반적으로 어머니가 응답한다.

면접법

면접법은 아동과 면담하거나 부모 혹은 교사와의 면담에서 자료를 얻는 방법이다. 면접을 통해 자료수집자는 아동에 대한 보다 풍부하고 깊이 있는 정보를 획득할 수 있다. 면접이 성공적이면 면접자와 피면접자 간에 라포가 형성되어 심리적으로 안정된 분위기를 조성하는 것이 중요하다. 면접자는 아동이나 부모 등 피면접자가 느끼는 것에 공감할 수 있는 감정이입능력이 있어야 하며, 사태를 파악하고 주변 정보를 이끌어낼 수 있는 인지능력과 필요한 정보와 불필요한 정보를 구분하고 주제와 관련된 논지를 유지시킬 수 있는 객관적인 판단능력이 있어야 한다.

면접방법에는 구조화된 면접과 비구조화된 면접법이 있다. 구조화된 면접은 질문내용, 질문 순서와 방법들이 미리 정해져 있다. 이와 반대로 비구조화된 면접은 면접의 목적과 대강의 범위만 정하고 질문의 구성이나 순서는 면접자의 재량에 맡기는 것이다. 면접자는 면접을 실시하면서 피면접자가 응답한 내용이나 분위기에 따라 질문내용이나 수준을 조정함으로써 피면접자에게서 이끌어낼 수 있는 정보를 보다 풍부하게 만들 수 있다. 현장에서는 준구조적 면접을 가장 일반적으로 사용한다. 이 방법은 질문의 내용이나 면접에 대한 계획을 세우되 면접장면에서 면접자의 판단에 따라 융통성 있게 면접을 보완해나가는 방법이다.최지영, 2010

아동의 생활지도를 위한 아동행동 평가를 위한 자료수집은 한 가지 방법으로 이루어지지 않는다. 교사는 아동행동에 대해 보다 종합적으로 이해하여 생활지도의 목표와 내용을 위한 올바른 판단을 내리기 위해 여러 가지 방법으로 자료를 수집하여 이를 해석하고자 한다.

행동평가 자료의 종합

다면적 평가자료의 수집

교사는 아동행동의 특성을 종합적으로 이해하기 위해 사례연구를 시행하거나 포트폴리오를 참조하기도 한다. 여기에는 앞에서 다룬 자료수집방법으로 얻어진 자료들이 포함된다.[Burgess, 2005]

사례연구

사례연구는 다양한 연구방법으로 수집한 자료를 체계적으로 분석하여 특정 주제를 중심으로 문제의 발생원인과 조건을 규명하고 진단하며 개선하는 방법을 모색하는 것이다.[최지영, 2010] 즉, 사례연구는 아동 개인과 그의 환경과의 관계에 대해 다양한 방법으로 수집된 정보를 종합하고 해석하는 것이다. 사례연구를 하기 위해서 교사는 연구하고자 하는 아동 개인의 문제를 설정한다. 다음으로 아동행동을 이해하기 위해 동원할 수 있는 모든 자료를 수집하고 조직한다.

이를 위해 앞서 다룬 여러 가지 자료수집방법을 사용할 수 있다. 교사는 아동에 관해 수집된 모든 자료를 종합하고 요약하며 해결하기 위한 문제에 대한 결론을 도출한다. 이 단계에서 교사는 아동에 대해 종합적인 해석을 한다.

포트폴리오

포트폴리오는 아동 개인의 작업이나 작품을 모아둔 자료집이다. 교사는 이 포트폴리오의 자료를 토대로 아동행동을 이해하고 평가할 수 있다. 일반적으로 포트폴리오에 모아놓을 자료는 아동발달 변화에 의미 있는 기록들로 한정된다. 하지만 교사가 생활지도를 위해 특정 아동의 행동을 보다 심층적으로 이해하기 위한 목적으로 포트폴리오 자료수집방법을 사용한다면 교사가 그 아동의 포트플리오에 포함시킬 자료의 범위와 내용은 달라질 수 있다.

포트폴리오를 이용하여 아동행동을 평가하기 위해서는 포트폴리오를 구성하는 목적이 무엇인지를 결정하고 자료수집을 하는 것이 좋다. 이 목적을 달성하였는지의 여부나 정도를 판단하는 것이 평가의 핵심이 되기 때문이다. 포트폴리오에 포함된 자료는 대개 양이 많기 때문에 자료에 대한 해석에 앞서 자료를 편집하고 요약하는 과정이 필요하다.

교사는 이를 위해 평가하고자 하는 내용과 범주를 설정한 후 이를 기준으로 자료를 한 영역씩 요약한다. 자료요약이 끝나면 이를 종합하여 해석한다.

평가자료의 해석

교사는 아동행동을 평가하기 위해 한 가지 혹은 여러 가지 다면적인 방법으로 수집한 자료를 종합하여 아동행동에 대해 총평을 내린다. 총평은 아동행동에 대한 총체적인 평가이다. 아동생활지도에서 총평은 아동이 가진 문제를 규명하고, 이에 대한 의사결정을 위해서 자료를 수집하는 과정이다.

의사결정단계에서는 교수 계획, 행동 개선, 관계 증진, 판별, 의뢰 등 여러 가지 생활지도방법이 결정된다.

평가자료의 해석은 아동에 대해 알고 이해하는 과정의 최종 단계로서, 아동행동을 환경과의 상호작용 내에서 파악하여 아동행동을 평가하고 자료수집을 위해 설정했던 가설을 점검하며 향후 생활지도를 위한 의사결정과정으로 연결된다. 생활지도를 위한 아동행동 평가자료의 해석은 아동행동을 이해하는 데 그치지 않고 아동이 적응해나갈 수 있도록 지원하는 측면까지 포함한다.

모든 생활지도 및 상담은 유아의 가치와 존엄을 위해 정상화의 원칙, 공정의 원칙,
존엄의 원칙을 통합하는 윤리적 가치에 기반을 두어 계획하고 수행하여야 한다.
이러한 윤리적 가치체계는 '희망하는 목표를 달성하기 위해 모든 수단'을
정당화하는 함정을 피하게 할 뿐 아니라 유아에게 적합하고 효과적이며
가치 있는 생활지도방법을 수행할 수 있는 지표가 된다.

PART 2

아동생활지도의 접근

CHAPTER 5

아동권리와 아동생활지도의 원칙

학습개요

아동권리에 관한 개념은 각 아동에게 최선의 이익이 가능한 의견을 차별 없이 고려하여, 모든 아동이 존엄성을 지닌 인간으로 생존하고 성장하게 하는데 기여한다. 개별 아동의 다양성과 보편성의 갈등을 이해하고, 상호수렴 가능성을 모색하기 위해서는 '다름'에 대한 적절한 판단 및 원칙이 필요하다. 따라서 아동교육기관의 교사는 아동권리를 존중할 수 있는 생활지도의 원칙을 계획 수행하여야 한다.

이 장에서는 아동권리 및 이를 옹호하는 아동생활지도의 원칙에 대해 살펴본다.

학습목표

아동의 권리를 옹호하는 아동생활지도의 원칙을 안다.

주요 용어

아동의 권리, 아동생활지도의 원칙

아동권리의 개념과 내용

아동권리의 개념은 근대사회의 발전과 더불어 확립되었다. 이 절에서는 아동권리의 개념에 대해 알아보고, 아동권리협약에 입각한 아동권리의 내용 및 근거조항에 관해 살펴본다.

아동권리의 개념

인권은 사람이 이 세상에 태어나면서 출생과 더불어 존재로서 소유하는 자연법적 권리를 말한다. 성인에게 주어지는 인권은 아동에게도 그대로 적용하여야 하며, 아동은 생존을 스스로 보호할 수 없는 특별한 존재이기에 아동의 권리에는 보호권과 양육보장권 등이 첨가된다. 아동의 권리란 아동의 욕구와 관심을 인정하고 충족시켜 주는 사회적 표명이다. 따라서 아동의 다양한 요구를 인식하고 주장할 때 이를 권리라고 표현할 수 있다.

19세기 이전에는 아동을 부모의 소유물로 여겨 아동권리에 대한 개념이 형성되지 않았다. 아동을 독립된 인격체로 인정하기 시작한 20세기 초부터 아동권리사상이 태동하였으며, 권리선언에서 아동권리의 개념이 표명되었다. 1922년 영국의 국제연합기금단체는 세계아동헌장에서 "아동은 신체적·심리적·정신적 행복을 위해 필요한 요소를 부여받아야 한다."고 선포했으며, 이것이 아동권리선언의 선구이다. 이에 근거하여 1924년에 국제연맹은 아동의 심신발달의 보장, 아동보호의 접근방법, 아동구제의 최우선원칙, 자립과 착취에서의 보호, 아동육성의 제5조항을 내용으로 하는 '제네바 선언' Declaration of Geneva을 채택하였다. 이 선언에 이어 다시 UN에서 아동의 권리선언 1959과 국제아동의 해 1979를 제정하는 등 아동권리에 대한 관심이 증가하였다. 이는 실질적으로 아동권리를 보장하는 협의로 이어져 1989년 UN이 아동권리협약으로 채택하였으며 191개국이 비준하고 서명하였다. 우리나라도 1991년에 아동권리협약을 비준했으며 1994년에 첫 보고서를 제출했다. 아동권리협약은 모두 제54조로 구성되며, 이 협약에서 표현하는 아동권리에 대한 주요 원칙으로 '무차별 원칙' 제2조, '아동이익최우선 원칙'[제3조], 그리고 '표현의 자유와 참여 원칙'[제12조]을 들 수 있다. 그러나 이 세 원칙 외에 저개발국가에서는 '아동의 생존보장 원칙'[제6조]이 아동권리의 기본이 되며, 이는 문화권별로 아동권리의 우선원칙에 차이가 있다. 그럼에도 불구하고 근본적으로 아동권리협약에서 제시된 아동의 기본 권리는 다음의 네 가지로 대별된다.

첫째, 생존할 권리이다. 이는 생명을 유지하기 위해 영양가 있는 음식, 깨끗한 공기와 물을 섭취하며, 안락한 주거지에서 적절한 생활수준을 누리고 최상의 건강을 지키기 위해 의료혜택을 받을 권리를 말한다. 영양실조, 난민 아동이 생존할 권리는 이에 해당한다.

둘째, 보호받을 권리이다. 이는 각종 차별대우와 착취, 학대와 방임, 가족과의 인위적인 분리, 형법 등의 폐습으로부터 보호받을 권리를 말한다. 경제적 착취, 성학대, 방임과 유기, 전쟁, 혹사, 차별 대우로부터 보호받을 권리 등이 해당한다.

셋째, 발달할 권리이다. 이는 신체적·정서적·도덕적·사회적 성장에 필요한 정규교육, 비정규교육 등 모든 종류의 교육을 받을 권리를 말한다.

넷째, 참여할 권리이다. 이는 자신의 의사를 표현할 자유와 자기 생활에 영향을 주는 일에 말할 수 있는 권리, 책임감 있는 어른이 되기 위해 어린이 자신의 능력에 맞는 적절한 사회활동에 참여할 기회를 가지는 권리이다.

아동권리의 내용 및 근거

아동권리는 아동이 인권을 갖는 사람으로서 이 세상에서 성장하고 발달하고 차별없이 살아갈 권리를 말한다. 앞서 제시한 아동권리협약의 내용을 보다 구체적으로 살펴보면 아동권리는 크게 생존권, 성장발달권, 시민권과 자유권, 양육보장권[가정환경 및 대리보호에 대한 권리], 복지권[기초보건 및 복리권], 교육권 및 문화향유권[교육, 여가 및 문화적 생활을 위한 권리], 그리고 특별보호권으로 분류된다.[이순형 외, 2011] 또한 아동권리협약의 해당 조항에서 각각의 권리에 대한 근거를 찾을 수 있다.

생존권

인간은 스스로의 생명을 존중하여야 하고 그 생명활동을 유지하여야 한다. 누구나 세상에 태어날 때 생존권을 가지고 태어난다. 아동을 포함한 모든 사람이 그러하다. 장애와 발달이 지체된 아동도 예외가 아니다.

성장발달권

아동은 성인과 달리 신체적으로 성장하고 정신적으로 발달해야 할 과업이자 권리가 있다. 식품으로 영양을 섭취하여 신체가 발달하고 지적 자극을 받아들여서 정신적 발달을 도모해야만 한다. 아동에게 성장발달은 자연스러운 생명활동이자 발달과업이다. 따라서 아동에게 성장발달을 금지시키는 것은 생명에 손상을 입히는 것과 다를 바가 없는 가해행위이다.

아동의 생존권 및 성장발달권의 근거는 아동권리협약의 생존권제6조, 발달권제6조, 사생활보호권제16조의 조항에서 찾아볼 수 있다.

시민권과 자유권

성인이 사회의 시민으로서 자유롭게 의사결정을 할 권리가 있는 것처럼 아동도 사회의 시민으로서 자유롭게 자신의 의견을 제시하고 미래를 결정할 권리가 있다. 아동은 때로는 부모의 부당한 친권 행사에 대항하여 자신의 성장과 행복을 추구할 권리가 있다. 따라서 아동과 관련된 사항은 아동 자신의 행복을 최우선 조건으로 고려하여 결정하여야 한다.

아동의 시민권과 자유권의 근거는 아동권리협약의 성명권제7조, 국적취득권제7조, 신분보존권제7조, 표현권제8조, 사상·양심·종교 자유권제14조, 결사집회자유권제15조, 사생활보호권제16조, 정보접근권제17조을 포함하여 고문 및 기타 비인도적 취급을 받지 않을 권리제37조 등에서 찾아볼 수 있다.

양육보장권(가정환경 및 대리보호에 대한 권리)

성인과 달리 스스로를 보호할 수 없는 아동은 성장할 때까지 안전하게 양육될 권리가 있다. 양육보장권은 아동발달에 적합한 가정환경을 보장받는 권리이다. 가정환경이 아동발달에 부적합한 경우에 아동은 대리보호자에 의해서 보호될 권리가 있다. 아동의 양육보장권은 부모로부터 방임되고 학대받는 아동들이 건강한 대리환경에서 보호받도록 보장하는 것이다.

아동의 양육보장권[가정환경 및 대리보호에 대한 권리]은 아동권리협약의 부모와 함께 살 권리[제18조], 부모로부터 지도와 감독을 받을 권리[제5조, 제18조], 학대 등의 경우에 부모로부터 분리가 가능한 권리[제9조], 가족재결합 권리[제10조], 아동의 양육비회수 권리[제27조제4항], 각종 폭력과 학대로부터 보호될 권리[제19조, 제39조], 성적 학대로부터 보호될 권리[제34조], 박탈환경으로부터 보상받을 권리[제20조], 입양 시 아동이익 우선 권리[제21조], 불법 해외이송 및 미귀환 방지권[제11조], 부모의 아동양육 일차 책임 부여[제18조제1항] 및 국가의 아동양육 보조시설 설치의무[제18조제2항], 취업부모를 둔 아동의 양육보조시설 이용권[제18조제3항], 사회보장권[제26조], 노동 또는 경제적 착취로부터 보호될 권리[제32조], 아동복지의 어떠한 측면에 대해서도 착취로부터 보호될 권리[제36조] 등에서 찾아볼 수 있다.

복지권 기초(보건 및 복리권)

아동이 신체와 정신을 건강하게 발달시키고 타고난 신체와 지적 능력을 개발하고 행복하게 살기 위해서는 타고난 능력이나 상태와 상관없이 기초적인 보건을 유지하고 자신의 복리를 보장받을 복지권이 필요하다. 특히 정상아가 아닌 경우에는 장애를 극복하도록 그리고 박탈가정에서 태어난 경우에는 결핍된 환경적 문제를 극복하도록 사회가 지원하여야 한다.

아동의 복지권[기초보건 및 복리권]의 근거는 아동권리협약의 건강보장권[제24조], 신체적·정신적 건강의 관리 보호 또는 치료의 목적으로 양육 지정이 조치된 아동에게 제공되는 치료 및 양육 지정과 관련된 모든 사정에 대해 심사받을 권리[제25조], 장애아동의 권리[제27조제1항], 제1항과 관련해 부모의 책임을 확인하고[제27조제2항], 2항과 관련해 영양, 의복, 주거 등 필요한 지원을 국가로부터 받을 권리[제27조제3항] 등에서 찾을 수 있다.

특히 제24조 건강보장권의 제2항에서는 유아와 아동의 사망률을 감소시키는 조치, 기초건강관리의 발전에 중점을 두면서 모든 아동에게 필요한 의료 지원과 건강관리의 제공 보장, 환경오염의 위험과 손해를 감안하면서 기초건강관리 체계 안에서 무엇보다도 쉽게 이용 가능한 기술의 적용과 충분한 영양식 및 깨끗한 음료수의 제공 등을 통한 질병과 영양실조로부터 방지 권리, 모유 수유와 위생 및 환경정화와 사고 예방에 관한 기초지식의 활용에 대한 정보제공 및 교육과 지원을 받을 권리, 예방적 건강관리권이 여섯 가지 세부항목으로 포함된다.

교육권 및 문화향유권(교육, 여가 및 문화적 생활을 위한 권리)

아동은 잠재되어 있는 능력을 개발하기 위해서 교육받을 권리가 있으며, 특히 사회에 나가서 직업을 가지고 생활을 영위할 수 있는 기본 능력을 준비하는 교육과정을 제공하여야 한다. 이를 위해 초·중·고등학교 과정의 정기교육을 제공하며 이는 어디까지나 국가 경제사정에 달려 있다. 우리나라는 초등학교 6년, 중학교 3년 총 9년을 의무교육으로 하고 있다. 5세아 누리과정 도입으로 가구 소득에 관계없이 전 계층이 교육·보육비를 지원받기 때문에 사실상 의무교육은 10년으로 확대된 것이라 볼 수 있다.

아동의 교육권 및 문화향유권[교육, 여가 및 문화적 생활을 위한 권리]의 근거는 교육권[제28조], 아동의 발달과 이해를 토대로 한 교육목표권[제29조,] 인종적·종교적으로 소수자의 아동은 소속집단의 고유문화를 향유하고 고유신앙을 실천하며, 고유언어를 사용할 권리[제30조], 여가 오락활동 및 문화활동권[제31조] 등에서 찾아볼 수 있다.

특별보호권

어떤 상황에서든 아동은 특별히 안전하게 보호받아야 할 권리가 있다. 천재지변과 같은 재난, 전쟁, 위기상황에서 아동은 최우선으로 보호하여야 한다. 이러한 특별보호권은 정상아동이나 특수아동에 관계없이 주어지는 동일한 권리이다.

아동의 특별보호권에 대한 근거는 아동권리협약의 소년형사행정에 대한 권리[제40조]와 유죄로 판명된 아동의 권리[제41조]를 보호하며, 난민아동의 권리[제22조], 경제적 착취 및 위험상황에 처한 아동의 보호[제32조], 자유가 박탈된 아동의 권리[제37조제3항], 아동에 대한 사형 및 종신형 금지에 대한 권리[제37조제1항], 아동의 노동력 착취[제32조], 마약[제33조], 성적 착취와 학대[제34조], 기타 형태의 착취[제36조]에 대한 보호조치에 대한 권리 등에서 찾을 수 있다.

아동생활지도의 원칙

알렌[Allen, 1969]은 생활지도 시에 각 아동의 권리를 옹호하는 동시에 아동을 도울 수 있는 세 가지 원칙으로 정상화의 원칙, 공정의 원칙, 존엄의 원칙을 제안한다. 이것은 일반 혹은 문제아동을 대상으로 생활지도를 이행할 때 기초가 된다. 이 절에서는 세 가지 원칙을 구체적으로 살펴본다.

정상화의 원칙

1980년대 중반부터 우리나라에 점차 보급된 정상화 원칙은 정신보건사회복지의 대표적인 이념이라고 할 수 있다. 정상화 원칙은 장애인도 비장애인과 같은 권리와 의무를 가져야 한다는 이론으로서, 이는 1950년대에 덴마크의 정신지체인 부모회, 전문가 등의 운동으로 구체화되었다. 이후 정상화 원리는 국제연합선언에서 주장되었고, 1981년 국제정신장애인의 해의 주제인 '완전참가와 평등'이 기본사상이 되었다.

정상화 원칙은 장애 혹은 문제유아를 가능한 정상인과 가까운 존재가 되도록 하는 것이다. 이 원칙을 적용하기 위해서 교사는 사회의 다양한 집단의 행동기준과 특정 행동을 판단하는 데 있어 유사점과 차이점을 이해하여야 한다. 교사는 유아의 개인적인 성장과 발달, 욕구와 희망, 장점과 단점에 대한 지식으로 기본적인 결정을 해야 한다. 교사는 실제적으로 유아의 행동을 지도하기 전에 다음과 같은 질문을 고려해야 한다.

- “이 중재방안은 특정 상황 속에서 정상적으로 기대되는 행동을 유발하는 데 효과적인가?”
- “아동이 타인에게 적대감이나 불편함을 주기 때문에 또래들에게서 아동을 격리시키는 것이 바람직한가?”

많은 유아들은 다양한 문제로 문제행동을 보일 수 있으며 행동지도 프로그램에 참여하게 된다. 자신의 문제로 격리되고 거부당한다면 아동은 현존하는 체계에 도전하고 반항할 수 있다. 이러한 ‘특별한 격리’는 가능한 정상인과 같은 존재’를 이루려는 아동의 기회를 박탈하거나 제한할 수 있음을 명심하여야 한다.

공정의 원칙

공정[평등]의 원칙은 타인의 흥미나 삶, 자유에 영향을 미칠 수 있는 것을 보호하는 법적인 과정으로 근본적인 공평함과 관련된다. 즉, 유아의 행동을 변화하기 위해 선택한 지도방법이 개인적 존재로서의 유아를 위한 공정한 방법인지 고려하는 것이다. 때때로 생활지도방법은 구체적인 증거 없이 교사의 일시적인 생각에 기초하여 임의로 이뤄지기도 한다. 이러한 중재방법은 유아의 문제행동을 지도하는데 부정적인 영향을 미친다. 예를 들어 다른 사람을 고려하지 못하고 차례 지키기에 어려움이 있는 유아를 무조건 타임아웃 시키거나 또래와 함께 하는 집단놀이에서 제외한다면 유아는 그런 활동에 참여함으로써 인내심을 키우는 행동을 성공적으로 학습할 수 없다.

문제유아도 다른 아동들처럼 어떤 상황에서든지 성공적으로 행동하고자 하는 욕구가 있다. 따라서 기대되는 행동을 수행하지 못한다고 해서 유아가 원하는 활동을 하지 못하게 하는 중재방법은 불공정한 것이다. 불공정은 교사의 선입견, 자질 혹은 기타의 이유로 유아에게 적절한 지도방법을 적용시키지 못하는 경우를 일컫는다. 예를 들어 유아의 행동을 지도할 때 물리적 보상의 교육적 가치를 인정하지 않고 공정의 원칙을 사용하지 않으려는 교사가 있다. 그러나 때때로 유아는 물리적 보상을 통해 사회적으로 기대되는 행동을 배울 수 있기 때문에 이를 사용하는 것이 유용하다.

유아생활지도에서 불공정의 사례는 다음과 같은 경우에 발생한다.

- 체계적인 행동 및 생활지도를 수행하지 못하는 경우
- 먼저 교실환경을 변화시켜 보는 등 대안적 중재를 우선적으로 시도하지 않고 교수프로그램이나 특별처치를 통해 유아를 임의적으로 지도하는 경우
- 도움을 구하는 것은 무능력의 표현으로 믿기 때문에 필요로 하는 서비스나 도움을 제공하는 데 있어 소극적인 교사의 태도

공정의 원칙을 이행하고자 한다면 '유아가 필요로 하는 것은 무엇인가?'라는 질문에서 시작하고 유아의 복지와 안녕의 차원에 입각하여 생활지도에 관한 모든 결정을 해야 한다.

존엄의 원칙

개개인의 가치와 위엄을 위한 존엄의 원칙은 아동이 동물이나 식물이 아닌 인간으로서 취급받는 권리와 관련된다.Allen, 1969 아동을 위한 생활지도는 '인간으로서 아동을 존중하는가?'라는 질문을 기초로 수행된다.

유아의 존엄을 위반하는 지도방법은 과거에 빈번히 사용되었고 오늘날까지 존재한다. 일반적으로 아동행동을 지도하기 위해서는 어떤 방법이든지 사용해야 한다고 정당화하는 사람들이 사용한다. 특히 이러한 기법은 편리하고 실용적이고 효과적인 것처럼 보이기 때문에 자주 사용될 수 있다. 일시적이긴 하나 맞은 아이는 순종하고 회

생활지도에서 '존엄의 원칙'을 위반하는 사례

- 신체적 벌(손바닥으로 엉덩이나 뺨 등 때리기)
- 정신적 벌(비꼬기, 당황시키기, 별명 부르기)
- 박탈(기대되는 행동을 성공적으로 할 수 있는 기회를 제한)
- 고립(비일관적, 장기간의 타임아웃 사용)
- 약물(증상 통제 투약의 비규칙적인 사용)
- 비인간적인 벌(구속 혹은 회초리 사용)

초리는 아동의 주의를 집중시키며 격리와 고립은 충돌을 감소시킨다.

벌이란 일반적으로 규칙을 위반한 사람에게 의도적으로 고통 또는 모종의 불쾌감을 주는 것이다. 즉, 벌은 규칙을 위반한 사람에게 권위를 가진 사람이 의도적으로 고통을 주는 것을 말한다. 어떤 행동이 폭력이 아닌 벌이라고 불리기 위해서는 특정 아동에게 고통을 가할 수 있는 권한이 사회적으로 주어진 사람만이 행하여만 한다. 불가피하게 벌을 사용하는 경우에 교사들은 유아에게 적용할 수 있는 중재방법의 사용은 '존엄의 원칙'에 기반을 두어 결정한다. 다시 말해서 중재방법이 '유아에게 정신적·신체적 고통을 줄 것인가, 또는 인간 이하로 유아를 다루는 것은 아닌가?'를 신중하게 고려해야 한다.

이상에서 살펴본 바와 같이 모든 생활지도 및 상담은 유아의 가치와 존엄을 위해 정상화의 원칙, 공정의 원칙, 존엄의 원칙을 통합하는 윤리적 가치에 기반을 두어 계획하고 수행하여야 한다. 이러한 윤리적 가치체계는 '희망하는 목표를 달성하기 위해 모든 수단'을 정당화하는 함정을 피하게 할 뿐 아니라 유아에게 적합하고 효과적이며 가치 있는 생활지도방법을 수행할 수 있는 지표가 된다. 특히 교사가 개인자질과 행동수정에 대한 전문성과 윤리성이 부족하다면 바람직하지 않은 지도방법을 남용할 수 있으므로 더욱 주의해야 한다. 따라서 교사는 바람직하고 적절한 지도방안에 대해 배워야 하며 이러한 지식을 통해 교사는 모든 유아의 정상적인 발달을 효과적으로 도모할 수 있다.

CHAPTER 6

아동생활지도의 실천기법

학습개요

부모에게 자녀를 지도하는 책임이 부과되었던 전통사회와 달리 가정과 사회의 공동 책임이 부각되면서 부모뿐 아니라 양육과 교육을 담당하는 모든 사람에게 아동지도의 실질적 책임이 부여되고 있다.

이 장에서는 아동생활지도의 실천기법으로 아동생활지도를 위한 교사와 아동의 관계 및 교사의 역할에 대해 살펴본다. 또한 올바른 대화기법을 통한 생활지도 접근방법에 대해 살펴보고, 가족과 지역사회와의 연계를 통한 아동생활지도의 실천방법에 대해 알아본다.

학습목표

- 교사의 자질, 전문성과 역할에 대해 알 수 있다.
- 아동의 권리를 옹호하는 아동생활지도의 원칙을 알 수 있다.
- 올바른 대화기법을 통한 아동생활지도의 접근방법을 알 수 있다.
- 아동생활지도를 위한 가족 및 지역사회와의 연계방안을 알 수 있다.

주요 용어

아동생활지도, 자기통제력, 활동중지, 대화기법

아동생활지도의 기본지침 및 교사의 역할

효율적인 아동생활지도를 위해서는 교사와 아동 사이가 인간적 친밀감과 유대감을 느낄 수 있는 관계로 발전되어야 한다. 이 절에서는 생활지도접근의 기본지침 및 교사와 아동의 관계 그리고 교사의 전문성과 역할에 대해 알아본다.

생활지도접근의 기본지침

유아 및 아동의 발달특성은 아동생활지도에 기본적인 근거가 된다. 유·소년기에는 의도적으로 물건을 파괴하거나 타인을 해치기보다는 우발적으로 고통스런 혼란을 야기할 수 있다. 이와 같은 행동은 호기심에 의해 동기화되는 것으로 생활지도를 담당하는 교사는 이러한 호기심을 억제하기보다는 인정해야만 한다. 따라서 스트레스를 주지 않는 범위 내에서 어떤 행동이 부적절한지를 가르쳐야 한다. 즉, 교사는 아동의 발달특성과 개인차를 고려하여 융통성 있는 생활지도를 수행한다.

아동생활지도 접근은 다음에 제시된 네 가지 기본지침을 염두에 두고 이루어진다.

첫째, 개별 아동과 성인의 안전을 보장한다.

둘째, 유아 및 아동교육기관 설비나 도구 등의 자산 파손을 금지한다.

셋째, 자신의 행동에 대한 책임을 스스로 확실하게 인정하고 수용할 수 있도록 한다.

넷째, 모든 아동들을 동등하게 대우하여 존엄성을 인정할 수 있도록 한다.

이러한 지침은 즉각적인 위험과 관련되지 않으면 각각의 상황과 유아 개별적인 요구에 맞춰 융통성 있게 적용한다. 생활지도의 궁극적인 목표는 아동이 '특정 행동은 다른 사람에게 받아들여지지 않음을 이해하고 자신의 행동을 변화시켜야 할 책임을 스스로 깨닫도록 돕는 것'이다. 또래와 교사에게 수용되는 행동을 학습함으로써 아동은 자아존중감을 발달시킨다. 생활지도는 교사와 아동 간의 신뢰를 기초로 수행되며 교사는 아동에게 "너의 행동은 수용될 수 없단다. 선생님은 너의 행동이 변화될 수 있을 거라 믿는다."라고 말할 수 있어야 한다. 이처럼 생활지도에 있어 교사의 역할은 비난이나 처벌이 아니라 생활지도의 기본지침을 긍정적인 방법으로 전달하고 전개해가는 것이다.

아동생활지도와 교사와 아동의 관계

교사와 아동 사이는 단순히 가르치고 배우는 차원을 넘어 인간적 친밀감과 유대감을 느낄 수 있는 관계로 발전해야만 효율적인 아동생활지도가 가능하다. 대개의 교사들은 아동들의 인간적 속성을 수용하지 않고 아동으로서 그리고 배우는 사람으로서의 역할을 지나치게 강조할 때가 많다. 부정적 평가에 대한 아동의 좌절이나 분노를 고려하지 않고 아동의 행동이나 성취를 평가하기도 하고, 아동의 자율적 욕구를 무시하고 규율과 규범을 앞세워 복종과 순응을 강요하기도 한다. 이와 같이 인간의 기본적 속성을 억압하는 것은 아동의 솔직한 자기표현을 방해하므로, 아동은 자기의 감정이나 주관적 생각보다는 교사와 부모가 원하는 것을 거짓으로 표현하는데 익숙해지며 점점 자기 억압적인 경향을 띤다. 이렇게 되면 자연히 아동과 교사와의 관계는 피상적인 수준에 머물게 되고 아동은 배우는 자로서의 역할만을 수행하게 된다. 이런 점들을 생각해볼 때 효율적인 생활지도를 가능하게 하는 교사와 아동의 인간적 관계는 다음과 같이 형성하여야 한다.

첫째, 교사와 아동이 서로 간에 개방성과 솔직함을 보이도록 노력한다. 개방성과 솔직함이란 각자 자기의 감정, 욕구, 생각을 자유롭게 표현하는 것을 말한다. 아동의 표현에 대하여 진정한 관심을 갖고 귀를 기울임과 동시에 교사 자신도 기쁨, 분노, 실망, 희망, 만족, 불만 등을 아동에게 있는 그대로 표현할 수 있어야 한다.

둘째, 교사와 아동은 서로 의존적인 관계임을 이해한다. 즉, 교사와 아동은 서로 도움을 주고받는 관계라는 사실을 이해하여야 한다. 우리는 일반적으로 교사는 돕는 사람, 아동은 도움받는 사람이라는 관념을 갖기 쉽지만 반드시 그렇지는 않다.

셋째, 개인의 특수성과 고유성을 인정한다. 따라서 각자의 개성, 욕구, 희망을 존중한다. 사람은 누구나 독특한 면이 있다. 교복이 아닌 다른 옷을 입고 싶어 하는 아동도 있고, 낮잠 시간에 자기 싫어하는 아동도 있을 수 있다. "다른 사람은 모두 이렇게 하는데 왜 너만 다르게 행동하니?"라는 말은 개인의 특수성을 인정하지 않는 태도에서 나오는 말이다.

넷째, 교사와 아동은 서로의 욕구를 상호 존중하여야 한다. 서로의 욕구를 존중한다는 것은 교사의 욕구와 아동의 욕구가 상반되는 경우이더라도 가능한 서로의 욕구를 최대한 만족시킬 수 있도록 노력하는 것이다. 보통 두 사람의 욕구가 상반될 때 어느 한 사람의 욕구만 만족되고 다른 사람의 욕구는 좌절되는 경우를 자주 경험한다. 예컨대 교사는 너무나 피로하여 수업시간 이후에 아동들과 놀이를 할 수 없는데도 아동들은 선생님과 함께 놀이를 하자고 조르는 상황이 바로 그런 결과를 낳기 쉽다. 이와 같이 서로의 욕구와 희망이 상반될 때라도 우리는 어느 한쪽만의 만족이 아닌 둘 모두의 만족을 위해서 서로를 존중하여야 한다.[장선철, 1995]

교사의 전문성과 역할

교사의 전문성

교사의 행동지도방법이 복종적인 경우, 교사는 종종 미리 규칙을 정하고 이 규칙을 따르도록 비융통적인 방법으로 지도한다. 이런 교사는 전문적인 교사로서보다는 기술적인 교사로서 자신을 규정하는 것이다. 복종적인 생활지도방법은 교사와 유아 모두에게 비효과적이다. 발달에 적합한 효과적인 생활지도를 수행하기 위해서는 무엇보다도 '전문성 있는 교사'가 되어야 한다. 다음은 기술적인 교사와 전문성 있는 교사의 차이점을 대비하여 제시하고 있다.

첫째, 전문적인 교사는 상황을 평가하고 이를 참조하여 아동의 문제행동을 지도한다. 기술적인 교사는 규칙을 어겼는지 혹은 지켰는지에 집중하는 반면, 전문적인 교사는 매 상황을 고려하여 실제로 일어난 상황을 심도 있게 이해하려는 시도를 먼저 한다.

둘째, 전문적인 교사는 일어난 상황을 판단한 다음 이에 관한 가설을 설정하고 가설을 기초로 지도방안을 채택한다. 즉, 전문적인 교사는 문제해결을 위한 다양한 접근방법을 시도하며 갈등을 해결하고 문제행동에 대처하는 대안행동을 수행하도록 유도하기도 한다. 반면 기술적인 교사는 유아의 특별 문제행동에 대해 언제나 똑같은 체벌을 주는 것과 같이 비융통적인 방법으로 반응한다. 다시 말해 기술적인 교사는 유아의 문제행동에 대해 체벌을 제공하는 반면 전문적인 교사는 유아에게 스스로 문제를 해결할 수 있도록 도와준다.

셋째, 전문적인 교사는 유아가 경험을 통해 학습할 수 있도록 격려한다. 기술적인 면에 치중하는 교사는 문제상황을 빨리 종결짓는 데 초점을 두는 반면에 전문적인 교사는 문제상황을 통해 유아가 무엇을 학습하도록 도울 것인가에 집중한다.

경력이 많은 교사일지라도 자신의 지도방법이 유아의 문제행동을 해결하는데 비효과적임을 인식할 때가 많다. 교사의 전문성이란 교사가 항상 효율적이고 바람직한 지도방안을 모색하지 못하더라도 유아들과 개별적으로 상호작용의 질을 개선하기 위해 많은 것을 배우고 노력하는 열린 자세를 의미한다.

효율적인 생활지도는 유아들에게 기대되고 가치가 있다고 판단되는 행동을 학습하도록 지지하는 것이다. 유아가 스스로 생각해보고, 시도하며, 이런 과정을 통해 학습할 수 있도록 지도하는 생활지도방법을 채택하여야 한다. 전문적인 교사의 지도방법으로 이루어지며, 이러한 지도를 통해 교사의 전문성도 더욱 정교화된다.

교사의 역할

교사의 역할에 대한 강조점은 조금씩 변화되고 있다. 기본적으로 아동을 위한 교사의 역할은 보호자로서의 역할과 교수자로서의 역할 두 가지가 있다.

오늘날에는 유아교사의 다양한 역할이 강조되면서 의사결정자의 역할 및 연구자로서의 역할, 상담자로서의 역할 또한 중시된다. 아동의 정서적 문제나 사회적 문제와 같은 인성적 적응문제를 해결하도록 도와주기 위해서는 교사가 자신의 역할에 대하여 바르게 인식하는 것이 필요하다. 교사는 아동학습을 지도할 뿐 아니라 아동의 부적응 행동을 지도하고 정신건강을 촉진하는 역할을 맡아야 한다. 이러한 관점에서 올바른 아동생활지도를 수행하기 위한 교사의 역할은 다음과 같다.

지지적 역할 행동을 제한하고 통제하고 강요하는 역할보다는 지지하고 격려하는 역할을 담당하여야 한다. 아동이 열등감이나 불안정함을 느끼면 어떤 행동을 시도하는데 불안해 하며 겁을 먹고 위축되기 쉽다. 따라서 교사는 아동이 자신감 있게 행동하도록 지지해주는 역할을 한다.

수용적 역할 수용적 역할이란 지지적 역할과 마찬가지로 대상 아동을 받아들이고 따뜻하게 대하는 것이다. 교사는 아동을 거부하고 책망하기보다는 아동의 감정을 이해하고 받아들이는 입장에 서야 한다.

치료적 역할 교사는 아동의 문제를 분석하고 진단하여 그 원인을 발견하고 지도방안을 모색하는 일에 힘써야 한다. 교사는 문제행동이 일어난 원인을 규명하기보다는 행동결과에만 관심을 두고 이를 방지하는 데 힘쓰는 경향이 있다. 즉, 아동이 저지른 잘못에만 주목하여 그 원인이 무엇인가에 대해서 고려하기 쉽지 않다. 이것은 치료자의 역할이 아니다. 치료자는 원인을 진단하고 치료하기 위해서 노력해야 한다.

긍정적 역할 교사는 대상 아동의 문제행동 때문에 이들을 부정적으로 대할 것이 아니라 하나의 인간으로서 성장 발달할 수 있는 존재로 보아야 한다. 인간은 누구나 자기를 개선하고 성장하려는 특성을 지니고 있으므로 개개인의 발달과 성장의 가능성을 긍정적이고 발전적인 입장에서 대하는 역할을 수행해야 한다.

효과적인 대화기법

효율적인 생활지도를 위해 교사는 개별 아동의 발달특성과 개인차를 고려해야 하며, 효과적인 대화기법을 구사하여야 한다. 이 절에서는 효과적인 대화를 위한 다양한 기법에 대해 알아본다.

효과적으로 생활지도를 하려면 교사나 부모는 적절한 대화기법을 채택하여 아동과 신뢰관계를 형성하여야 한다. 교사나 부모는 아동이 편안한 마음으로 자신의 이야기를 할 수 있도록 수용적인 분위기를 형성하는 것이 중요하다. 이러한 편안한 믿음의 관계를 '라포'라고 한다.

아동이 교사나 부모와 말하기 어려워하거나, "이런 말을 하면 선생님은 나를 나쁜 아이로 생각할 거야." "이 말을 하면 선생님이 화내고 야단치실 거야." 등의 생각이나 느낌을 가지게 된다면 아동은 자신의 생각을 말하려 하지 않을 것이다. 반면 아동이 "선생님은 내 말을 잘 들어 주신다."고 생각하거나 "이런 말을 해도 선생님은 야단치시지 않을 거야." "선생님은 내가 무슨 말을 해도 잘 받아주시고 이해해주셔."라고 생각하면 교사에게 쉽게 이야기를 할 수 있을 것이다. 신뢰관계가 형성되면 아동은 자신의 행동이나 문제를 부담 없이 교사에게 말할 수가 있으며, 이러한 과정에서 교사는 아동의 성장을 위한 촉진자 역할을 담당한다.

효과적인 신뢰관계를 형성하기 위해서 교사나 부모는 아동과의 바람직한 대화방법을 알아야 한다. 때로는 교사나 부모가 아동을 도와주기 위해 한 말도 상처를 주거나 아동이 대화를 포기할 수 있다. 아동과의 대화를 효율적으로 이끌어내어 효과적인 생활지도를 진행할 수 있는 대화기법에 대해 구체적으로 살펴본다.

확인하기

확인하기는 상대방이 한 말을 바르게 듣고 이해했는지 알아보는 것이다. 이 기법은 의사소통의 정확도를 높여주고 의사소통을 활성화하는 데 도움이 된다. 자신이 상대방의 말을 정확히 이해하고 있는지 여부를 확인함으로써 상대방의 말을 제대로 이해하려고 노력하고 있다는 사실을 전달할 뿐 아니라 열심히 듣고 있음을 알려주는 것이다. 확인하기 기술에는 반복하기, 바꾸어 말하기, 요약하기가 포함된다.

반복하기

아동과의 대화에서 교사나 부모가 아동의 말을 그대로 반복함으로써 아동이 한 말을 그대로 다시 듣게 하여 자기가 한 말의 의미를 더 깊이 생각하고 느끼도록 한다.

이러한 재진술의 기법을 사용하면 아동은 부모나 교사가 자기가 한 이야기를 열심히 듣고 있다는 것을 알게 되어 더욱 적극적으로 이야기하게 된다.

바꾸어 말하기

바꾸어 말하기는 아동이 말한 것을 같은 의미를 가진 다른 말로 전환하여 표현하는 방법으로 보통 아동이 표현한 말의 수보다 간결하게 표현한다. 이 기법은 교사나 부모가 아동이 말한 전체적인 내용을 확인할 때 주로 사용한다. 즉, 교사나 부모가 아동이 말하고자 하는 요점을 명확하게 이해하고 그 이해한 바를 쉬운 말로 표현하는 것인데, 이때 교사나 부모의 의견이나 판단이 포함되지 않도록 주의한다.

요약하기

요약하기는 아동의 장황한 말이나 많은 내용의 핵심과 말의 요지를 파악하는 데 활용하는 방법이다. 이 방법은 아동이 자신이 한 말의 요지를 파악하여 대화의 진행을 보다 원활하게 하는 효과가 있다.

공감하기

공감empathy하기는 상대방의 경험, 감정, 사고, 신념 등을 상대방의 관점과 입장에서 듣고 이해하는 것을 말하는데, 특히 감정과 기분에 초점을 두어 이해하고 있다는 사실을 상대방에게 말로 표현하는 것이다. 따라서 공감은 상대방의 말에서 겉으로 드러나는 감정이나 말 속에 들어있는 심정을 이해하여 나타낸 것이다. 또한 상대방의 감정뿐만 아니라 상대가 말하려는 의미, 그리고 말하지는 않지만 내면에서 생각하고 느끼고 있는 바를 알아차리고 표현하는 보다 깊은 수준의 공감도 있다. 상대방의 이야기를 듣고 상대의 말 속에 담겨 있는 기분이나 감정을 이해하고 받아들이는 일은 신뢰관계의 형성과 대화의 촉진을 위해서 특히 중요하다.

아동과의 관계에서 공감 표현을 잘하기 위해서는 먼저 아동이 당면하고 있는 상황에서 그 아동이 어떻게 생각하고 느끼고 있는지를 주의 깊게 듣고 이해해야 한다. 그런 다음에 아동이 느끼는 감정을 적절한 말로 표현하여 상대 아동에게 전달하여야 한다.

부모나 교사는 아동의 감정에 대하여 감정이입적 반응을 보이거나 동감하는 태도를 보여줌으로써 아동의 감정을 수용한다. 아동이 자신의 감정을 조절하는 것을 돕기 위하여 교사나 부모는 아동의 말을 주의 깊게 들어야 한다. "음, 그래?" "알았어." "그랬구나." 등과 같은 몇 마디 말을 함으로써 아동의 감정을 알고 있다는 것을 표현해줄 수도 있다. 또한 "정말 마음이 아프겠구나."와 같은 말을 사용함으로써 아동의 감정이 상한 것을 마음속으로 이해하고 있다는 것을 표현할 수도 있다. 이처럼 교사나 부모는 공감을 통해 아동 스스로 자신의 감정을 통제할 수 있도록 도움을 줄 수 있다. 아동이 감정을 표현할 때 공감하지 않고 부정하는 것은 아동을 화내게 만들어 솔직한 감정 표현을 방해한다.

효과적인 질문하기

아동과의 대화 도중 교사나 부모는 질문을 하게 되는 경우가 많은데 질문을 하는 방법에 따라 대화가 촉진될 수도 있으며 끊길 수도 있다. 대화를 이어가고 정보를 수집하기 위한 효과적인 질문방법은 다음과 같다.

폐쇄적 질문보다는 개방적 질문 사용

폐쇄적 질문은 '예' 또는 '아니요'라는 대답을 요구하는 질문으로 대답의 범위가 좁고 한정된 대답을 요구한다. 따라서 아동의 여러 가지 생각이나 감정, 의견 등 다양한 반응을 끌어내기가 어렵다. 아동과 더욱 풍성한 대화를 하고 아동의 생각을 더 깊이 알거나 이해하기 위해서는 개방적 질문을 하는 것이 좋다.

'왜'라는 질문보다 '무엇을' '어떻게'라는 질문 사용

'왜'라는 질문은 아동에게 훈계하는 인상을 주게 되어 아동이 꾸중이나 질책으로 받아들이기 쉽기 때문에 '왜'라는 질문 대신에 '무엇을' '어떻게'라는 질문을 사용하는 것이 효과적이다.

직접적인 질문보다 간접적인 질문 사용

직접적인 질문이란 직접 의문문으로 질문하는 것이고, 간접적인 질문이란 상대방이 간접적으로 대답할 수 있도록 우회적으로 질문하는 것이다. 직접적인 질문은 물음표의 형태로 나타나고 상대방에게 특정의 대답을 강요하는 느낌을 준다. 반면 간접적 질문은 마침표의 형태로 나타나므로 아동이 여러 가지를 생각하고 느끼는 것을 부담없이 자유롭게 대답할 수 있다.

생활지도 CHECK POINT

아동의 감정표현을 방해하는 대화기술

- **자녀의 생각을 거부하는 반응**

  "엄마 배고파요."

  "배고플리 없어. 금방 간식 먹었잖아."
- **철학적 반응**

  "엄마, 민희가 나랑 안 논대."

  "세상일이란 것이 다 그래. 받아들이는 것을 배워야지."
- **반대편을 드는 반응**

  "엄마, 선생님이 나만 미워해."

  "네가 그럴 일을 했겠지. 잘 생각해봐."

공감하기

이중질문의 사용 금지

이중질문은 동시에 두 가지 질문을 하는 것이다. 아동에게 두 가지 질문을 하게 되면 질문의 내용을 완전하게 이해하지 못하는 경우가 많을 뿐만 아니라 질문의 내용을 이해하였더라도 두 가지 질문 중에서 어느 것을 먼저 대답해야 할지 몰라 대답을 하지 못하는 경우가 많으므로 질문은 한 번에 하나씩 하는 것이 좋다. 또한 부모나 교사가 아동에게 대답할 시간을 주지 않고 계속해서 질문 공세를 하는 경우가 있는데, 이는 조급한 마음에서 아동을 다그칠 때 나타난다. 부모나 교사의 일방적인 질문 공세는 의사소통에 전혀 도움이 되지 못하며, 대화를 회피하는 원인이므로 삼간다. 질문은 한가지씩 하고 생각해서 대답할 충분한 시간을 주어 아동의 생각이나 감정, 그리고 특정 행동의 원인이 무엇인지를 찾아내는 대화기술이 필요하다.

직면하기

직면하기confrontation는 아동의 잘못을 지적하여 직접 대면하게 하는 것을 말한다. 일상생활에서 대화를 할 때는 주로 아동의 말을 듣고 이해하는데 초점이 맞추어지나, 문제의 근원이나 책임이 아동에게 있는 경우에는 그 문제를 이해하는 것만으로는 충분하지 않다. 즉, 문제를 해결하기 위해서는 문제점을 적절히 지적하여 변화하도록 도울 필요가 있다. 문제를 직면하게 함으로써 아동 스스로가 잘못을 이해하고 인식하는 것이다.

직면하기 기술을 사용할 때는 아동에게 심리적으로 상처를 주거나 반발을 초래할 수 있으므로 깊은 애정관계에 기반을 두어야 한다. 직면하기 기술을 사용할 때 유의할 사항은 다음과 같다.

- 구체적인 증거를 들어서 문제를 직시하게 한다.
- 변화를 강요해서는 안 된다.
- 사전에 충분한 신뢰관계를 형성하여 상대방의 지적을 감수할 수 있도록 분위기를 조성해야 한다.

- 일단 시작했으면 가능한 끝까지 하도록 한다. 상대가 처음부터 또는 순간적으로 다소 반발을 보이더라도 소신껏 마무리 지어야 한다.
- 가능하면 부정적 평가를 내리지 않는 범위 내에서 해야 한다.

생활지도 CHECK POINT

부적절한 직면하기 방법

· 자녀의 잘못을 비난한다.

"엄마가 깨끗이 청소해 놓았는데 이렇게 또 어질러 놓았구나."

"너는 엄마가 얼마나 힘든지는 전혀 생각도 하지 않는구나."

· 자녀를 규정짓는다.

"너는 세상에서 제일 게으른 아이야. 네 방 좀 봐라."

· 협박한다.

"네가 제 할 일을 다하지 않는다면 이번 주부터 용돈은 줄 수 없어."

· 명령한다.

"빨리 방을 치워라. 엄마한테 말대꾸 하지 마."

· 강연하거나 도덕적 훈계를 한다.

"네 친구에 대해서 그렇게 말해도 괜찮은 거니?"

"네 친구가 네게 해주었으면 너도 네 친구에게 해주렴. 그러면 아무 문제가 없을 거야."

· 경고한다.

"찻길로 걷지 마. 차에 치이고 싶니?"

· 비교한다.

"너는 왜 오빠만큼 뭐든지 열심히 하지 못하니?"

· 빈정댄다.

"내일 아침에 일찍 일어나야 한다는 것을 알고 있지?"

"하도 생각을 잘해서 오밤중까지 안 자고 있는 거니?"

피드백

피드백feedback은 상대방의 행동이 나에게 어떻게 비쳐지는지를 상대방에게 솔직하게 알려주거나 지적해주는 것을 말한다. 즉, 상대방의 언행이 나에게 또한 다른 사람에게 어떤 모습으로 비쳐지는가, 또는 다른 사람에게 어떤 영향을 주는가에 대하여 말해주는 것이다. 그러므로 피드백은 자신은 잘 자각하지 못하는 개인적 행동특성이나 대인관계에서의 언행을 알게 함으로써 자신에 대한 이해의 폭을 증진시킨다.

피드백은 긍정적인 것일 수도 있지만 부정적일 수도 있는데, 특히 부정적인 피드백은 상대방의 연령, 성격, 상대의 현재 심리의 안정 정도, 분위기 등 상황을 고려하여 신중하게 사용하는 것이 좋다. 피드백 사용은 다음과 같은 점에서 유의한다.

- 평가적인 말은 피하고 서술식으로 표현하는 것이 바람직하다.
- 처음에는 긍정적인 피드백을 사용하는 것이 좋다.
- 주관적인 판단이나 심증만의 표현은 피하고 객관적인 근거를 바탕으로 이루어져야 한다.
- 행동변화를 강요하는 피드백은 하지 않는다.
- 주관적인 판단의 피드백인 경우에는 그 근거를 제시하고, 그것을 절대시하지 않고 가능성을 이야기하는 것임을 표현해야 한다. 그래서 최종적인 판단은 상대방이 내릴 수 있도록 유보한다.

긍정화

긍정화는 상대방의 말이나 행동, 태도 등 상대방의 언어적·비언어적 메시지에서 긍정적인 면을 찾아내어 그 점을 부각시키는 기법이다. 인간의 행동을 변화하는 데는 두 가지 방법이 있다. 하나는 상대방의 바람직하지 않은 행동을 지적하여 그것을 제거하는 방법이고, 다른 하나는 상대방의 긍정적인 면을 찾아서 그 점을 부각하는 방법이다.

긍정화는 좋은 측면을 계속 증진시킴으로써 상대적으로 부정적인 면을 사라지게 하는 교정방법이다. 즉, 아동의 부정적인 면을 꾸중하지 않고 다른 긍정적인 행동을 찾아

표 1 나-전달법과 너-전달법

구분	나-전달법	너-전달법
표현방식	• 상황+결과(예상결과)+느낌	• 지시, 평가, 비꼬기, 비난, 경고의 표현
책임소재	• 느낌의 책임을 자신에게 돌린다.	• 느낌의 책임을 상대방에게 전가한다.
전달해석	• 걱정하는 마음이 그대로 전달된다. • 행동변화에 대한 결정권이 상대방에게 있다.	• 걱정, 염려하는 마음을 미워하며 비난, 비판, 질책으로 받아들인다. • 죄의식을 갖게 하거나 자존심을 상하게 한다.
효과	• 상대방에 대하여 부정적인 평가를 하지 않으므로 방어심리나 거부감이 일어나지 않는다. • 관계를 저해하지 않는다. • 청자가 자성적 태도와 변화하려는 의지를 높일 가능성이 크다.	• 청자는 배려받지 못하고 무시당하고 있다는 생각을 하기 쉽다. • 반항심, 거부감, 공격성, 방어를 야기하여 자성적인 태도가 형성되기 어렵고 행동변화를 거부하는 심리가 일어난다.
관계구조	• 수평적인 만남	• 수직적인 만남

서 그 점을 칭찬하여 강화하는 방법이다. 이와 같은 긍정화 기법을 사용하려면 교사나 부모는 아동의 행동에서 긍정적인 면을 쉽게 찾을 수 있는 시각을 발달해야 한다.

나-전달법

'나-전달법' I-message은 자신의 생각이나 감정을 표현할 때 주어를 '나'로 나타내어 생각과 느낌을 가지게 된 책임을 상대방에게 돌리지 않고 자신에게 있음을 나타내는 표현방식이다. 이와는 달리 생각과 느낌의 책임을 상대방에게 전가하는 표현방식이 '너-전달법' You-message이다.

나-전달법을 통한 자기 개방은 상호 간의 관계를 악화시키지 않고, 상대방의 행동이나 태도 변화를 유도하는 매우 유익한 의사소통 방식이다.

가정 및 지역사회와의 연계

아동생활지도는 보육기관이나 학교뿐만 아니라 가정, 그리고 아동이 속해 있는 지역사회와 연계되어 이루어질 때 보다 효과적이다. 이 절에서는 효율적인 생활지도를 위한 가정 및 지역사회와의 연계방안에 대해 살펴본다.

가정과의 연계

아동이 일상생활에서의 기본적인 자세를 습관화하기 위해서는 아동을 보육·교육하는 기관과 부모가 함께 일관성 있는 지도방법을 사용하는 것이 필요하다. 가정과 연계하여 생활지도를 공유하는 방법으로는 가족상담, 부모교육, 가정통신문 등이 있다.

가족상담

그림 1 가족상담

아동상담을 통해 문제행동이 개선되었다 해도 가정의 기능이나 역할에서 달라진 것이 없다면 아동의 문제행동은 근본적으로 고쳐질 수가 없다. 따라서 가족상담은 가족 간의 심리적인 갈등요인을 제거하고 의사소통을 원만하게 해줌으로써 아동의 문제를 본질적으로 수정하기 위해 필요하다. 가족상담은 전통적인 개별상담과는 뚜렷한 차이가 있다. 아동을 따로 놓고 관찰하고 개입하는 대신 문제가 있는 아동을 가족의 관계에서 그리고 더 나아가 그 가족을 지역사회의 관계 속에서 보는 것이 가족상담의 핵심이다.

가족상담은 아동이 문제를 지녔을 때 그 문제를 제거하기 위해서 활용되지만, 특별한 문제가 없어도 아동의 성장과 발달을 돕는 목적으로 가족과 의견을 나누거나 정보를 교환하는 경우도 있다. 아동의 문제가 교사의 능력범위를 벗어나는 경우에는 교사 자신보다 더 적절한 전문가에게 문제를 의뢰하여 해결해나가는 것이 현명하다. 아동 개개인이 지니고 있는 문제점과 생활지도방법 등에 대하여 부모들을 개별적으로 면담하여 상담과 협의가 이루어질 수 있다.

그림 2 부모교육

부모교육

생활습관 지도는 아동교육기관에서의 일방적인 지도만으로는 충분한 성과를 거두기가 어렵다. 교사

생활지도 CHECK POINT

6월 생활 예정안

일	월	화	수	목	금	토
					1	2
3	4 성교육	5 약물오남용교육	6 현충일 (휴원)	7 실종예방교육	8 햇볕활동	9
10	11 소방안전 교육	12	13 다문화 교육	14 교통안전 교육	15	16 부모참여 수업
17	18 재난대비 교육	19 생일잔치	20	21 현장학습	22 햇볕활동	23
24	25 소방훈련	26 열린 어린이집	27 반편견 교육	28 신체검사	29 우리 교실 웃는 날	30

■ **6월 생활 주제: 동물**

동물에 대한 영유아들의 관심은 가정에서 기르는 애완동물이나 동물원에서 볼 수 있는 동물들, TV를 통한 간접 경험 등 아주 어린 시기부터 일상적으로 일어납니다. 동물 주제를 통해 동물을 보호하고 사랑하는 마음을 갖고 우리가 자연과 환경보호를 위해 할 수 있는 일을 알고, 노력하는 마음을 기르기 위해 이 주제를 선정하였습니다.

■ **교육 및 훈련**

4일 성교육("나는 어떻게 태어났을까요?")
5일 약물오남용교육("약은 언제 먹을까요?")
7일 실종예방교육("길을 잃어버렸어요?")
11일 소방안전교육("119에 신고해요.")
13일 다문화교육("필리핀은 어떤 나라일까요?")
14일 교통안전교육("횡단보도를 안전하게 건너요.")
18일 재난대비교육("천둥, 번개 칠 때 안전한 대처방법 알기")
25일 소방훈련("3층 교재교구실에서의 화재 발생 시")
27일 반편견교육("그림책 - 예슬이 엄마 이름은 구티엔")
29일 우리 교실 웃는 날

■ **행사 안내**

8일 햇볕활동
16일 부모참여수업("우리들의 숲 속 장터")
19일 생일잔치
22일 햇볕활동
26일 열린 어린이집
28일 신체검사

■ **현장학습**

21일 현장학습 견학 예정

의 교육적인 지도는 물론 부모가 아동교육기관과 연계하여 가정에서도 지속적으로 지도해야 한다. 가정과의 연계성 있는 지도를 위하여 부모교육을 실시함으로써 부모들이 아동교육기관에서의 생활지도의 원리와 방향을 이해하고 가정에서도 아동교육기관과 연계성 있는 생활지도가 이루어질 수 있다.

가정통신문

가정통신문을 통하여 부모와 자녀가 함께 할 수 있는 활동을 제공하거나, 부모에게 도움을 주는 생활지도에 관한 조언, 아동교육기관에서 이루어지는 활동에 대한 안내를 하고, 협조를 부탁할 수 있다.

지역사회와의 연계

아동의 올바른 생활습관을 형성하기 위해 자원인사를 초빙하거나 공공시설 등으로 견학을 가는 등 지역사회의 인적·물적 자원을 이용할 수 있다.

자원인사 초빙

그림 3 자원인사 초빙

유·아동기의 생활습관과 관련된 이야기나 경험을 들려 줄 수 있는 사람을 초대하여 아동들과 함께 할 수 있는 시간을 가진다. 예를 들어 초등학교 생활에 적응하기 위한 준비로 초등학교 선생님을 초빙하거나, 예절 지도에 관한 전문가 초빙 등으로 아동들의 이야기를 듣고 의견을 함께 나누는 시간을 갖는다. 이를 통해 아동은 자신의 생활습관을 돌아보거나 올바른 생활태도에 대한 인식을 새롭게 할 수 있다.

견학

그림 4 견학

기본생활습관의 덕목을 학습하는 데 자극이 되는 장면을 직접 볼 수 있는 장소를 견학한다.

교사는 견학계획을 수립해서 교육 전 과정에 걸쳐 생활습관 덕목의 개념을 지도할 수 있다. 예를 들어 허가를 요청하는 방법, 방문할 때의 예의, 공공시설에서의 자기조절 행동, 설명듣기, 질문하기, 관찰한 내용 발표하고 토론하기, 바르게 말하기, 공공기관에 대하여 감사하기 등을 익힐 수 있다. 특별히 교통질서, 물자절약, 공공시설 바르게 사용하기 등은 견학을 통해서 효율적인 학습이 가능하다.

CHAPTER 7

보육교육기관에서의 생활지도

학습개요

보육교육기관에서 이루어지는 생활지도의 개념과 원리를 배우고, 발달적으로 적합한 생활지도의 필요성을 알아본다. 보육교육기관에서 설정할 생활지도의 목표에 대해 알아보고, 이를 토대로 생활지도 시 지켜야 할 원칙을 정리해본다.

발달적으로 적합한 생활지도의 이론적 모델로 피라미드 모델에 대해 알아보고 가장 기본적인 교사와 영유아 간 긍정적 관계의 수립이 왜 중요한지 다룬다. 유아의 문제행동을 예방하기 위해 환경을 조정하는 방법과 사회정서적 기술을 가르치는 원리에 대해 살펴보고 생활지도를 위한 교사의 역할에 대해 알아본다.

학습목표

- 보육교육기관에서의 생활지도를 위한 원리를 안다.
- 교사와 영유아 간 관계수립의 중요성과 방법을 안다.
- 문제행동을 예방하기 위한 방법을 안다.
- 적절한 사회정서적 기술을 가르치는 원리를 안다.

주요 용어

발달적으로 적합한 생활지도, 생활지도의 피라미드 모델, 바람직한 사회정서적 기술

보육교육기관에서의 생활지도 원리

영유아 생활지도의 개념

보육교육기관에서의 생활지도는 영유아가 기관에서 하루일과를 지내면서 갈등이나 좌절, 불안 등 어려운 순간에 느끼는 부정적인 감정들을 적절히 다루어내고 사회적으로 수용 가능하거나 바람직한 행동으로 자신의 요구를 표현할 수 있도록 도와주는 활동이라 할 수 있다. 즉, 보육교육기관에서의 생활지도는 영유아가 자신과 타인의 감정을 이해하고, 실수나 문제행동을 처벌받기보다는 이를 통해 자신의 문제를 해결하는 방법을 배울 수 있도록 하기 위한 접근방법으로 정의한다. 유아 생활지도의 개념에서 가장 강조해야 하는 단어는 '지도'guidance이다. 지도는 훈육discipline이나 훈련training과 달리 영유아를 이끌어주고, 안내하고, 지도한다는 의미를 갖는다. 즉, '지도'는 보육교육기관 커리큘럼 운영에서의 중요한 방법 중 한 가지로 기능한다.이은해 외, 2008

전통적인 훈육과 달리 발달적으로 적합한 교수의 실제는 다음과 같은 특성이 있다. "교사는 아동에게 긍정적인 생활지도 기법을 사용함으로써 영유아에게 사회적 기술, 자기통제, 자기조절의 발달을 촉진시킨다. 즉, 교사는 기대되는 행동의 모델이 되고, 기대되는 행동을 하도록 격려해주며, 영유아가 좀 더 수용 가능한 행동을 하도록 방향을 재설정해주고, 행동의 한계를 분명히 해주며, 수용될 수 없고 해를 끼치는 행동의 결과를 강조하기 위해 중재방법을 적용한다. 교사의 기대는 영유아의 발달하는 능력을 존중하는 데 둔다. 교사는 사소한 위반행위에 전부 반응할 필요가 없다는 것을 인식하고 있기 때문에 인내심을 갖게 된다."Bredekamp & Copple, 1997, p.129

이와 비교하여 부적합한 교수의 실제는 다음과 같이 나타난다. "교사는 수용될 수 없는 행동을 벌하고, 잘못한 아동을 나무라며, 잘못 행동하는 영유아를 반복해서 야단치는 데 많은 시간을 보낸다. 교사는 분명한 한계를 설정하지 않고, 수용 가능한 행동기준에 대한 책임을 영유아에게 부여하지 않는다. 환경은 무질서하고, 교사는 영유아가 집단행동에서 중요한 규칙과 책임을 정하고 이를 학습하도록 도와주지 않는다."Bredekamp & Copple, 1997, p.129

1980년대부터 영유아를 지원하는 전문가들은 복종을 강요하는 전통적인 훈육방법에서 탈피해야 한다고 주장해왔다. 보육교육기관에서는 전통적인 훈육 방법의 문제점을 이해하고 근래 지지되고 있는 '발달적으로 적합한 생활지도'의 특성을 파악하여 발달적으로 적합한 생활지도와 발달적으로 부적합한 생활지도가 어떠한 차이가 있는지 고민하고 논의해볼 필요가 있다.

영유아 생활지도의 목표

보육교육기관에서의 생활지도는 영유아가 자신의 여러 가지 정서, 즉 긍정적 정서뿐 아니라 부정적 정서를 느끼는 상황을 이해하고 이를 적합한 방식으로 표현하도록 지원해줌으로써 영유아가 보육교육기관에서의 일과에서 경험하는 여러 가지 문제를 합리적으로 해결하고 이를 통해 자신의 성장을 이루어가도록 하는 것이다. 그러므로 영유아 생활지도의 목표는 영유아의 전인적인 성장을 돕는 것이라 할 수 있다.

아래 표 1에서 보육교육기관에서의 생활지도 목표를 '돕는다'라고 설정한 것은 생활지도가 영유아의 자율적 성장을 강조하고 있기 때문이다. 즉, 생활지도의 실제에 있어서는 영유아 개인을 다루는 경우도 있고 영유아의 집단을 대상으로 하는 경우도 있을 수 있으나 목표는 언제나 영유아 개개인의 자율적 성장에 있다. 교사는 영

표 1 보육교육기관에서 수립한 생활지도 목표

첫째	영유아가 자신이나 타인을 해치거나 위험에 빠지지 않도록 보호한다.
둘째	영유아가 자기통제력과 자율적인 자기규제력을 갖도록 돕는다.
셋째	영유아가 자신의 문제를 스스로 해결할 수 있는 기술을 발달시키도록 돕는다.
넷째	영유아가 독립성과 높은 자아존중감을 발달하도록 돕는다.
다섯째	영유아가 다른 사람과 긍정적으로 상호작용하는 기술을 발달시키도록 돕는다.

자료: Canadian Child Care Federation, One-six guidance. http://www.cccf-fcsge.ca

유아 생활지도의 목표가 추구하는 의미를 이해하고 영유아와 상호작용하는 과정에서 영유아가 자신의 실수나 문제를 인식하고 이를 스스로 개선할 수 있는 자율성을 키울 수 있는 방향으로 생활지도가 이루어지도록 지원해야 한다.

또한 첫째항에서 위험 행동을 '하지 않도록 보호한다' 외에 나머지 모든 항에서 '영유아가'라는 것과 '발달하도록 돕는다'는 것이 일관되게 강조한 것을 볼 수 있다. '영유아가'라는 것은 모든 영유아 개인을 뜻하는 것으로 영유아의 연령과 개별적인 특성에 따라 발달특성이 다르며 고유의 요구를 가지고 있는 존재라는 점을 나타낸다. '발달시키도록 돕는다'라는 것은 생활지도가 모든 영유아의 자율성 신장을 목표로 한다는 것을 나타낸다.

영유아기는 적합한 행동이 어떤 것인지에 대하여 배우는 시기이다. 영유아가 다른 사람에게 자신의 강한 감정을 적절하게 나타내고 이를 보다 적합한 행동으로 표현하기 위해서는 여러 해가 걸린다. 어린 영유아는 이처럼 어려운 개인적·사회적 기술을 막 배우기 시작한 때이다. 교사는 영유아가 무수한 반복 경험에 의해 배운다는 것을 인식하고, 영유아를 위해 일과를 일관성 있게 운영하고, 영유아에게 명확한 한계를 설정해주며, 영유아가 적합한 행동양식을 내면화시키도록 도울 필요가 있다. 하루일과를 통해 자신에게 기대되는 행동양식을 이해하게 되면 영유아는 자신을 둘러싼 물리적·인적 환경을 보다 잘 이해하고 신뢰할 수 있다.

영유아의 문제행동이 나타나지 않도록 미연에 예방하는 생활지도가 가장 효율적이고 성공적인 것이다. 가장 훌륭한 생활지도는 우수한 커리큘럼을 운영하면 자연스럽게 달성된다.Young Children, 1987 규칙적인 일과, 세심하게 수립된 계획안, 교실의 물리적 환경조성, 발달적으로 적합한 활동의 진행, 그리고 우수한 교사진은 영유아의 문제행동을 예방해주며 영유아의 활동과 배움의 과정을 즐겁고 유쾌하게 만들어주기 때문에 영유아와 또래, 교사 간에 긍정적이고 존중할만한 신뢰관계가 형성된다.

성인은 영유아가 표현한 행동의 이면에 감춰진 원인을 정확하게 이해하여야 한다. 영유아는 종종 어떤 일이 발생하는지 보기 위해서 뭔가를 저질러본다. 영유아는 자신의 행동과 이에 대한 타인의 반응을 통해 많은 것을 배운다. 그러므로 교사는 영유아의 부적절하고 부정적인 행동에 대해 명확하게 이를 짚어주고, 바람직한 대안적인 언어표현과 행동방식을 가르쳐 줄 필요가 있다. 이 과정을 반복적으로 경험함으로써 영유아는 점차 보다 적합하고 교사에게 용인되는 방식으로 행동하는 방법을 익히게 된다.

효율적인 생활지도가 이루어지기 위해서는 반드시 먼저 교사와 영유아 간에 신뢰관계가 수립되어야 한다. 영유아는 자신이 주변사람에게 가치 있는 사람으로 받아들여지고 사랑을 받아야 비로소 긍정적인 자아개념을 형성하게 되고 세상에 대항하여 행동할 힘을 얻게 된다.

교사는 영유아가 자신의 내적 통제력을 기르고 다른 사람의 요구에 적합하게 반응하는 방법을 배울 수 있도록 도와주는 방향으로 생활지도를 하여야 한다. 이를 위해 교사가 지켜야 할 기본원칙은 생활지도를 할 때 명확하고 긍정적인 언어적 상호작용을 하는 것이다. 명확한 의사소통은 영유아가 독립심, 신뢰감, 자신의 능력에 대한 역량을 키워 또래 및 성인과 잘 지내도록 하는데 큰 도움을 준다.

교사는 이외에 적절한 모델링과 바람직한 행동대안을 제시함으로써 영유아가 자신의 감정과 정서를 용인되는 방식으로 표현할 수 있도록 지원해줄 필요가 있다.

영유아 생활지도의 이론적 모델

근래 발달적으로 적합한 생활지도를 주장하는 학자와 전문가들은 영유아의 사회적 역량을 키우고, 문제행동을 예방하기 위한 이론적 틀을 4단계 피라미드 모델로 제시하고 있다.[Csefel, 2012] 이 모델의 이론적 토대는 영유아를 위한 생활지도에서는 영유아의 사회정서적 발달을 증진시키고, 이들의 적합한 행동을 지원해주며, 환경의 조정을 통해 문제행동을 미연에 예방하는 것을 강조하는 데 있다.

그림 1에서 보는 바와 같이 생활지도에 있어 가장 중요한 첫 번째 토대는 영유아와 교사 간에 긍정적인 신뢰관계를 수립하는 것이다. 이는 영유아가 자신의 사회정서발달을 이루고 적합한 행동양식을 배워나가는 데 가장 기본적인 토대가 된다.

두 번째 단계는 영유아의 문제행동이 가능한 나타나지 않도록 교실의 물리적·인적 환경을 조절하는 것이다. 영유아에게서 빈번히 나타나는 전형적인 문제행동들은 환경의 조정과 우수한 교수전략으로 대부분 미연에 방지할 수 있다. 세 번째 단계에

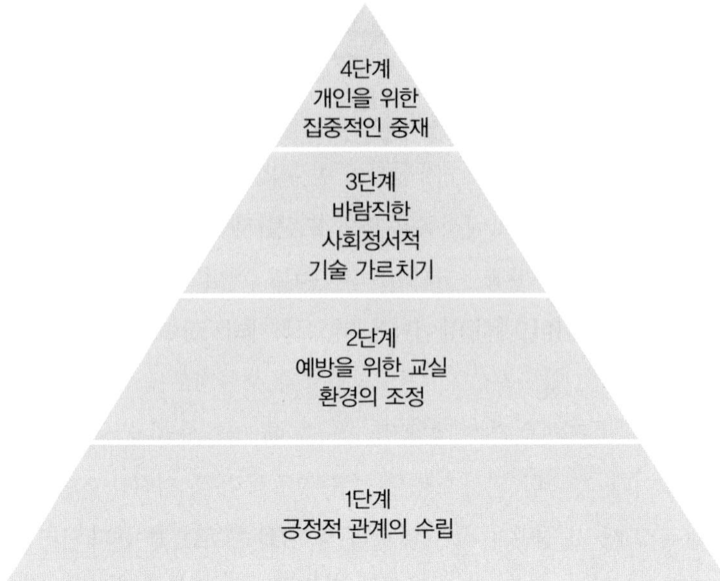

그림 1 영유아 생활지도의 피라미드 모델

자료: The Center on the Social and Emotional Foundations for Early Learning.

서는 영유아가 구사하기 적합하고 바람직한 기법을 상황에 맞게 가르쳐주는 것이다.

전문가들은 첫 단계부터 세 번째 단계까지의 노력을 통해 영유아 문제행동의 대부분은 개선되거나 줄어든다고 한다. 네 번째 단계는 이상의 생활지도를 통해 개선되기 어려운 행동문제를 집중적으로 중재하기 위한 것이다. 이는 보육교육기관의 교사 역할만으로는 수행하기 어렵고 가족의 이해와 협조, 전문가의 개입과 교사의 지원 등 개별 영유아에 대한 주변환경의 집중적인 지원을 통해 비로소 달성할 수 있다. 연구마다 상이하지만 통상 영유아 행동문제의 약 10~15% 정도는 네 번째 단계의 방법으로 해소될 수 있다고 알려져 있다.Fox & Lentini, 2006

보육교육기관의 생활지도 실제

보육교육기관에서 발달적으로 바람직한 생활지도의 실제에 대하여 앞서 제시한 피라미드 모델의 단계별로 알아본다. 4단계인 집중적인 중재는 보육교육기관뿐 아니라 가족 및 전문가와의 긴밀한 교류가 이루어져야 하므로 여기에서는 1단계부터 3단계까지에 대해서만 살펴본다.

긍정적 관계의 수립

영유아 생활지도의 피라미드 모델에서 가장 기초를 이루는 첫 단계는 교사와 영유아 간 긍정적인 관계를 수립하는 것이다. 교사는 영유아가 사랑, 안전, 돌봄, 반응적인 상호작용이 자주 나타나는 밀접하고 의존적인 관계를 통해 자신의 성장과 발달을 이루는 존재라는 것을 인식하고 있어야 한다. 교사와 영유아 간의 긍정적인 관계는 신뢰감, 이해, 돌봄을 기초로 하여 구축되는 것이며 이는 다시 영유아의 긍정적 동기, 다른 또래와의 바람직한 관계형성 등으로 이어진다. 특히 교사와 영유아 간의 긍정적인 관계는 발달과정에서 위험요소에 많이 노출된 영유아에게 중요한 보호요인으로 작용할 수 있다.

교사가 영유아와 긍정적인 관계를 수립하는 방법은 저금통에 저금을 하는 것과 같다. 교사는 영유아와 긍정적인 관계를 수립하고자 그 영유아에게 자신의 시간과 관심을 꾸준히 쏟아부을 수 있어야 한다. 교사가 개별 영유아에게 관심을 갖다 보면 그 영유아의 관심과 흥미와 특별한 요구 등을 파악할 수 있다. 이 정보를 토대로 교사는 영유아와의 상호작용을 보다 더 신뢰롭고 흥미로운 것으로 만들 수 있다. 발달적으로 적합한 생활지도를 하는 교사의 경우 하루의 일과 중 영유아에게 수십 번의 구체적인 칭찬, 긍정적인 대화, 격려하는 말투를 사용한다.[Joseph & Strain, 2010]

칭찬이나 감사 외에 교사가 영유아와 긍정적인 관계를 수립하기 위해 사용하는 실제적인 전략들은 다음과 같다.

- 개별 영유아의 특성과 요구가 어떠한지 조사하는 설문지를 작성하여 부모에게 응답을 부탁한다.
- 매일 아침 문 앞에서 반갑게 영유아를 맞이하고 인사를 나눈다.
- 놀이를 할 때 영유아가 이끄는 대로 함께 해준다.
- 간식이나 점심을 먹을 때 영유아와 담소를 나눈다.
- 가족사진을 가져오게 하여 또래들과 함께 보고 설명해준다.
- 영유아가 만들어놓은 작품을 전시해준다.
- 순번을 정해 집에서 특별한 것을 가져오도록 하여 이야기한다.
- 영유아의 아이디어나 이야기를 주의 깊게 듣고 들은 내용을 요약하여 반응해준다.
- 칭찬과 격려를 해준다.
- 교사 자신에 대한 정보를 말해주고 영유아와 공통적인 것이 있는지 찾아본다.
- 영유아가 기울인 노력을 유심히 관찰하여 지적해주고 칭찬해준다.

교사가 자주 사용하는 격려와 칭찬의 말투 예시

- "네가 …하는 것을 배웠구나."
- "훌륭한 생각이네."
- "…한 것은 정말 잘 한 일이야."
- "ㅇㅇ이가 …해서 …발전된 것을 봐."
- "넌 정말 …에서 열심히 만들었어."
- "와! ㅇㅇ이가 해놓은 걸 봐봐."
- "…하다니 그거 괜찮은 방법인데."
- "ㅇㅇ이가 …해줘서 고맙다."
- "네가 …하니 선생님이 정말 고마워."
- "네가 …하니 선생님이 정말 기쁘구나."
- "…하다니 넌 정말 유능한 해결사야."
- "여러분, 선생님이 발표할 게 있어요. 오늘 ㅇㅇ이가 …해서 …했어요. 정말 훌륭하지요?"

- 부모에게 전화를 걸어 오늘 하루가 영유아 덕분에 얼마나 재미있고 즐거웠는지 이야기해준다.
- 영유아가 특히 좋아하는 책을 알아내고 이를 전체 영유아와 함께 읽어본다.
- '나에 대한 모든 것'이라는 책자를 만들고 함께 공유해본다.
- 어떤 영유아의 특별한 점을 티셔츠 위에 모두 적고 이것을 입고 있게 한다.
- 영유아와 함께 게임을 한다.
- 영유아와 함께 바깥 놀이를 한다.
- 포옹, 하이파이브, 엄지손가락 치켜세우기 등의 제스처를 자주 취한다.
- 영유아의 손을 꼬옥 잡아준다.
- 영유아가 갈등이나 다툼을 하는 등 힘들었던 날이 저물 때, 영유아를 불러 "오늘 네가 힘들었겠구나, 내일은 더 즐겁게 보내자!"라고 격려해준다.
- 집에 갈 때 수첩에 칭찬이나 좋았던 부분을 적어준다.
- 영유아가 보육교육기관에 결석하면 다음 날 등원한 영유아를 불러 그 영유아가 없는 동안 모두가 얼마나 쓸쓸하고 친구를 그리워했는지 말해준다.

예방을 위한 교실환경의 조정

교사는 영유아 생활지도를 위해 먼저 교실환경의 조정을 통해 생활지도의 목표 내용을 일부 달성하도록 한다. 이때 환경의 조정은 영유아가 또래와 보다 긍정적인 사회관계를 경험하도록 지원하는 방식으로 물리적 환경, 또래와의 사회적 환경, 하루 일과, 활동, 교재교구 등과 같은 영유아의 환경을 변화하거나 조정하는 것을 의미한다.Center on the Social and Emotional Foundations for Early Learning, 2008 문제행동의 예방을 위한 환경 조정의 주요 내용과 원리는 사실 우수한 교사의 교수방법과 원리에서 강조되는 요소와 흡사하다. 즉, 우수한 보육교육의 실제를 행하게 되면 그 교실의 생활지도가 자연스럽게 성취될 수 있다.

물리적 환경의 조정

우수한 보육교육의 실제는 교실의 물리적 환경을 흥미영역별로 구성하고 흥미영역별로 주제와 연관된 교재교구를 발달적으로 적합한 방식으로 비치할 것을 강조한다. 교사는 교실의 물리적 환경이 영유아의 연령별 특성에 적합한 흥미영역으로 구성되어 있는지, 각 흥미영역에 비치된 교재교구의 내용과 수준은 영유아의 발달특성과 흥미에 적합한 것인지 점검하고, 조정이 필요한 부분은 적합하게 바뀔 수 있도록 한다.

교사는 교실별 흥미영역의 수가 보육실의 크기나 영유아의 요구에 적합한 수준으로 구성되도록 한다. 흥미영역이 지나치게 많으면 공간이 비좁아지기 때문에 영유아 간의 불필요한 신체접촉이 많아질 수 있으며 이는 상대에 대한 부정적인 행동표현으로 이어질 수 있다. 반대로 흥미영역이 지나치게 적으면 한 영역에서 활동하고자 하는 영유아의 수가 너무 많아져 개별 영유아가 충분히 놀이에 몰입하기가 어려울 수 있다.

교실의 바닥에 선으로 둘러진 구획은 영유아의 행동을 안내해주는 기능을 한다. 가령 화장실 앞의 바닥에 한 줄로 붙여진 발바닥 모양의 스티커는 유아에게 화장실 앞에 여러 명이 함께 있을 때는 한 줄로 서서 기다리기로 하는 규칙을 암시해준다. 혹은 음률영역의 바닥에 커다란 타원형으로 선을 붙여놓았을 경우 유아는 또래와 함께 리듬악기를 두드리면서 원을 따라 움직이는 놀이를 할 수 있다. 유아는 서로 리듬악기를 차지하여 연주하고자 경쟁을 하는 대신 또래들과의 음률 및 동작 놀이로 자연스럽게 놀이를 활성화시킴으로써 문제행동을 미연에 방지할 수 있다.

집단구성의 조정

교사는 하루일과를 운영하면서 필요에 따라 영유아의 집단구성을 적절히 조절해줌으로써 다툼과 같은 문제행동을 예방할 수 있다. 유아끼리 소집단을 구성할 때는 사회적으로 유능한 유아와 사회적 유능성이 떨어지는 유아를 한 집단에 배치하는 것이 바람직하다. 혹은 수줍어하는 유아와 활동적이며 적극적인 유아를 같은 집단으로 모아주는 것도 좋다. 사회적 유능성이 부족한 영유아일수록 사회적 유능성이 높은 또래와 상호작용하는 경험을 갖는 것이 중요하다. 영유아가 서로 이질적인 또래와 상호작용함으로써 바람직한 행동방식을 배울 수 있는 기회를 제공할 필요가 있다.

또한 교사는 개별 영유아가 할 수 있는 활동, 소집단이 함께 진행하기에 적합한 활동, 짧은 시간 동안 대집단으로 할 수 있는 활동을 다양하게 준비할 필요가 있다. 교사는 한 흥미영역에서 동시에 활동하기에 적합한 영유아의 수를 미세하게 조정해봄으로써 해당 보육실의 상황에 적합한 집단구성 방법을 모색하는 등의 방식으로 영유아가 또래와 경험하는 사회적 환경을 조정해줄 수 있다.

하루 일과의 조정

교사는 보육실의 하루 일과를 일관성 있게 진행함으로써 균형적인 하루 일과가 영유아의 생활지도를 위한 바람직한 환경으로 작용하도록 한다. 규칙적인 일과를 통해 영유아는 시간 환경에 대한 예측을 할 수 있고 또한 심리적으로 편안하게 일과에 적응할 수 있다. 다음에 진행되는 일과가 무엇인지, 언제쯤 무엇이 시작될 것인지 예측할 수 있게 되면 영유아는 신체적·심리적으로도 규칙성을 갖게 되고 무료해하지 않고 활동에 몰입할 수 있다.

오후 일과에 진행되는 낮잠 시간은 영유아로 하여금 휴식을 통해 피로를 풀고 원기를 회복할 수 있도록 도와준다. 교사는 교실의 하루 일과를 규칙적이고 일관성이 있게 운영하되 간혹 영유아의 요구나 상황에 따라 바꾸어 운영할 수 있다.

활동 및 교재교구의 조정

교사는 자신이 담당한 교실 영유아의 발달수준과 개별 특성에 맞도록 풍부한 활동을 준비하고 적합한 교재교구를 함께 제시한다. 교사가 제시하려는 활동이 영유아의 관심과 흥미를 이끌어내고 영유아가 즐겁고 진지하게 놀이에 몰두할 수 있도록 준비되어 있는지 살펴보아야 한다. 또한 활동을 전개할 때 사용하는 흥미영역별 교재교구가 영유아의 다툼을 방지하도록 충분히 비치되어 교재교구의 수보다 많은 수의 영유아가 이를 원하여 다툼이 일어나지 않도록 한다.

교사는 자신이 담당한 교실의 교재교구를 주기적으로 바꾸어줌으로써 보육실의 영유아가 그 새로움에 적절한 흥미를 갖도록 관리하여야 한다. 또한 교사는 영유아에게 제시하는 교재교구의 배치방법이나 지원방법이 적절한지 살펴보아야 한다. 가령, 교사는 누워서 자기 몸 그려보기 활동과 같이 유아 간에 긍정적인 협력과 자원의 공유가 일어날 수 있는 교재교구누워 있는 유아의 몸 둘레를 그릴 수 있는 큰 종이 등를 배치하는 것이 바람직하다.

교사는 활동의 내용이나 진행방법을 약간 조정해줌으로써 영유아 간의 사회적 상호작용을 증진시킬 수도 있다. 가령, 혼자서 책을 읽게 하기보다는 둘이 짝을 지워 한 유아가 책을 읽으며 다른 유아는 주의 깊게 들어보게 함으로써 유아들이 서로의 느낌을 공유해볼 수 있도록 한다. 교사는 교수학습방법이나 상호작용을 주기적으로 점검함으로써 자신의 준비와 행동이 영유아의 문제행동을 충분히 예방하고 있는지 살펴볼 필요가 있다.

바람직한 사회정서적 기술 가르치기

폭스와 렌티니Fox & Lentini, 2006는 보육교육기관의 교실에서 교사가 영유아에게 바람직한 사회정서적 기술을 가르치는 과정을 세 단계로 제시하였다. 즉, 1단계에서는 새로운 기술을 도입하고, 2단계에서는 이를 연습하며 익숙해진 후, 3단계에서는 비로소 영유아가 사회정서적 기술을 일반화시켜 교실뿐 아니라 가정 등 어디에서나 이를 자연스럽게 사용하게 된다는 것이다.

새로운 사회정서적 기술 소개

보육교육기관에서 교사가 영유아에게 새로운 사회정서적 기술을 가르쳐 줄 때에는 시연해서 직접 보여준 후 이를 말로 다시 설명하는 과정을 거치는 것이 좋다. 영유아는 사회정서적 기술을 말로만 들어서는 쉽게 이해하기가 어려우므로 구체적인 상황에서 영유아가 이를 명확하게 이해하도록 시범을 보여주거나 시연을 해준 후 즉시 이에 대해 다시 설명해주어야 한다. 가령, 어떤 걸음마기 유아가 트럭을 가지고 놀고 있는데 또래가 다가와 그 트럭에 관심을 보이며 만지려 하였다. 유아는 또래의 시도가 못마땅하고 싫지만 이를 어떻게 표현해야 할지 몰라 당황해 한다. 교사는 이를 보고, 트럭을 가진 유아에게 "친구야, 순서를 지켜야지."라고 말하도록 언어적 대안을 제시해줄 수 있다.

혹은 어떤 유아가 선생님에게 물방아를 가지고 놀자고 요청하는 장면이 나타나면 유아들의 주의를 환기시킨 후, "여러분, 방금 '영희가 선생님에게 물방아를 가지고 놀아요.'라고 말했어요. 그럼 선생님은 영희가 물방아를 가지고 함께 놀고 싶어 한다는 것을 알 수 있겠지요? 내 마음을 말로 나타내지 않으면 다른 사람이 알기가 어려워요. 하지만 말로 자기가 원하는 걸 표시하니 다른 사람이 그 마음을 잘 알 수 있지요?"라고 설명해줄 수 있다. 또는 친구가 놀고 있는 트럭에 관심을 가지고 이를 지켜보고 있는 걸음마기 유아에게 교사는 "네가 철수가 놀고 있는 트럭을 가지고 놀고 싶구나?" 그러면 차례를 기다려서 철수가 놀고 나면 트럭을 가지고 놀면 어떨까?" "철수에게 '철수야, 내가 기다리고 있으니까 조금만 놀고 트럭을 줘'라고 요청하면 어떨까?"라고 대안을 제시해줄 수 있다.

대부분의 영유아는 다른 사람이 바람직한 사회정서적 기술을 사용하고 있는 예를 지켜볼 때뿐만 아니라 사회정서적 기술이 필요한 상황임에도 불구하고 아무도 이 기술을 사용하려 하지 않는 예를 지켜볼 필요도 있다. 두 과정을 비교해보면서 영유아는 사회정서적 기술을 적절하게 사용하였을 때 문제상황이 어떻게 원만하게 해결되는지 보다 구체적으로 이해할 수 있다.

그러므로 영유아가 사회정서적 기술을 적절하게 사용했을 때 교사는 이를 알아차리고 긍정적인 피드백을 할 필요가 있다. 많은 경우 교사는 영유아가 새로운 어휘를 배우거나, 건너뛰기 동작을 잘 하거나, 공을 잘 차게 되었을 때 "잘 했어." "건너뛰기를 정확하게 했구나, 그래서 빠지지 않았네."라는 등의 긍정적 피드백을 준다. 이에 비하여, 영유아가 긍정적인 사회정서적 기술을 사용하였을 때는 이를 알아차리지 못하고 간과하기 쉽다. 영유아의 행동을 민감하게 관찰하여 영유아가 새로 사회정서적 기술을 잘 구사하였을 때 이에 대해 칭찬을 해주는 것이 좋다.

배운 사회정서적 기술에 익숙해지기

영유아가 새로운 사회정서적 기술을 배우면, 여기에 익숙해지기 위해서는 일상을 통한 반복 연습이 필요하다. 이는 새로운 노래를 배웠을 때 연습을 통해 노래에 익숙해지는 것과 같다. 그러므로 교사는 영유아에게 "순서를 지키자." "손으로 만지는 대신 눈으로 보자."라는 등의 새로운 기술을 가르쳤을 때 영유아가 이를 한 번에 이해하고 곧바로 행동으로 나타나기를 기대하지 않는 것이 좋다. 대신 교사는 영유아가 새로운 사회정서적 기술을 구사할 상황에서 이를 점차 잘 사용해가도록 인내심을 가지고 지켜보아야 하며, 지속적으로 격려해주어야 한다.

영유아가 새로 배운 사회정서적 기술에 어느 정도 익숙해졌다고 판단되면 교사는 이를 여러 가지로 변형시킬 수도 있다. 가령, 영유아에게 "네가 영희에게 그렇게 말하면, 영희는 기분이 어떨까?"라고 물으며 영유아가 다른 사람의 관점에서 사안을 생각해보도록 중재해줄 수 있다. 혹은 교사가 또래 간 상호작용을 관찰하다가 두 유아가 또래와의 갈등을 빚기 직전에 이를 중재할만한 언어적 상호작용을 시도할 수도 있다.

교사는 영유아들이 사회정서적 기술을 능동적으로 사용하였을 때 이를 주목해주고 다른 영유아들에게 해당 영유아를 칭찬해주고 모범적이라고 격려해줄 필요도 있

철수의 일반화 사례

철수는 4세 남아다. 철수는 또래와 함께 놀 때, 특히 바깥 놀이터에서 친구들과 함께 놀이를 할 때 문제행동을 보인다. 철수는 친구를 밀치거나 소리를 지르거나 친구의 장난감을 빼앗아 움켜쥔다.

철수의 담임교사는 손가락 인형을 사용하여 이야기를 해주면서 4단계 기법을 가르쳤다. 1단계, "너 자신에게 물어봐, 내 문제는 뭐지?" 2단계, "생각하고 또 생각하고, 또 생각해봐. 해결책이 뭔지를." 3단계, "그 해결책을 사용하면 어떤 일이 일어날까?" 4단계, "자, 시도해보자."

철수는 이것을 배우고 익숙한 교실환경에서는 비교적 잘 사용하는 것 같았다. 그런데 박물관 견학을 가는 날이 다가오자 교사는 철수가 낯선 장소에서 다시 소리를 지르거나 친구를 밀치는 등의 행동을 할까봐 염려되었다. 교사는 박물관에 들어가기 전에 전체 유아에게 4단계 기법을 환기시켜 설명해주고, 철수에게도 이를 다시 확인시켰다.

박물관에 들어가니 자석 놀이터가 여러 개 있었는데 모든 놀이터에는 유아들이 자리를 차지하고 앉아있었다. 교사는 철수에게 다가가 추가적인 도움을 주기로 하였다. 교사는 철수에게 "생각하고, 생각하고, 또 생각하기. 알지? 철수는 잘 할 수 있을 거야. 선생님이 여기서 철수가 잘 하는지 지켜볼게."라고 격려해주었다.

철수는 친구에게 다가가 "나도 이 자석, 만져볼 수 있을까?"라고 요청하였다. 한 유아가 철수에게 자신이 놀고 있던 자석을 양보해주었다. 교사는 이를 보고 철수와 양보한 친구를 모두 칭찬해주었다.

다. 가령, 친구들이 다투는 것을 보고, 교사가 "이럴 땐 어떻게 하는 것이 좋을까?"라고 물었다. 영수가 나서서 친구들이 서로에게 어떻게 말하는 것이 좋을지 열심히 설명하였다. 교사는 전체 유아에게 영수가 한 일을 설명해주고, 영수에게 '자랑스러운 친구' 망토를 둘러줄 수 있다. 그 시간에 영수는 자랑스러운 친구라는 의미를 나타내는 망토를 두르고 활동하면서 자신이 바람직한 사회정서적 기술을 제시하였다는 자랑스러움을 느낄 수 있다.

사회정서적 기술을 일반화시키기

새로운 사회정서적 기술을 제대로 배웠다면 영유아는 이를 교실에서뿐만 아니라 가정에서도 자연스럽게 사용할 수 있다. 또한 익숙한 교실환경 뿐 아니라 낯선 장소로 견학을 갔을 때에도 비슷한 갈등상황이나 문제상황에서 자기가 배운 기술을 구사할 수 있다. 철수의 일반화 사례에서 교사는 철수가 배운 사회정서적 기술을 새로운 상황에서도 잘 사용할 수 있도록 격려해주는 방법을 사용하였다.

이 단계가 되면 가장 목표가 되는 것은 영유아가 자신이 배운 사회정서적 기술을 어떤 상황에서나 자연스럽게 구사하도록 하는 것이다. 일반화 과정을 영유아는 다양한 상황에 적응하는 방법을 배우고, 주변사람들과 친숙한 사회정서적 관계를 맺는다. 영유아는 이 과정에서 성취감을 느끼고 긍정적인 관계의 즐거움을 경험한다. 영유아의 사회적 역량이 증진되면서 영유아는 놀이와 학습에서 다양성을 확대시키고, 몰입의 지속성이 높아지며, 놀이 상호작용의 복잡성이 증가한다.

생활지도를 위한 교사의 역할

생활지도 전문가로서의 교사

생활지도 전문가로서의 교사는 보육실에서 일어나는 갈등상황에 전통적인 방식으로 반응하고 훈육을 하는 대신 유아의 자율성을 키워주도록 노력한다. 교사는 영유아의 발달적 특성을 이해하고, 영유아와 바람직하고 긍정적인 관계를 수립함으로써 영유아와의 관계에 굳건한 기초를 마련하고자 노력한다. 교사는 생활지도 전문가로서 자신이 수행해야 할 역할에 대해 알고 자신의 언행이 영유아에게 어떤 영향을 미치는지 이해한다. 발달적으로 적합한 생활지도의 원리를 알고 있는 교사는 상황파악능력이 높고, 감정을 가라앉히며, 영유아가 민주적 생활방식을 배울 수 있도록 모델로서의 역할을 수행한다.

교사는 영유아의 문제행동에 화를 내거나 훈계를 하거나 지시를 내리는 대신 교실에서 영유아가 직면한 상황이나 현상 자체에 집중하고 스스로 마음을 가라앉힌 후 상처받은 영유아와 대화하도록 한다. 또한 교사는 영유아를 죄인처럼 다루거나 비난하지 않고 자신의 감정을 '나—전달법'을 사용하여 잘 표현하도록 한다. 또한 영유아의 문제행동에 대해 성급히 판단하기 전에 더 많은 정보를 수집한다.

교사는 영유아의 실수행동에 대해 배움의 기회로 삼는 생활지도 방법을 사용하여야 한다. 교사는 교실에서 특정 사건이나 상황이 발생한 시점에서 영유아의 판단에 기초하여 반응양식을 결정함으로써 영유아에게 민주적 생활방식을 가르쳐야 한다. 교사는 이해하기 힘든 영유아의 행동이 발생하여도 성급하게 반응하기보다는 스스로를 점검하고 환경의 개선요인이 있는지 생각해 보아야 한다. 결론적으로 교사는 자신도 교사인 동시에 학습자라는 사실을 인정하고 영유아를 가르칠 때조차 계속 배우고자 하는 전문가로서의 태도를 갖추도록 한다.

영유아 행동 원인의 이해

교사는 인내심을 가지고 영유아 행동의 원인을 이해하려고 애써야 한다. 교사는 영유아의 행동에는 늘 원인이 있다는 것을 알고 이를 관대하게 받아들여야 한다. 교사는 영유아 행동의 원인을 이해하려 노력함으로써 영유아를 적절하게 도울 수 있다. 영유아는 어떤 일이 일어나는지 보기 위해 무엇인가를 하는 때가 많다. 교사는 영유아가 자신의 행동과 다른 사람의 반응을 통해 배운다는 것을 더 잘 이해함으로써, 영유아의 행동이 해를 끼치지 않았다면 영유아의 실수행동은 무시할 수도 있다.

교사는 영유아의 행동을 중재할 필요가 있다고 판단된다면 영유아를 탓하기보다는 영유아의 행동에 집중할 수 있어야 한다. 즉, 교사는 영유아에게 행동의 결과와 대안을 가르치되, 영유아의 배우고자 하는 욕구, 자연스러운 호기심은 인정하여야 한다. 대개 영유아에게 일어나는 갈등상황은 사물, 영역공간, 권리에 대한 분쟁 때문에 일어난다. 영유아의 행동동기와 갈등의 근원을 이해한 교사는 영유아가 그 상황으로부터 뭔가를 배울 수 있도록 하는 기회로 삼는다.

생활지도를 바람직한 가르침의 기회로 이용

교사는 교실 내 갈등을 영유아의 실수행동으로 간주하고, 갈등을 가르침의 기회로 삼을 수 있어야 한다. 민주적인 생활방식은 전 생애에 걸쳐 요구되는 능력이다. 생애경험이 일천하고 두뇌발달이 몇 개월 되지 않은 어린 영유아는 이런 복잡한 기술을 이제 막 배우기 시작하는 것이다. 배우는 과정의 자연스러운 특성인 실수, 실패, 재시도, 시도의 성공과 같은 과정이 생활지도 영역에서도 나타난다. 영유아는 많은 실수를 하게 되며 이는 배우는 과정의 자연스럽고 불가피한 측면이다.

발달에 적합한 생활지도를 하는 교사라면 영유아의 갈등을 잘못된 행동이 아닌 실수행동으로 간주한다. 즉, 교사는 갈등을 야기하는 영유아에게 어떻게 해야 하는지가 아니라 갈등의 결과에 대해 영유아를 지원해주거나 이들에게 가르칠 수 있는 것이 무엇인지를 생각한다. 교사는 규칙의 집행자로서의 역할을 수행하는 것이 아니라 영유아를 위한 중재자가 되어야 한다.

표 2 적응에 어려움을 겪는 영아의 행동을 달리 서술해보기

갈등이나 문제행동을 강조하는 교사의 서술	바꾸어 기술해보도록 한 서술
• 영수는 등원해서부터 집에 돌아갈 때까지 늘 징징 짜면서 보채기 때문에 보육실 분위기를 흐트러뜨린다.	• 영수는 엄마나 가족과 떨어져 있는 것을 정말로 힘들어한다. 그래서 보육실에서의 활동에 즐겁게 참여하는 데 어려움을 겪는다.
• 영희는 엄마에게 매달려 있다가 보육실에 오면 다시 교사에게 하루 종일 매달려 있으려고 한다.	• 영희는 환경이 바뀌거나 낯선 곳에 오면 새로 적응하는 데 더 많은 시간이 걸리는 유형의 아이이다.
• 나는 영철이를 항상 주시하고 있어야 한다. 영철이는 내가 눈을 떼는 순간 넘어지거나 사고를 일으키거나 문밖으로 뛰어나간다.	• 영철이는 보육실에 오면 지켜야 할 규칙이 있다는 것을 아직 충분히 깨닫지 못하고 있다. • 혹은 영철이는 매우 활동적인 유아이다.
• 영진이는 다른 유아가 애써 쌓아놓은 블록을 넘어뜨리거나 다른 사람의 미술작품을 망가뜨리는 일이 많다.	• 영진이는 친구들과 함께 놀고 싶어 활동에 끼어들려고 하지만 또래의 감정을 잘 이해하지 못하고 진입을 위한 적절한 기술이 부족하여 어려움을 겪는다.

자료: Center on the Social and Emotional Foundations for Early Learning(1998).

민주적인 분위기 조성자로서의 교사

민주적 생활방식의 강조

교사는 '생활지도'를 영유아에게 민주적인 생활방식을 가르치기 위해 사용하고 교실의 분위기를 이에 적합하게 조성하여야 한다. 훈육을 강조하는 교사로부터 꾸짖음이나 처벌을 받게 되면 영유아는 훈육을 '비난받고 수치심을 느끼게 되는 것'으로 여기기 쉽다.

한 명을 따로 불러내거나, 혼내거나, 타임아웃을 하는 등의 당혹감을 불러일으키는 훈육을 하게 되면 영유아는 자신을 집단에서 환영받지 못하고 가치 없는 존재로 여기게 된다. 생활지도의 목적은 영유아에게 건강한 개인이 되고 생산적인 시민이 되는데 필요한 민주적인 생활방식을 가르치는 것이다.

다른 사람에게 상처를 주지 않는 방식으로 강한 정서를 표현하는 기술, 서로 다름

에도 불구하고 다른 사람들과 생산적으로 함께 일할 수 있는 능력, 그리고 현명하고 도덕적인 의사결정능력을 발달시킴으로써 영유아는 자존감을 높이고 사회적 유능감을 향상시킬 수 있다.

교사는 교실의 운영 전반에서 민주적인 특성을 발휘하도록 서로를 인격적으로 존중하고 예절을 지킴으로써 교실 전체에서 교사와 영유아 간에 민주적인 생활방식을 체화하도록 한다.

교실의 분위기 조성

교사는 모든 영유아가 구성원으로서의 참여를 환영받는다고 느끼도록 격려하는 교실 분위기를 만들고 유지해야 한다. 격려하는 보육실 분위기란 영유아가 기분이 좋을 때 머물고 싶고 놀고 싶은 곳이 아니라, 몸이 아프거나 기분이 좋지 않을 때 있고 싶어 하는 곳이라 볼 수 있다.

교사는 영유아와 신뢰관계를 수립함으로써 영유아가 스스로 가치 있는 존재라고 느끼고 긍정적인 자아개념을 발달시키며, 세상에 대항하는 행동을 할 필요를 덜 느끼도록 지원한다.

이를 위해 교사는 영유아 개개인의 특성을 인정해주고 영유아가 과제를 마친 후에 칭찬하기보다는 배우는 과정을 인정해주는 태도를 취하도록 한다. 또한 교사는 타임아웃과 같은 전통적인 훈육방법보다는 포괄적인 생활지도, 대화를 통한 생활지도의 기법을 사용할 필요가 있다. 이러한 보육실의 분위기를 중시하는 교사는 부모와 협력적인 관계를 구축한다.

교사는 부모가 일상생활에서 모델로서의 모범을 보일 수 있도록 영유아의 발달특성과 바람직한 생활지도 방법을 이해시키려 노력한다.

보육교육기관에서의 생활지도 평가

영유아 생활지도의 평가는 보육교육기관에서 목표로 설정한 생활지도의 내용이 얼마나 달성되었는지 알아보고 향후 생활지도를 위해 무엇을 개선하는 것이 좋을지 판단하는 과정이다. 교사는 자신이 수행한 생활지도의 내용을 평가할 때 다음 사항을 염두해 둘 필요가 있다. Sherr, Skar, Clucas, Tetzchner, & Hundeide, 2011

- 생활지도의 결과 영유아의 행동은 어떻게 변화하였는가?
- 생활지도의 결과 영유아의 또래 간 관계는 어떻게 변화하였는가?
- 생활지도의 결과 영유아와 교사 간의 관계는 어떻게 변화하였는가?
- 생활지도의 결과 영유아의 발달은 어떠한 변화를 보였는가?

생활지도의 결과 영유아의 행동은 개선되는 방향으로 변화하였을 수도 있고, 악화되는 방향으로 변화하였을 수도 있다. 또한 행동의 변화가 단기간에 나타났다가 사라졌을 수도 있고 지속적일 수도 있다. 교사는 자신이 구사한 생활지도 기법의 성공적인 측면과 그렇지 않은 측면을 평가하고 보완하는 과정을 지속적으로 전개하여야 한다. 교사는 생활지도의 결과 영유아의 특정 행동에 대한 자신의 인식과 태도가 바람직하게 변화할 수 있도록 노력할 필요가 있다.

교사는 생활지도를 통해 자기효율성이 높아지고, 영유아의 행동에 대한 좌절감이나 분노, 실망감과 같은 교사 자신의 부정적인 정서를 보다 건설적으로 다루어낼 수 있도록 변화한다. 교사는 생활지도의 결과 영유아 발달이 어떻게 변화하였는지 평가하기 위해 영유아를 직접 관찰할 수도 있고, 검사를 받아보도록 권유할 수도 있고, 부모의 보고를 받아볼 수도 있다. 혹은 보육기관에서 영유아를 대상으로 발달검사나 심리검사를 진행해볼 수도 있다.

CHAPTER 8

가정에서의 생활지도

학습개요

가정에서의 생활지도는 발달 수준에 맞는 자조기술을 익히고, 영유아기 발달과업인 자율성과 주도성을 키워나가도록 격려해주는 방향으로 전개된다.
유아가 자율성과 주도성을 키워야 자조행동이 일반화되고 자신의 놀이와 학습을 스스로 주도하고자 하는 독립심이 생긴다. 가정에서의 생활지도는 유아가 자신의 발달 수준과 특성에 맞는 자율성과 주도성을 키워갈 수 있도록 적절하게 안내한다.

학습목표

- 영유아기 발달과업을 이해한다.
- 가정에서의 생활지도에서 역점을 두어야 하는 사항을 이해한다.
- 유아의 자율성과 주도성을 키우기 위한 생활지도의 원리를 안다.

주요 용어

가정에서의 생활지도, 자조기술, 자기통제력, 자율성

유아의 자조기술 익히기

유아는 매일 규칙적으로 이루어지는 간단한 일을 스스로 수행할 수 있다. 유아에게 자조행동을 가르칠 때에는 부모가 자녀에게 기대하는 행동 수준을 점검하고, 그 자녀의 현재 수준을 정확히 파악하며, 그 행동을 수행하는 방법을 명확하고 간단하게 익힐 수 있는 방법을 알아야 한다. 그리고 이에 더하여 긍정적인 격려방법을 사용하면 유아의 자조행동을 더욱 활성화할 수 있다.The Center on the Social and Emotional Foundations for Early Learning, 2012

사례를 보면 민수와 영수는 어린이집에서는 곧잘 혼자서 해내던 행동도 집에 오면 하려고 하지 않으며 부모는 이를 적절하게 다루지 못하고 자신의 양육기술에 회의감을 갖게 된다. 그 결과 상대를 서로 비난하게 되고, 자신은 결코 좋은 부모가 될 수 없다고 생각하게 된다.

유아는 이른 시기부터 스스로 손을 씻고, 칫솔질을 하며, 옷을 혼자 입고 벗을 수 있다. 이 절에서는 유아기 자녀에게 반복적인 일과에서 나타나는 몇 가지 자조행동을 적절하게 가르칠 수 있는 방법을 안내하고자 한다.

민수와 영수의 집 사례

민수네 가족은 4명이다. 맞벌이 아버지와 어머니, 5살 민수와 3살 영수가 있다. 민수와 영수는 어린이집 종일반에 다니고 있다. 저녁 때 엄마와 아빠가 함께 집에 돌아오면 엄마와 아빠는 저녁을 준비하고, 가사를 처리하느라 분주하다. 엄마와 아빠는 민수와 영수가 저녁을 기다리며 노는 동안 함께 놀아주어야 하고, 민수와 영수에게 저녁을 먹인 후, 칫솔질과 목욕을 시키고, 잠자리도 봐주어야 한다. 민수와 영수의 담임교사는 어린이집에서 둘은 식사, 칫솔질, 낮잠 자기 등의 일과를 스스로 잘 해낸다고 말한다. 민수와 영수의 부모는 두 아이가 집에서도 몇 가지 일은 스스로 해주기를 원한다. 하지만 집에 오면 둘은 떼를 쓰고, 울며 칭얼거리기 일쑤이고, 손을 씻거나 칫솔질하는 것을 극도로 싫어하고 모든 것을 부모가 해주거나 최소한 함께 해주기를 원한다. 부모는 결국 두 아이를 야단치거나, 소리를 지르거나, 때로는 벌을 주기도 한다. 그리고 곧 자신들의 육아법이 미숙하다는 자괴감에 빠지게 된다. 민수와 영수가 결국 잠이 들고 나면 엄마와 아빠는 신체적·정서적으로 완전히 지쳐 떨어져서 서로를 비난하기 시작한다.

영유아의 연령별로 기대할 수 있는 자조행동

영유아는 연령에 따라 스스로 할 수 있는 자조행동의 수준이 다르다. 그러므로 부모는 자녀의 연령과 개인적인 발달 수준에 적합한 행동을 기대할 수 있어야 하며, 자신의 기대와 자녀의 현재 수준이 다르다면 자신의 기대 수준을 적극적으로 조절할 필요가 있다.

8~18개월

- 컵을 들고 혼자 마실 수 있고, 손가락으로 음식을 집어 먹을 수 있으며, 숟가락을 혼자 사용해보기 시작한다.
- 보호자가 옷을 입히고 벗길 때, 걸음마기 유아가 소매에 자기 팔을 집어넣거나, 신발에 발을 쑤셔 넣는 등의 행동을 보이므로 영아 때보다 옷을 입히고 벗기기가 수월해진다.
- 자신의 신체부위를 짚으며 말할 수 있다.
- 자신의 욕구가 강해지면서 "싫어!" "안 해!"라고 말하기 시작한다.
- 복수의 제시물 중 하나를 스스로 선택하고자 하며, 자신이 원하는 것을 가리킬 수 있다.
- 매일 규칙적으로 반복되는 일과에 편안함과 안전감을 느낀다(예를 들어 밤에 잠자리에 들 때는 칫솔질을 하고, 잠옷을 입고, 부모가 책을 읽어주는 반복성을 알고 있으며 이를 기다린다).
- 소리와 동작을 모방한다.
- 말할 수 있는 정도보다 더 많이 이해할 수 있다.

18~36개월

- 도움을 받아 손을 씻을 수 있다.
- 빨대로 음료를 마실 수 있다.

- 요청을 하면, 벗은 옷가지를 빨래바구니에 갖다 넣을 수 있다.
- 혼자 숟가락으로 먹을 수 있다.
- 장난감을 밀고 끌어당기며, 용기 안에 든 것을 채우고 비울 수 있다.
- 변기 사용하는 법을 배운다.
- 넘어지지 않고 몸을 구부릴 수 있다.
- 간단한 동작을 따라할 수 있다.
- 스스로 뭔가를 하고자 노력하는 것을 즐긴다(이 이유 때문에 간단한 과제를 완성하는 데 좀 더 시간이 걸린다).
- 옷을 차려입는 놀이를 즐긴다.
- 물과 모래 놀이를 열광적으로 좋아한다.
- 간단하고 명확한 규칙을 배우기 시작한다.

3세 유아

- 도움을 받아 칫솔질을 할 수 있다.
- '이제' '곧' '나중에'의 시간 차이를 이해한다.
- 더러워진 옷을 스스로 빨래바구니에 넣는다.
- 신발장에서 신발을 꺼낼 수 있다.
- 간단한 노래를 부르는 것을 즐긴다.
- 좀 더 주의를 기울여 들을 수 있다.
- 때때로 한 쪽 부모를 다른 쪽 부모보다 더 좋아한다.
- 집에서 놀이하는 것을 즐긴다.
- 모방한다.
- 좋아하는 물건들을 짝지을 수 있다.
- 깨지지 않는 그릇을 싱크대에 가져다 넣을 수 있다.
- 쓰레기통에 쓰레기를 버릴 수 있다.
- 완수하는데 도움이 필요할 때도 있지만, 혼자서 능히 손을 씻고 말릴 수 있다.

4세 유아

- 숟가락, 포크를 사용한다.
- 도움 없이 혼자 옷을 입는다. 하지만 버튼을 채우거나 끈을 묶을 때는 약간 어려움을 겪는다.
- 새로운 단어를 빨리 습득한다.
- 멈추라는 표시를 인식하며, 자기 이름이 쓰여 있는 것을 알아차릴 수 있다.
- 서로 관련이 없는 두 단계 지시를 따를 수 있다(가령, 가방을 메고 신발 신기).
- 간단하고 명확한 규칙을 이해한다.
- 함께 사용하고, 차례를 지키기 시작한다.
- 욕조에서 혼자 씻을 수 있다.
- 혼자 이를 닦을 수 있다.
- 혼자 손을 씻고 말릴 수 있다.

5세 유아

- 일상적인 규칙을 따른다(가령, 먹기 전에 손을 씻기, 더러워진 옷은 빨래바구니에 넣기, 잠자리에 들기 전에 칫솔질하기).
- 간단한 일상 업무를 스스로 할 수 있다(가령, 옷을 입고 벗기, 칫솔질하기, 손 씻기, 식탁에 앉아 밥 먹기, 보호자가 지켜보고 있을 때 혼자 샤워하기).
- 시작과 중간과 끝을 이해한다.
- 다른 사람의 감정을 이해하기 시작한다.
- 대부분의 자조기술을 혼자서 완수할 수 있다.

매일 반복되는 자조기술을 가르치기

유아는 혼자 해내고 싶어 하고 이를 즐기지만, 때때로 부모가 "너는 잘 할 수 있어."라고 격려해주고, 믿어주는 지원을 필요로 한다. 손 씻기, 이 닦기, 옷 입고 벗기와 같은 자조기술을 독립적으로 수행하도록 가르치는 것은 유아가 단계별로 어떻게 해야 하는지를 이해하고 습득하는 발달의 진전과정에 해당한다. 그러므로 이는 부모의 의식적인 주의와 관심을 필요로 한다. 일단 유아가 독립적으로 할 수 있는 방법을 배우고 나면, 부모는 유아에게 주던 도움을 점차 줄여나갈 수 있다.

유아에게 자조기술을 가르칠 때에는 다음 단계를 따르는 것이 좋다.

- 유아의 눈높이에 맞추어 수준을 낮추고, 유아의 주의를 이끌어낸다. 가령, 유아의 어깨를 가볍게 건드리고, 유아와 눈을 맞춘 후, 행동과 동작으로 시범을 보인다.
- 유아가 습득하기를 원하는 기술을 작은 단위로 세분해서 나눈다. 매번 한 단계씩 긍정적이고 명확한 지시로 가르쳐준다. 때로 부모는 이 과정에서 유아가 하지 말아야 할 행동이나 중단해야 하는 행동을 명령어나 지시어로 말하는 실수를 범하기도 한다. 가령, "손바닥으로 물을 뿌리지 마라."라고 말하는 대신, "손 씻기가 다 끝났으면, 이제는 이걸 말려야 할 순서네."라고 말하는 것이 좋다.
- 단계별로 그린 카드를 유아가 수행하는 곳에 붙여놓는 것도 좋다. 가령, 손을 씻는 곳 주변의 유아 눈높이와 같은 곳에 사진이나 그림 카드를 단계별로 붙여 놓는다. 한 번에 한 단계씩 짚어주고 유아가 이대로 하도록 안내한다. 이 방법은 보육교육기관에서 흔히 사용하는 방법인데, 가정에서 사용하기에도 좋은 방법이다.
- 유아가 단계별로 수행할 때 단계별 행동을 시범으로 보여주는 것도 좋다. 유아가 각 단계를 익히고 나면 부모와 유아가 서로 번갈아가며 상대에게 시범을 보여주는 놀이를 해도 좋다. 유아가 다음 단계가 무엇인지 헷갈려 할 때는 다음 단계를 떠올릴 수 있는 힌트를 주는 것도 좋다. 유아는 종종 단계들을 다 익힌 것처럼 보여도 단계를 헷갈리거나 도움을 필요로 한다. 이럴 때는 간단히 "아빠를 보렴."하고 유아의 주의를 끈 후 유아가 어려워하는 부분을 시범으로 보여주면 된다. 길게 설명하거나, 잔소리를 하거나, 혹은 꾸지람을 하는 것은 유아의 자율성이나 독립성 획득에 전혀 도움이 되지 않는다.
- 다소 어렵거나 유아가 하고 싶어 하지 않는 자조기술을 다룰 때는 '처음에는, 그리고 다음에는'이라는 순서의 표현을 사용하는 것이 좋다. 가령, "먼저 이를 닦고, 그리고 나면 엄마가 사랑 가득한 뽀뽀를 해줄게."라고 말하는 것이다. 혹은 "먼저 옷을 입자, 그리고 나서 아침으로는 주스를 먹을래?" 아니면 "우유를 먹을래?"하고 물

으면 유아는 주스와 우유를 선택하고 싶은 마음에 옷을 빨리 입겠다는 마음을 먹기 쉽다.

- 자조기술을 가르칠 때 유아에게 '선택'할 수 있는 여러 가지를 제시하는 방법을 이용하면, 유아는 이를 놀이나 재미있는 활동으로 받아들이는 경향이 있다. 가령, 이를 닦을 때, "민트 치약을 쓸래? 아니면 풍선껌 치약을 쓸래?"라고 선택을 하게 하는 단계를 넣는다.
- 유아가 자조기술을 처음 배울 때 단계별로 항상 긍정적인 격려를 해주는 것이 가장 중요하다. 사소하더라도 유아가 부족했거나 잘못한 것을 언급하게 되면, 유아는 마음속에서 자발적인 욕구를 즉시 중단시킬지도 모른다. 유아가 잘 못할 때 느끼는 마음을 이해하고, 그 마음에 공감한다는 것을 표현해주는 것은 유아에게 결국 성공적으로 이를 완숙하고자 하는 의욕을 고취하는 데 가장 중요한 과정이다. 가령, "칫솔질 하는 건 정말 어렵지? 아빠도 알아. 아빠가 조금 도와줘 볼게."라고 말하고 칫솔질을 해주면서 즐겁다는 듯 노래를 부른다. "이를 닦자, 이를 닦자, 이를 닦자, 하마처럼!"
- 유아가 한 가지 자조기술을 스스로 완수하는 방법을 익히고 나면 이를 칭찬해주고, 함께 축하하는 과정을 거친다. 가령, 온 가족이 모여 주스를 따라놓고 "영수가 이 닦기를 혼자 할 수 있게 되었어요. 함께 축하합시다. 축하 파티해요."라고 말하며 영수를 축하해줄 수 있다.

어려워하거나 하기 싫어하는 유아를 긍정적으로 대하기

유아가 성장하면서 이들은 온갖 종류의 기술을 익히게 되고 점점 더 독립적으로 되어간다. 유아마다 여러 가지 메시지를 전달하거나 표시하기 위해 문제행동을 보일 수 있다. 가령, 이 닦기를 어려워하면서 울거나 칭얼거려서 늘 부모의 도움을 받아 이를 닦아야 하는 유아도 있다. 혹은 혼자 화장실을 사용해야 하는 과업에 어려움을 느끼고 화를 내거나 소리를 지르거나 울부짖는 유아도 있을 수 있다.

어떤 유아는 단지 자기가 재미있게 몰두해있는 일을 중지하고 이를 닦거나 손을 씻으러 가야 하는 것이 싫을 수도 있다. 부모는 일단 유아가 나타내는 문제행동을 관찰하고 유아가 어떤 메시지를 전달하고자 하는지 파악하여야 한다. 그리고 부모가 이를 이해했다는 것을 말로 해주는 것이 좋다. "네가 우는 건 욕조에서 계속 놀이를 하고 싶어서 그런 거지? 하지만 이제 목욕을 끝내고 잠자리에 들어야 하는 시간이란다."라고 말해줌으로써 유아가 칭얼거리며 우는 문제행동을 하는 이유를 알고 있다고 표현해준다.

걸음마기 유아일 때는 모든 도움을 받다가 유아가 되면서 점점 자기 혼자서 하기를 원하는 상황이 되면 유아는 당황스러워할 수 있다. 유아는 여전히 도움을 필요로 하고, 매일 일과에서 몇 가지 자조기술을 완전히 혼자 해내기에는 좀 더 시간이 필요할 수도 있다. 부모가 명심해야 할 주요 사항은 성공하기 위해서는 도움이 필요하며, 성공 경험이 유아의 독립성을 기르는 데 가장 중요한 초석이 된다는 점이다. 유아는 다음과 같은 어려움을 나타낼 수 있다.

- 어떤 유아는 잘못되었다는 것을 알면서도 일부러 문제행동을 할 수도 있다. 왜냐하면 과거에 이런 행동이 부모의 주의를 끌었다는 것을 알기 때문이다. 즉, 유아는 부모의 주의를 끌기 위해 문제행동을 할 수도 있다. 이때에는 일단 유아의 문제행동을 무시하는 것이 좋다. 그리고 침착하고 조용한 태도로 유아가 해야 할 것, 혹은 부모가 보기에 유아가 했으면 하는 대안행동을 명확하게 가르쳐준다. 가령, 엄마는 청소기를 밀고 유아는 쓰레기를 버리기로 하였다. 그런데 유아가 쓰레기를 버리는 대신 엄마 앞에서 방해를 하였다. "저리 비켜라. 청소기 밀게. 너는 바닥에 있는 옷을 빨래바구니에 넣어야지."라고 엄마가 말하였다. 유아는 깔깔 웃으며 "또 해야지."하고 말하고 다시 앞에서 방해를 하였다. 엄마는 유아가 자신의 주목을 끌고 엄마와 함께 놀고 싶어 이런 행동을 하였다는 것을 알아차려야 한다. 이때는 화를 내는 대신 그 방해행동을 무시하고 대안행동을 제시해준다. "엄마랑 청소기 같이 밀어보자." 혹은 "네가 청소기 밀어봐, 엄마가 옆에서 잘하나 볼게. 엄마랑 청소기 미는 놀이해보자." 그리고서 "이제 누가 이 빨래를 먼저 가져다 넣나 시합해볼까?"라고 제안할 수 있다.
- 다른 방법으로는, 유아가 한 행동 중 어떤 것이라도 칭찬을 해준다. 유아가 새로운 기술을 사용한 것에 부모가 주목하였다는 것을 알면, 유아는 그 기술을 자연스럽

게 강화시킬 것이다. 가령, 이 닦기를 하려고 치약을 칫솔에 짠 후 칫솔을 입안에 넣는 대신 세면대를 닦으며 놀았다. "에고, 칫솔이 영수 입안에 있어야 하는데 세면대에 있네? 아하, 세면대가 영수 입속이구나? 그런데 영수야 치약 정말 잘 짰네. 이거 잘 하기 어려운데 말이야." 라고 말해주고 도와주기 시작한다.

- 어떤 유아는 부모가 유아에게 완수하고자 하는 과업의 내용을 잘 이해하지 못하는 것일 수 있다. 이 경우에는 유아가 했으면 하는 내용을 긍정적인 표현으로 다시 차분히 설명해준다. 그리고서 이를 시범으로 보여준다. 때로는 사진이나 그림을 붙여주기도 하고 단계마다 유아가 어려움을 느끼는 부분을 알아차려 이를 도와줄 단서를 제공할 수도 있다.
- 어떤 유아는 이 닦기 등의 자조행동을 시작하기 전에 예고를 필요로 할 수도 있다. 이 경우에는 "이제 조금 있으면 (혹은 시계바늘이 여기로 가면) 놀이를 마치고, 이 닦으러(손 씻으러, 저녁 먹으러, 옷 입으러 등) 갈 시간이 된다."라고 예고해준다. 타임벨이 울리도록 타이머를 사용하는 것도 좋은 방법이다.
- 어떤 유아는 부모가 시키는 말을 전혀 의식하지 못한 것일 수도 있다. 유아는 어떤 일에 몰두해 있으면 다른 사람의 말이 청각정보로 들어와도 이를 의식적으로 인식하지 못하는 경우가 많다. 이 경우 어떤 부모는 자녀가 자기 말을 무시하거나 자기 권위를 손상시켰다고 생각하고 화를 내게 된다. 하지만 유아는 종종 말은 들었어도 이를 의식하지는 못했을 뿐이다. 이 경우에는 조용히 유아에게 다가가 어깨를 짚는다. 유아가 부모를 쳐다보면, "이제 이 닦을 시간이다." 혹은 "이제는 이거 마치고, 이 닦으러 가자."라고 다시 말한다.
- 어떤 유아는 서둘다가 단계를 헷갈릴 수도 있다. 이 경우에는 유아가 새로운 기술을 배울 때는 천천히 하는 것이 좋고, 통상 소요되는 시간보다 더 많은 시간을 써도 인내심 있게 지켜봐주는 것이 좋다. 혹은 유아가 꾸물거리거나 자꾸 틀리거나 안 하려고 하면 분노가 폭발할 수도 있다. 이를 방지하기 위해 깊은 호흡을 하고 자신의 분노를 가라앉혀야 한다. 이를 위해 몇 번의 심호흡을 깊게 하고, 그리고서 유아에게 무엇이라 말하면 좋을지 생각해본다.
- 어떤 유아는 과업 자체가 자신에게 너무 어려워 시범이나 모델링이 필요하거나, 약간의 도움을 필요로 하는 것일 수 있다. 혹은 유아는 단순히 칭찬과 인정을 바라

는 것일 수도 있다. 이 경우에는 일단, 어떻게 하는 것인지 시범을 보여준다. 그리고서 "이제 네가 엄마에게 어떻게 하는지 보여줘 봐."라고 말한다. 한 번에 한 가지씩 보여주고 해보게 한다. 충분한 시간을 들여 서둘지 않도록 한다. 혹은 필요하다면 약간의 도움을 준다. 가령, 치약을 칫솔에 짤 때 유아의 손을 잡아주고 모든 시도마다 칭찬해준다. "치약을 잘 짰네, 칫솔을 바른 자세로 쥐었네, 칫솔이 입안에서 잘 움직이네, 옆으로 안 닦고 위아래로 잘 닦네, 그거 정말 어려운건데 말이야, 양치 컵에 물을 잘 받았는데, 아유, 양치할 때 볼이 나왔다 들어갔다 하네, 양칫물 삼키지 않고 잘 뱉었다…." 등등 단계마다 칭찬해줄 수 있는 행동은 무수히 작게 나눌 수 있다.

자기통제력과 자율성 기르기

영유아의 발달과업 중 가장 중요한 것은 영아기의 안정된 애착형성, 걸음마기에 접어들면서 나타나는 독립성의 욕구를 발달단계에 적합한 자율성 기르기, 그리고 유아기에 점차 심화되는 주도성과 자기통제력을 기르는 것이다. 영유아의 자율성과 주도성을 길러주는 것은 성인 양육자의 여러 가지 관심과 능력이 필요하다. 성인 양육자는 영유아의 발달에 대한 이해와 따뜻하고 민감한 훈육태도, 인내심을 가지고 끊임없이 영유아의 발달과업을 격려해주어야 한다.

걸음마기 유아의 자기통제력을 기르는 원리

걸음마기 유아기 정서특성의 이해

걸음마기 유아는 정서가 급속히 분화하면서 쾌와 불쾌의 연속성상에 있는 다양한 정서를 폭넓게 경험한다. 하지만 자기가 느끼는 감정이 정확히 어떤 것인지 알지 못하기 때문에 이를 적합한 방식으로 표현하기도 어렵다. 이 시기에는 자신의 여러 가지 불쾌한 감정, 즉 좌절감, 분노, 단순한 화남 등을 느끼게 되며, 주로 상대를 손으로 때리는 신체적 공격성으로 표현하기 쉽다. 그 상대는 종종 부모, 특히 어머니인 경우가 많은데 이는 어머니가 걸음마기 유아의 신뢰할만한 양육자이기 때문이기도 하다.

또한 이 시기에는 영아기를 벗어나 자신이 신체적·심리적으로 주 양육자와 분리된 개체라는 것을 인식하고, 자신의 독립적인 감정을 표현하기 시작한다. 걸음마기 유아는 "안 해!" "내가 할 거예요!"와 같은 말로 자신의 호불호의 욕구를 나타낸다. 부모는 이 시기의 걸음마기 유아에게 나타나는 정서의 변화가 마치 청소년과 비슷하다는 점을 받아들여야 한다. 걸음마기 유아는 영아기에 비해 훨씬 분화된 다양한 종류의 정서를 경험하며 대부분의 정서는 매우 강력하고 걸음마기 유아의 마음을 온통 그곳에 쏠리도록 휘몰아친다. 그러므로 화가 나면 물건을 던지거나 상대를 때리는 행동으로 자신의 강력한 감정을 표현한다.[Zero To Three, 2012]

걸음마기 유아의 정서에 공감해주기

부모는 걸음마기 유아가 경험하는 정서를 이해하고 이 정서에 공감해주어야 한다. 가령, 걸음마기 유아가 과자를 먹으려고 하는데 마침 저녁시간 직전이라 먹지 못하게 하였다. 걸음마기 유아는 과자를 먹고자 하는 자신의 욕구가 저지당했기 때문에 좌절감을 느끼며, 이는 과자를 먹지 못하게 하는 부모를 때리는 행동으로 표현할 수 있다. 이 경우 부모는 아이가 성인을 때리고자 했으며, 이는 양육자의 권위를 손상시키는 버릇없는 행동이라는 점에 주목하여 아이를 야단치는 대신 걸음마기 유아가 느낀 정서와 그 표현에 주목할 필요가 있다. 부모는 아이에게 "과자를 못 먹게 돼서 속상하지? 그래서 마음 여기가 기분 나쁘다고 말하니? 그건 과자를 못 먹어서 속상해요라고 하는 거란다." 등으로 말해준다. 이렇게 걸음마기 유아가 느끼고 있는 정서에 적합한 이름을 지어줌으로써 걸음마기 유아가 자신이 느끼는 이상한 감정에 이름이 있다는 것을 알게 해준다.

또한 걸음마기 유아가 이런 감정을 느꼈을 때는 부모를 때리는 대신, "과자를 못

먹어서 속상해요. 하지만 저녁시간이 되니까 참아야겠어요. 대신 저녁 먹고 나서 과자를 먹어도 되지요?"라고 말로 표현하도록 가르쳐주고 이렇게 한 행동에 대해 치하해준다.

이러한 기법은 한 번 사용한다고 걸음마기 유아가 쉽게 습득하여 내면화시킬 수 있는 것은 아니다. 그러므로 부모가 유아와 함께 이런 내용을 다룬 여러 가지 책을 함께 읽어보거나 자주 이야기해줌으로써 반복학습의 효과를 보아야 한다. 즉, 화가 나면 때리는 대신 "그러면 내가 화가 나지만 참을 거예요." 혹은 "그러면 내가 화가 나니까 그러지 마."라고 말할 수 있다는 것을 이야기해주고, 함께 깊은 호흡을 쉬고 나서 말해보는 연습을 하며, 실제 문제상황에서 걸음마기 유아가 그렇게 행동했을 때 이를 짚어서 칭찬해주는 등의 기법을 사용하도록 한다.

걸음마기 유아의 선택가능성 허용

걸음마기 유아는 독립성의 욕구가 급증하는 때이므로 하고 싶어 하거나 하기 싫어하는 선호가 강하게 나타난다. 부모는 걸음마기 유아에게 한 가지를 하거나 하지 말도록 일방적으로 지시하기보다는 두세 가지의 선택사항을 제시함으로써 자신이 능동적으로 선택하였다는 만족감을 주는 것이 좋다. 가령, 자기보다 더 어린 동생에게 트럭 장남감을 빼앗긴 걸음마기 유아에게 부모는 "트럭 장난감과 동생의 블록을 바꾸어 놀래? 아니면 트럭을 조금만 갖고 놀다가 동생에게 순서를 넘길래?"라고 물어볼 수 있다. 이 경우 대부분의 걸음마기 유아는 동생의 블록과 바꾸기보다는 순서를 지켜 놀이의 대안을 선택하고, 트럭 장난감을 가지고 논 후 곧 이를 기다리고 있는 동생에게 넘겨주어야 한다는 것을 인식할 수 있다.

유아의 주도성과 자기통제력을 기르는 원리

유아기에는 타고난 호기심이 왕성하며 자신의 주변환경과 세상에 대해 적극적으로 알고자 하는 시기이다. 부모는 유아기의 발달특성을 이해하고 유아의 주도성이 자연스럽게 발달하도록 지원한다. 유아는 호기심이 많고 질문이 잦으며, 성인을 즐겨 모방한다. 유아는 장난감을 함께 사용하기나 순서 지키기 등의 행동에 대해 보다 익숙해지는 때이지만 여전히 때로는 이렇게 하기를 싫어하기도 하는 시기이다. 유아는 어떤 때에는 동생을 데리고 놀아주고 싶어 하지만, 또 어떤 때에는 혼자 놀고 싶어 하기도 한다. 유아는 상당히 독립적이며, 새로운 것을 시도해보고 이에 따르는 실패의 위험도 잘 감수해낸다. 유아는 때로 쓰지 말아야 할 어휘나 표현을 배워 뱉어내기도 한다. 유아에게 관심을 받는 것은 기분 좋은 일이나 무시당하는 것은 재미없는 일이 된다.[Moiser, 2009]

긍정어의 사용

유아는 에너지가 넘쳐 어른보다 더 활동적이다. 열심히 놀고, 빠르고, 감정이 여전히 격렬하다. 놀이에 몰두해 있다가 갑자기 피곤해져 자신의 감정을 잘 통제하지 못하기도 한다. 유아기는 다른 사람과 어떻게 지내야 하는지 배워야 하는 시기이다. 우정관계가 지속되지 않아 친한 친구를 만들어 함께 놀기를 즐긴다. 유아는 스스로 결정을 내리기를 좋아하며, 이렇게 하면 자기가 매우 중요하다고 느낀다.

부모는 자신의 어휘구사에 대해 되돌아보고 자녀에게 습관적으로 지시어, 통제어나 부정어를 사용하는 대신 긍정어를 사용하도록 스스로를 훈련하는 것이 좋다. 유아기에도 여전히 자신이 관심 있어 하는 것에 대해 몰입하는 정도가 커서 자신의 관심을 중지하고 주의를 다른 곳으로 돌리기가 어렵다. 하지 말라는 지시나 통제를 받으면 유아는 그 행동을 중지하고 대신 무엇을 할지 자동적으로 연속적으로 생각하기가 힘들다.

가령, 병원 대기실 의자에 앉아 있기가 지루해서 이 책 저 책을 산발적으로 살펴보

표 1 부모가 부정어 대신 긍정어를 사용해보기

부정어	긍정어
• 공을 던지지 말자. • 동생을 때리지 말자. • 깨물지 말자. • 거실에서는 뛰지 말자.	• 공을 바닥으로 굴려 보내자. • 동생이하고 있을 때는 '예쁜 손'을 하자. • 사람은 먹는 것만 깨문단다. • 거실에서는 걸어다니자. 뛰면 아래층에서 시끄럽단다.

며는 유아에게 "어지르지 마라."라고 얘기하면 유아는 책을 뒤져보는 행동을 중단하고 무엇을 해야 할지 빨리 판단하기가 어렵다. 대신 유아에게 "한 번에 한 가지 책만 가져다가 보자."라고 말하면 유아는 이 책 저 책을 뒤적거리는 행동 대신 한 가지 책만 가져다가 봄으로써 자신의 관심과 흥미는 계속 유지할 수 있다. 하던 행동을 중단하고 새로운 행동을 선택해야 한다는 인지적 부담이 훨씬 줄어든다.

부모는 유아의 행동을 중단시키거나 통제하고자 하는 언어표현 방식을 개선하도록 지속적으로 노력하여야 한다.

적절한 칭찬의 사용

부모는 칭찬의 효과와 적절한 칭찬 사용방법을 이해하고 이를 적절히 사용하여야 한다. 효율적인 칭찬은 유아가 독립성을 키우고 강한 자아존중감을 성취하는 데 매우 효과적이다. 부모는 효율적인 칭찬을 유아의 기분을 북돋워 주는데 치중하여 사용하기보다는 칭찬이 유아의 행동을 안내해주는 역할을 한다. 가령, 유아가 자기 장난감을 잘 정리하였을 때 부모는 "거실에 있는 네 장난감을 잘 정리했구나, 고맙다."라고 칭찬해줄 수 있다. 이는 "훌륭해." "잘 했어." "대단해."라고 일반적인 칭찬 어휘를 사용하는 것보다 구체적이어서, 유아가 어떤 행동을 강화해야 하는지 안내해준다.

능동적 경청의 사용

부모는 적극적·능동적 경청을 많이 사용하여 유아와 의사소통을 원활히 할 수 있어야 한다. 부모는 유아의 이야기를 열심히 들어주고 유아의 감정에 공감할 필요가 있다. 능동적 경청으로 유아가 하는 얘기를 부모가 열심히 듣고 있다는 메시지를 전하면 유아는 자신의 욕구를 한 번 더 참고 바람직한 행동 대안을 생각해보고 이를 실제상황에 적용해보는 의욕이 생긴다.

논리적 귀결의 바람직한 사용

부모는 행동지도의 기법으로 논리적 귀결을 적합하게 사용할 수 있다. 논리적 귀결은 유아가 자신의 행동과 행동에 따른 결과 간의 인과관계를 연결지어 보도록 하는 데 효과적인 기법이다. 하지만 이를 서투르게 사용하였을 경우 유아가 인과관계를 깨닫기보다는 자신이 벌을 받고 있다는 느낌만 갖게 할 수 있다.

가령, 유아가 놀이터 미끄럼틀에서 위험하게 놀았을 때 부모가 논리적 귀결의 방법으로 "너는 밖에서 안전하게 놀 수 있는 준비가 안 되어 있구나. 대신 안에 들어가서 놀자."라고 말할 수 있다. 이때 부모는 유아가 안전수칙을 지키지 않으면 바깥 놀이터에서 놀 수 있는 기회를 빼앗기는 결과가 초래된다는 것을 경험하고, 이를 통해 안전수칙을 지키겠다는 태도를 목표로 하였다. 하지만 막상 유아는 이 경험을 통해 자신이 벌을 받아 바깥에서 놀 수 없게 되었다는 인식으로 그칠 수 있다. 미끄럼틀에서 위험하게 놀이한 유아에게 보다 직접적으로 인식되는 논리적 귀결은 미끄럼틀을 위험하게 타면 자신과 친구가 다칠 수 있다는 것을 아는 것이다.

부모는 놀이터에서 다친 유아의 이야기를 해주거나 혹은 지나치게 자극적인 장면이 아니라면 인터넷에서 다친 유아의 사진을 찾아 보여주면서 위험행동의 결과를 설명해줄 수 있다.

생활지도의 일관성

부모가 가정에서 생활지도를 하면서 가장 염두에 두어야 할 사항은 생활지도는 일관되게 지속되어야 한다는 점이다. 부모는 영유아의 발달에 대한 이해를 토대로 영유아의 행동변화가 하루 아침에 일어나지 않는다는 것을 인식하고, 이를 마음속에 간직해야 한다.

또한 부모는 유아가 계속 갈등이나 다툼을 일으킨다면 유아의 행동이 영아기나 걸음마기 유아기 때 없다가 갑자기 생긴 것은 아니라는 점을 이해할 필요가 있다. 부모는 영유아의 행동변화가 지속적이고 꾸준한 생활지도에서 이루어지는 것을 인식하고, 가정에서의 긍정적인 생활지도가 영유아에게 점차 내면화함으로써 영유아 스스로 자기통제력을 갖추도록 지원할 필요가 있다.

영유아의 발달특성을 제대로 이해하지 못하고 연령에 맞지 않는 생활지도가
이루어졌을 때 영유아에게 미칠 수 있는 부정적 영향은 그 정도를 헤아리기
어려울 뿐더러 영유아의 올바른 인성 형성에도 치명적일 수 있다.
따라서 유아교육기관의 교사는 시기별 영유아의 구체적인 발달특성을
충분히 인지하고 이를 고려하여 생활지도에 임해야 한다.

PART 3

아동의 발달특성과 생활지도

CHAPTER 9

0~1세 영아의 발달특성과 생활지도

학습개요

영유아기 올바른 생활지도를 위해서는 그들이 보이는 발달적 특성을 바르게 이해하는 것이 생활지도보다 선행한다. 0~1세 영아기는 인간의 일생에서 신체적 성장이 가장 급속도로 이루어지는 시기이면서 동시에 이후 시기의 인지, 언어 및 사회정서 발달에 매우 중요한 기초가 형성되는 시기이다.

이 장에서는 표준보육과정 및 누리과정의 연령집단 구분에 근거하여 0~1세 영아의 발달특성을 신체, 인지, 언어, 정서, 사회성 영역으로 구분하여 살펴본 후 발달특성에 따른 생활지도 요령을 구체적으로 살펴본다.

학습목표

0~1세 영아의 신체적·인지적·언어적·정서적·사회적 발달특성과 이에 따른 올바른 지도 방법을 이해한다.

주요 용어

옹알이, 기질, 애착, 신뢰감

영아의 신체발달과 지도

신체적 성장

이 시기는 신체적 성장이 가장 급속도로 이루어지는 시기로, 1세경에 영아의 평균 몸무게는 출생 시의 약 3배, 평균 키는 출생 시의 약 1.5배 정도로 성장하며, 2세경

표 1 월령별 영아발육 표준치

남			연령	여		
체중 (kg)	신장 (cm)	머리둘레 (cm)		체중 (kg)	신장 (cm)	머리둘레 (cm)
3.41	50.12	34.70	출생 시	3.29	49.35	34.05
5.68	57.70	38.30	1~2개월	5.37	56.65	37.52
6.45	60.90	39.85	2~3개월	6.08	59.76	39.02
7.04	63.47	41.05	3~4개월	6.64	62.28	40.18
7.54	65.65	42.02	4~5개월	7.10	64.42	41.12
7.97	67.56	42.83	5~6개월	7.51	66.31	41.90
8.36	69.27	43.51	6~7개월	7.88	68.01	42.57
8.71	70.83	44.11	7~8개월	8.21	69.56	43.15
9.04	72.26	44.63	8~9개월	8.52	70.99	43.66
9.34	73.60	45.09	9~10개월	8.81	72.33	44.12
9.63	74.85	45.51	10~11개월	9.09	73.58	44.53
9.90	76.03	45.88	11~12개월	9.35	74.76	44.89
10.41	78.22	46.53	12~15개월	9.84	76.96	45.54
11.10	81.15	47.32	15~18개월	10.51	79.91	46.32
11.74	83.77	47.94	18~21개월	11.13	82.55	46.95
12.33	86.15	48.45	21~24개월	11.70	84.97	47.46

자료: 대한소아과학회(2007).

성인키의 1/2 정도가 된다. 한편, 5~6개월경 유치가 처음 나기 시작해서 16~23개월경에는 송곳니가, 24개월 전후로 어금니가 나온다.

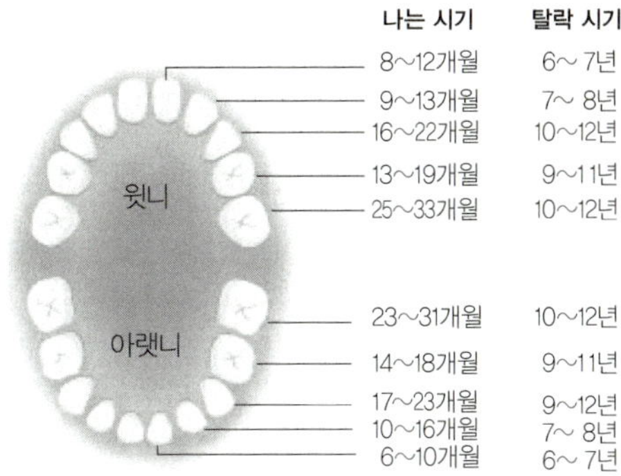

그림 1 영아의 유치 발달 순서

유치 발달에 따른 치아관리 지도

유치는 영구치가 날 수 있는 자리를 마련해주는 중요한 역할을 하기 때문에, 젖니(유치)를 잘 관리해 주어야 한다. 젖니가 나기 시작하는 생후 0~6개월까지는 깨끗한 젖은 거즈 손수건으로 하루에 1~2회 정도 아이의 잇몸을 살살 문질러주면 혈액순환이 원활해져 건강한 유치가 나온다.

유치가 나오기 시작하면 치아와 잇몸 사이가 벌어져 이물질이 들어가 염증이 생기기 쉬우므로, 구강세정제를 묻힌 거즈 손수건을 이용해 치아와 잇몸을 닦아주는 것이 좋다. 유치가 나기 시작할 때 치아 주변의 잇몸이 붓고 아프기 때문에 아기는 울고, 침 흘리고, 먹는 것과 수면장애가 오면서 과민해질 수 있음을 인지하고 지도한다. 그리고 어금니가 나오기 시작하면 반드시 모가 있는 칫솔을 사용하며, 간식을 줄 때 당근과 같은 단단한 야채를 주게 되면 잇몸을 자극해 마사지 효과를 볼 수 있다.

운동능력 발달

영아들은 움직임을 통해 지적 호기심을 충족시킨다는 점에서 영아들의 움직임은 신체발달뿐 아니라 지적 발달을 위해서도 매우 중요하다. 영아의 대근육 발달은 생후 2개월경 목을 가누는 것을 시작으로, 3~4개월경 엎드린 자세에서 팔뚝으로 몸을 지탱하며 머리와 가슴을 들어 올릴 수 있으며, 5개월경 스스로 몸을 뒤집으며, 6~8개월경에 기기 시작하며, 10개월경 도움 없이 혼자 서기 시작해서 12개월경에 걸음마를 시작한다. 18개월경에는 한 손으로 어른의 손을 잡고 계단을 오르내릴 수 있으며, 바닥에 떨어진 장난감을 잡기 위해 꾸부리고 앉는 자세가 가능해진다. 소근육 발달은 4~5개월경 장난감을 쥐어주면 양손으로 잡기 시작하며, 8~9개월경에는 엄지와 검지로 작은 물건을 잡을 수 있다. 12~18개월경에 손가락 끝을 이용하여 작은 물건을 집고 낙서하는가 하면, 18~24개월경에는 엄지손가락을 자유자재로 움직이며 나무토막을 쌓기 시작하며, 컵에 작은 물건을 넣는 것도 가능해진다.

눈과 손의 협응력은 4~5개월경부터 발달한다. 장난감이 보이면 주로 양손을 사용하여 잡으려 하거나 잡아서 입으로 가져가려 하며, 7개월이 지나면 물체의 특성에 따라 한 손 또는 두 손을 사용할 것인지를 선택할 수 있게 된다. 12개월경에는 관심있는 물체를 검지손가락으로 가르키며, 15개월경 2층 높이, 18개월경 3층 높이의 블록탑을 쌓을 수 있다. 한편 7~12개월경의 영아는 손과 다리의 운동능력이 발달하여 공굴리기나 밀고 끌기 등의 기구를 이용한 신체활동을 시도한다. 그리고 12~13개월경에 불완전하지만 스스로 걷는 이동능력이 생기면서 활동범위가 넓어지고, 주변 사물에 대해 의미 있는 탐색을 시작한다.

운동능력 발달수준에 적합한 활동하기

아이들에게 현재 발달수준 이상으로 무엇인가를 수행하도록 하는 것은 아이들을 좌절하게 하고 실패감을 느끼게 함으로써 부정적인 결과를 초래하므로 이에 대한 주의가 필요하다. 특히 어린 영아들은 소근육을 사용하는 작업을 잘 수행하지 못하므로, 소근육을 사용하는 과제를 제시할 때 신중하여야 한다. 또한 정교성에 있어서 성차와 개인차가 존재하므로 이에 대한 고려도 함께 이루어져야 한다.

운동능력 발달에 따른 안전지도

이 시기 운동능력의 발달로 활동량은 많아진 반면, 아직 신체조절능력이 미숙할 뿐 아니라 위험상황을 예측하고 판단능력 또한 부족하기 때문에 안전사고의 가능성이 매우 높다. 가령, 소파나 미끄럼틀에서 떨어지거나 빠른 속도로 움직이다가 갑자기 나타난 장애물을 피하지 못해 넘어지는 등 이동 중 추락 및 충돌 사고가 빈번하게 발생한다. 또한 사물에 대한 호기심이 많아 모든 물건을 손에 잡고 입으로 가져가는 성향으로 질식사고 위험이 높아 각별한 주의가 필요한 시기이다. 따라서 잠시라도 떨어질 가능성이 있는 곳에 영아를 두지 않으며, 삼킬 수 있는 크기의 작은 물건(단추, 동전, 구슬 등)이나 약물 등을 영아 주변에 두지 않는다. 이때 호기심이 왕성해진 아이의 기를 꺾지 않으려면 "안 돼!"라는 소리를 듣지 않고 마음껏 자기 몸을 움직이며 탐색할 수 있는 안전한 공간을 만들어 주는 것이 그 무엇보다 중요하다.

수면

수면은 새로운 활동에너지를 축적하고 쌓인 피로를 풀어내며 영아의 신체성장을 촉진하는데 더할 나위 없이 중요한 부분이다. 영아는 하루 일과의 상당 시간을 잠을 자며 보내며, 월령이 높아지면서 수면시간이 점차 줄어든다. 먹고 배설하는 시간 외에는 잠자는 것이 일과인 신생아는 하루 20시간 이상, 1개월경에는 18시간 정도, 1세경 15시간 정도, 2세경에는 12시간 정도 수면을 취한다.

수면 패턴에 따른 수면지도

지적 호기심이 많아져 자는 것보다 깨어 있는 것을 훨씬 좋아하며 18개월경이 되면 아이들은 그전까지 두 번 자던 낮잠을 한 번으로 낮잠 시간이 줄어들게 되는데, 밤잠은 오히려 그전보다 안 자고 설치는 경우가 많다. 만일 이 시기 수유량이 적당하고, 기저귀가 보송보송하고, 다른 병이나 잇몸 앓이가 없고, 실내환경이 쾌적하고 낮잠을 별로 자지 않고, 배변을 다 끝냈는데도 밤잠을 설친다면 아이가 예민한 체질이라 잠을 깊이 못 드는 것이거나 불규칙적으로 취침에 드는 습관문제일 가능성이 높다[중앙m&b, 2010]. 따라서 아이가 잠자는 데 어려움을 겪는다면, 해당 원인을 찾아 적절히 대처함으로써 건강한 수면습관을 갖도록 하는 것이 중요하다.

영아의 인지발달과 지도

지각 및 주의 발달

지각능력 발달의 대부분은 영아기에 이루어진다. 태어나면서부터 영아는 성인과 같이 완벽하지는 않지만 시지각 능력이 발달한다. 생후 6개월 정도가 되면 성인과 같이 선명하게 지각할 수 있다. 또한 생후 4개월된 영아도 성인과 같이 특정 범위의 파장을 가진 빛을 모두 특정 색으로 범주화하여 지각할 수 있으며, 주변환경 안에 있는 단서를 사용하여 깊이를 지각할 수 있다. 영아가 얼굴에 보이는 관심은 애착형성에 매우 중요한 역할을 하며, 생후 3~4개월경부터 얼굴과 함께 슬픈 얼굴, 기쁜 얼굴, 화난 얼굴을 구분하여 지각할 수 있으며, 타인보다는 엄마 얼굴을, 매력적이지 않은 얼굴보다는 매력적인 얼굴을 더 선호하는 것으로 나타났다.[박선미, 2001] 영아의 청지각 능력은 시지각 능력보다 더 일찍 발달하는데, 생후 3일된 신생아도 엄마의 목소리를 다른 여자 목소리와 변별할 수 있으며, 4개월경에는 사람의 말소리를 구분하며, 5개월경에는 목소리에서 감정을 탐지할 수도 있다.[김혜리, 2001]

한편, 영아가 대상에 주의를 지속하는 주의집중시간은 월령이 증가함에 따라 향상한다. 생후 2~3개월부터 1년간은 주의가 지속되는 기간이 비교적 짧고 주의를 지속하는 도중에도 빨기, 두드리기, 흔들기와 같은 여러 유형의 행동이 나타나기도 하며, 주의 지속은 자극이 새로운 것일 때 최대가 되며 자극의 물리적 속성에 많은 영향을 받는다. 반면 생후 1년 이후부터는 주의의 시작과 지속 시간이 목표나 계획에 의해 통제되기 시작하고 점차 외부의 요구나 내적인 동기 등에 조절된다.[Ruff & Lawson, 1990; 권혜진, 2008]

시지각 및 청지각 능력 발달에 따른 상호작용 지도

생후 3~4개월부터 얼굴의 표정변화를 인식할 수 있는 이 시기 아이들에게 우울하거나 화난 얼굴을 보여주는 것은 아이의 정서발달에 매우 부정적이다. 따라서 아이의 건강한 정서발달을 위해 기쁜 얼굴, 웃는 얼굴을 많이 보여주도록 노력한다. 또한 부드러운 엄마의 목소리를 좋아하는 아이들을 위해 이야기할 때는 항상 부드럽게 이야기하며, 목소리에 부정적인 감정이 실리지 않도록 주의한다.

주의집중 시간에 따른 놀이지도

간혹 이 시기 아이가 왜 이렇게 가만히 있지 못하고 진득하니 놀지 못하는지를 걱정하는 부모들이 있는데, 세상 모든 것에 강한 호기심을 가지고 탐험하는 시기인 만큼 아이의 집중 시간이 짧다고 우려할 필요는 없다. 자유놀이 상황에서 장난감을 주고 주의집중 시간을 관찰한 연구[Ruff & Lawson, 1990]에 따르면, 1세 영아는 하나의 장난감당 평균지속 시간이 2분, 2세는 5분 정도인 것으로 나타났다. 그리고 1세의 경우 여러 개의 장난감을 동시에 제공하는 것보다 하나의 장난감을 제공한 경우 한 장난감에 대한 주의집중 시간이 더 길게 나타났다. 따라서 2세 미만 영아들에게는 더 활발하게 많이 움직일 수 있는 다양한 장난감을 제공하되, 장난감을 제공할 때는 한 번에 여러 장난감을 제공하기보다는 일정한 시간 간격을 두고 하나씩 제공하는 것이 더 바람직하다.

기억발달

최근 기억 연구들에서 어린 영아들도 사건이나 사물을 재인하고 연합하며 회상[recall]하는 등의 기억 능력을 가지고 있는 것으로 보고된다. 과거 경험한 것을 현재의 경험 속에서 다시 의식에 떠올리는 것을 의미하는 재인[recognition]기억의 경우, 5~6개월 된 영아도 가능함을 발견했다. 그리고 한 번 경험한 것을 나중에 다시 재생하는 것을 의미하는 회상기억의 경우에도 1세가 되기 전의 영아에게 가능한 것으로 나타났다. 물리적으로 눈 앞에 존재하지 않는 물체, 대상, 사건을 기억하는 지연모방 능력을 통해 회상기억을 연구한 멜츠조프[Meltzoff, 1988]에 따르면, 9개월 정도의 영아들도 소리를 내기 위해 상자 위의 버튼을 누르는 것과 같은 새로운 활동을 모방할 수 있음을 알 수 있다.[유연옥, 2001]

영아의 언어발달과 지도

언어 이전기 의사소통

영아는 1세 전후로 의미 있는 단어를 사용하기 시작하지만, 출생 직후부터 영아는 울음이나 목울리기cooing, 옹알이 등의 단계를 거치며 다른 사람과 의사소통할 수 있는 본능적인 기제를 가지고 태어난다. 생후 1개월경부터 초기의 미분화된 울음에서 분화된 울음으로 바뀌어, 영아의 울음소리를 들으면 울음의 패턴과 강도 높낮이 등을 통해 영아가 왜 우는지를 알게 됨으로써 울음이 좀 더 정확한 의사전달의 수단이 된다. 3~4개월경부터 '아다바' '맘맘' '비비비'와 같은 단순한 자음과 모음이 들어

생활지도 CHECK POINT

기억 능력 발달에 따른 상호작용 및 모델링

어린 영아들도 기억 능력의 발달로 출생 후 1년이 되면 조건형성을 통해 특정 행위에 따른 특정 반응을 예측할 수 있다. 그렇기에 양육자에게 울음과 같은 특정 신호를 보냈을 때 양육자가 아무런 반응을 보이지 않는 상황, 즉 예측할 수 없는 상황이 반복되면 아기는 학습된 무기력 상태에 빠짐으로써 자발적이고 능동적인 행동들을 더 이상 하지 않는다. 한 예로 프랑스 수녀가 운영한 로마 고아원인 크레체에서 자란 아기들을 들 수 있다. 이 고아원에서는 아기들을 단지 계획표에 맞추어 우유를 먹이고 기저귀를 갈아줄 뿐 아기의 울음이나 웃음 등에 전혀 반응하지 않았다. 이 아기들은 생후 1년이 되도록 앉지도 못했으며, 생후 4~5년이 되도록 걷지도 못했다. 따라서 양육자는 영아의 울음이나 웃음, 옹알이, 특정 행위 등과 같이 흥미나 욕구를 나타내는 단서에 적극적으로 반응하는 상호작용을 함으로써 영아 자신의 행동이 주변환경에 영향을 미친다는 사실을 기억하도록 하는 것이 중요하다.

더불어 어린 영아들도 지연모방 능력이 있음을 인식하고, 양육자가 일상생활 속에서 적절한 행동의 모델이 되는 한편, 영아의 서투른 시도에 대해서도 크게 격려함으로써 영아들의 건강하고 안전하고 바른 생활을 위한 기본생활습관 형성을 위해 노력한다.

간 소리를 장난스럽게 반복하는 옹알이를 시작한다. 영아는 옹알이로 즐겁고 만족스런 감정을 표현한다. 11개월경 영아는 자신이 보내는 신호가 상대에게 어떤 영향을 미칠 것인지를 이해하며 의도적인 의사소통을 시작한다. 가령, 안아달라고 팔을 벌리거나 과자를 달라고 엄마와 과자를 번갈아 쳐다본다.

옹알이에 반응해주기

영아는 처음에는 옹알이 자체가 주는 즐거움으로 옹알이를 하지만, 점차 옹알이가 환경에 주는 영향 때문에 옹알이를 하게 된다. 즉, 옹알이를 열심히 했는데 주변 사람들이 아무런 반응을 하지 않으면 옹알이를 하지 않는다. 옹알이는 언어를 습득하는 중요한 기제로서 옹알이에 얼마나 잘 대꾸해주느냐에 따라 언어발달에 영향을 미치므로 옹알이에 반응해주는 것은 매우 중요하다. 따라서 아이가 옹알이를 시작하면 양육자는 아이가 내는 소리 하나하나가 자신에게 말을 거는 것이라 생각하고 "그래, 기분이 좋구나." "노래 들으니까 즐겁구나."와 같이 대꾸하며 말을 많이 해주어야 한다.

듣기와 말하기

영아는 생후 1년 전후로 첫 단어를 산출하기 시작한 이후 초기 몇 달 동안은 천천히 단어를 획득하다 18개월경 50단어를 획득한 시점을 기준으로 빠른 속도로 단어를 습득하는 단어 폭발기에 이른다. 18개월경부터 영아는 "엄마, 우유." "아빠, 가."와 같이 단어와 단어를 조합하여 하나의 문장을 구성하는 구문발달이 이루어진다.[Hoff, 2005] 영아는 표현언어를 숙달하기 전에 수용언어부터 발달한다. 9개월경 '안녕'이란 단어를 이해하며 12개월경 자신의 이름을 부르면 부르는 쪽을 돌아보며, 15개월경 "만지지 마." "저녁 먹자." "공 주세요."와 같은 간단한 지시를 이해하고 따를 수 있다.

영아의 정서발달과 지도

울음

어린 영아들의 울음은 자신의 다양한 요구를 알리는 신호이다. 간혹 양육자들 중에는 아기가 격렬하게 계속해서 울어대면 "얘가 나한테 화가 나서 우는 거야." "얘가 나를 골탕 먹이려고 우는 거야."와 같이 아기의 울음에 의도적 동기가 있는 것처럼 판단하고 행동하는 경우가 있다. 그러나 이는 잘못된 생각으로 아기가 계속해서 우는 것은 악의나 다른 의도적 동기가 있어서가 아니라 내적인 불편함이나 긴장, 피로에 기인한 것이다. 혹은 격렬하게 울어야만 기저귀를 갈아주거나 우유를 먹여주는 것과 같이 외적으로 조건화된 일상에 기인한 것일 수 있다. 매일의 기본적인 양육 패턴을 통해 영아의 일상이 만들어지고 습관화가 이루어진다. 습관화된 일상이 갑자기 깨질 때도 영아는 격렬히 울게 된다. 가령, 입에 넣을 수 있는 크기의 딸랑이를 가지고 놀았는데, 어느 날은 딸랑이를 손에 쥐어 주면 아이는 격렬하게 울어댈 수 있다. 이 시기 아이의 울음에 적절하게 대처하지 못할 경우 아이의 성격형성 및 대인

생활지도 CHECK POINT

영아와 의사소통하기

타고나는 자연 그대로의 언어를 궁금해 한 13세기 신성 로마제국의 황제 프레데릭 2세는 부모가 없는 갓난 아기 6명을 영아실에 두고, 유모들에게 아기들을 먹이고, 재우고 씻기되 아기들에게 일절 어떠한 말도 하지 말라고 명령했다. 이 실험의 결과는 매우 참혹했다. 어떤 언어로도 말을 하기 시작한 아기가 하나도 없었으며, 여섯 아기들 모두 날로 쇠약해지다가 결국은 첫돌이 되기 전에 죽고 말았다. 이 실험은 언어발달에 있어서 양육자와의 언어적 의사소통의 중요성을 깨닫게 한다. 따라서 영아의 언어발달을 촉진하기 위해 양육자는 마치 영아가 모든 말을 알아듣는 것처럼 끊임없이 말을 건네며 의사소통하는 것이 매우 중요하다.

간의 신뢰형성에 부정적인 영향을 미칠 수 있으므로, 울음의 원인을 찾아내어 아기의 울음에 신속하게 반응함으로써 아이의 욕구를 해결하는 것이 중요하다.

울음에 민감하게 반응하기

아직 언어발달이 미숙한 어린 영아는 울음소리로 자신의 정서를 표현한다. 그리고 이러한 정서표현에 성인이 긍정적으로 수용하고 민감하게 반응할 때 안정적인 애착을 형성한다. 따라서 교사는 영아가 울 때 주의를 기울여 들으며 울음으로 표현하는 영아의 다양한 정서를 빠르게 인지하고 신속하게 반응할 수 있어야 한다. 만일 울음의 원인을 파악하기 힘들다면, 자장가 풍의 동요 불러주기, 자동흔들침대에 눕히기, 귀에 대고 쉬쉬 소리내기, 진공청소기 돌리기 등의 방법을 사용해볼 수 있다. 쉬쉬 소리를 내는 것은 아이가 자궁에 있었을 때 들었던 소리로 아이에게 편안함을 줄 수 있기 때문이며, 진공청소기를 돌리는 것은 귀가 트이지 않은 3개월 미만 아이들은 오히려 시끄러운 소리에 안정을 찾을 수 있기 때문이다. 한편, 영아의 울음소리가 전달하는 다양한 신호는 표 2와 같다.[중앙 m&b, 2010]

표 2 울음소리 유형

신호	울음소리 유형
고통	아프거나 열이 날 때 혹은 다쳤을 때 대개 자지러지듯이 격렬하고 갑작스럽게 운다.
신체적 불편함	기저귀가 젖었거나 옷 때문에 덥거나 추울 때 또는 몸 어딘가가 불편할 때 규칙적이면서 목소리에 기운이 들어가 있다.
애착의 신호	양육자에게 안아달라거나 또는 쳐다볼 것을 원하는 등 무엇인가를 요구할 때 징징대거나 칭얼대는 듯 운다.
배고픔	가장 흔한 이유로 대개 음률을 꺽꺽거리며 서서히 울다가 시간이 지나도 우유나 젖을 주지 않으면 울음소리가 격렬해진다.
분노	앞서 제시한 배고픔, 고통, 신체적 불편함, 애착의 신호로 울었는데 양육자가 해결해주지 않을 때 화가 나서 분노에 찬 울음, 즉, 호흡이 멎을 듯 처절하게 운다.
놀람	시끄러운 소리나 파괴적 소음 등 어떠한 혐오자극으로 놀라는 경우 갑작스럽게 큰 소리로 운다.

기질

영아는 출생 직후부터 타인에게 접근하고 환경적인 사건에 접근하는 자기 나름의 방식, 즉 기질이 발달한다. 즉, 기질이란 순함, 명랑함, 느긋함, 산만함, 까다로움 등과 같은 아이의 타고난 성격을 말한다. 토마스와 체스Thomas & Chess, 1977의 종단연구에 따르면, 기질은 활동성, 규칙성, 접근·회피, 적응성, 반응강도, 반응역치, 기분, 주의산만성, 지구력 등 아홉 가지 요인으로 구성되며, 쉬운 기질, 까다로운 기질, 느린 기질의 세 가지로 구분할 수 있다.

생후 4개월쯤 되면, 우리 아이의 기질 유형을 대략 파악할 수 있는데, 전체 아동의 10% 정도를 차지하는 까다로운 기질의 아이들은 조그만 자극에도 쉽고 강렬하게 울며, 울 때 잘 달래지지 않으며, 수면시간이 일정치 않고 잠을 자더라도 깊이 자지 못한다. 음식을 잘 먹지 않고 식사량도 불규칙적이다. 반면 쉬운 기질의 아이들은 생물학적 시간표가 규칙적인 양상을 보여, 대체로 예정된 시간에 잠을 자고 잠을 깨며, 음식을 잘 받아먹으며 식사시간도 규칙적이다. 새로운 음식이나 새로운 경험을 쉽게 받아들이는 쉬운 기질의 아이들은 전체 아동의 40% 정도를 차지한다. 마지막으로 전체 아동의 15% 정도는 느린 기질의 아이들로, 활동성이 떨어지고 반응마다 긍정적이든 부정적이든 반응수준이 낮고 새로운 상황에 적응하는 데 오랜 시간이 걸린다. 성미가 까다로운 점이 까다로운 기질의 아이들과 유사하지만, 새로운 환경에 대한 반응양식에 있어서 까다로운 기질의 아이들은 소리 지르고 떼쓰는 것과 같이 다소 공격적인 방식으로 반응한다면 느린 기질의 아이들은 특별한 반응을 보이지 않거나 외면하는 것과 같이 다소 냉담한 방식으로 반응한다는 점에서 차이를 보인다.

까다로운 기질의 아이 다루기

예전에는 기질이 태어날 때부터 이미 결정된다는 견해가 지배적이었지만, 요즘은 양육자와의 관계의 질에 따라 달라질 수 있는 것으로 본다. 까다로운 기질의 아이에게 부모는 일관되게 대응하여야 한다. 부모는 까다로운 기질의 아이를 어떤 때는 달래보고 어떤 때는 신경질을 내고 어떤 때는 심하게 야단치거나 때리기도 하는데, 이러한 비일관적인 양육태도는 아이의 까다로운 기질을 더욱 까다롭게 만드는 악순환의 고리를 형성한다. 우선 아이가 짜증을 내고 칭얼거리며 부모를 지치게 하고 스트레스를 받게 하더라도 아이의 타고난 기질임을 이해하고 차분하고 여유 있는 감정상태와 태도를 가지려 노력하며 일관있게 아이를 대하는 것이 무엇보다 중요하다. 이러한 일관 있고 안정적인 양육을 제공하면 아이는 양육자를 안정적인 애착을 형성하며 점차 안정적인 성격으로 변할 수 있다.

애착

애착은 특정한 사람을 대상으로 형성되는 매우 강력한 심리적·정서적 유대감으로, 양육자에 대한 아기들의 안정적인 애착형성은 영아의 사회정서 발달에 매우 중요한 기초가 된다. 애인즈워스[Ainsworth, 1983]는 낯선 상황 실험으로 규명된 부모와 영아 간 애착의 질을 네 가지 유형으로 구분한다. 첫째, 안정애착 유형의 영아는 어머니와 함께 있을 때 주위를 적극적으로 탐색하며, 어머니와 분리될 때도 어떤 방법으로든 능동적으로 위안을 찾고 탐색을 지속하며, 어머니가 돌아왔을 때 반갑게 맞이하며 쉽게 정서적 안정감을 찾는다. 이 유형은 전체 연구대상 영아의 65% 정도였다.

둘째, 회피애착 유형은 어머니와 함께 있을 때도 어머니에게 별로 반응하지 않으며, 어머니와 분리될 때도 울지 않고, 어머니가 돌아와도 반갑게 맞이하지 않으며 무시하거나 회피하는 양상을 보인다. 이 유형의 영아들은 어머니와의 관계에서 친밀감을 추구하지 않을뿐더러 낯선 사람과 어머니에게 비슷한 반응을 보이는 특징이 있다. 이 유형은 연구대상의 약 20% 정도였다.

셋째, 저항애착 유형은 어머니와 함께 있을 때도 불안해 하며 어머니 옆에 붙어서 탐색하지 않으며, 어머니가 방을 떠나면 소리를 지르거나 울면서 심한 분리불안 반응을 보인다. 어머니가 돌아와 안아주려 해도 저항하며 어머니를 밀어내는 반응과 접촉하려는 양가적인 반응을 보인다. 연구대상 유형의 10~15%가 여기에 해당한다. 넷째, 혼란애착 유형은 회피애착과 저항애착이 결합된 형태로 어머니와 분리될 때 가장 큰 스트레스를 받는 모습을 보이며, 어머니가 돌아와도 얼어붙은 표정으로 어머니에게 접근하거나 어머니가 안아줘도 먼 곳을 쳐다보는 반응을 보이는 등 불안정애착의 가장 심한 형태라 할 수 있다. 전체 연구대상의 5~10%가 이에 해당한다.

신뢰감 발달

영아의 신뢰감 발달은 자신이 앞으로 살아가야 할 세상이 어떠한 곳이라는 것에 대한 믿음을 심어주는 주요한 계기가 됨으로써 일생에 걸쳐 구축할 건강한 정서발달의 기초가 된다.[Erikson, 1982] 영아의 신뢰감은 영아에게 의미 있는 타인, 즉 양육자에 대

생활지도 CHECK POINT

영아의 정서적 욕구 해결하기

가짜 원숭이실험으로 애착의 본질을 연구한 해리 할로우[Harry Hallow]는 새끼원숭이가 태어나자마자 어미에게서 떼어놓은 다음, 우유가 나오는 강철로 된 가짜어미와 푹신푹신한 솜과 부드러운 천으로 감싼 가짜 어미를 제시했다. 그러자 새끼원숭이는 젖을 먹으러 갈 때만 강철로 된 가짜어미에게 가고, 그렇지 않을 때는 부드러운 천의 가짜어미에게 가 애교도 부리고 안겨서 잠도 자곤 했다. 이를 통해 애착의 본질은 기본적인 생리적 욕구의 해결에 있는 것이 아니라, 양육자와의 질 높은 상호작용에 있음을 잘 알 수 있다. 즉, 애착은 영양을 공급하고 잠자리를 제공하는 등의 좋은 환경에 대한 보상 차원에서 생기는 것이 아니라 끊임없이 접촉하고 자극에 민감하게 반응하는 상호작용을 토대로 생기는 것이다. 따라서 양육자는 잘 먹이고 잘 재우는 등의 생리적 욕구 해결자로서의 역할 이외에도 영아와의 스킨십에 많은 시간을 할애하고 영아의 눈높이에 맞추어 적극적으로 상호작용하는 등 정서적 욕구 해결자로서의 역할에도 충실하여야 한다. 이로써 양육자와 신뢰를 형성한 영아들은 양육자를 안전기지로 인식하고 보다 자유롭게 주변환경을 탐색하며 발달을 도모하게 된다.

한 애착을 통해 발달한다. 일상생활에서 자신이 표현하는 욕구에 대해 민감하게 반응해주는 양육자의 보살핌과 긍정적이고 일관성 있는 양육자의 양육 패턴은 영아의 신뢰감 발달에 도움이 된다.

교사와 신뢰관계 구축하기

영아는 1차적으로 부모와의 안정적인 애착형성을 통해 신뢰감이 발달한다. 그러나 부모와 애착문제가 있는 아이들이 간혹 있을 수 있는데, 이들을 돌보게 되는 교사에게 가장 중요한 과업은 그 아이와 긍정적이고 일관된 신뢰관계를 구축하는 것이다. 비록 부모와 안정적인 애착관계를 형성하지 못하였어도 교사와의 긍정적인 신뢰관계 형성은 아이의 발달에 긍정적인 영향을 미친다.[Howes & Ritchie, 2002] 교사와 영아 간 신뢰관계 구축은 아이에게 예측 가능하고 안전한 환경을 제공하고, 그의 요구에 대해 일관성 있게 반응하고 긍정적인 느낌을 보여줌으로써 아이 자신이 사랑과 보살핌을 받을만한 가치 있는 사람이라는 믿음을 갖게 될 때 가능하다.[Fields & Fields, 2006]

영아의 사회성발달과 지도

사회적 행동

3개월경의 영아도 다른 사람에게 영향을 주는 행동을 한다. 배에 입을 맞추는 동작을 하거나 젖 먹일 준비를 인식했을 때와 같이 친근한 동작에 대해 아기는 소리를 내어 웃기 시작하는데, 이러한 영아의 웃음은 양육자가 영아에게 기대하는 동작들을 이끌어내며 긍정적인 관계형성에도 기여한다. 양육자뿐만 아니라 낯선 사람에게도 미소 짓고 즐겁게 구구 소리를 내던 친절한 영아가 6~8개월경부터는 낯가림을 시작해서 낯선 사람이 가까이 다가오거나 부모가 자기를 누군가에게 맡기고 떠나려고 하면 큰 소리로 울며 공포반응을 보인다. 이러한 낯가림은 첫 돌 전후로 최고조에 달했다가 이후에 점차 감소한다. 반면 친숙한 이들에게는 애정표현을 한다. 한편, 12개월경의 어린 영아도 성인의 친사회적 행동과 유사한 행동을 보이는데, 영아는 양육자나 다른 아기가 요청하면 혹은 자발적으로 장난감을 주기도 한다. 13~14개월경에는 울고 있는 다른 영아를 안아주며, 18개월경에는 양육자가 청소를 하거나 빨래할 때 도와주는 흉내를 낸다.

공격성 발달

인간은 생애 초기부터 공격성을 나타내는데, 이러한 공격성은 다른 사람을 해치려는 의도가 있는 적대적 공격성과 다른 사람을 해칠 의도 없이 자신이 원하는 것을 얻기 위해 하는 도구적 공격성으로 구분한다. 어린 영아의 공격성은 주로 장난감과 소유물로 인한 것이므로 도구적 공격성의 성격을 지닌다. 가령 1세경의 영아는 다른 영아

생활지도 CHECK POINT

양성평등 놀이 지향하기

프리슈Frisch, 1977의 연구에서 14개월경의 남아와 여아 각 12명씩을 선정하여, 그들을 모르는 성인과 1:1로 짝지어 놀게 했을 때, 남아와 놀이를 할 때는 활동적인 놀이를 장려하고 인형보다 공을 선택해서 놀이하는 경향을 보인 반면, 여아와 놀이할 때는 말을 더 많이 하고 인형을 선택해서 놀이하는 경향을 보였다. 이처럼 생애 초기부터 남아와 여아는 환경적인 요인에 의해 다르게 다루어진다. 이는 성별에 구애받지 않고 자유로이 아이의 재능과 잠재력을 맘껏 키울 수 있다는 점을 고려해볼 때 결코 지양해야 하는 일이다. 따라서 아주 어린 시기부터 양육자는 자신의 태도와 행동이 영아들에게 어떠한 영향을 미칠 것인지를 곰곰이 생각하며 말하고 행동하는 것이 중요하다. 특히 여아에게도 똑같이 자동차 장난감을 제공하거나 똑같이 공차기 놀이를 하는 것과 같이 모든 놀이에서 양성평등을 지향하여야 한다.

가 갖고 노는 장난감을 억지로 뺏는 모습을 보인다.

성역할 발달

개인의 성역할 개념은 남녀를 구분하여 인식할 수 있는 능력을 획득하게 되는 성정체성, 남녀가 자라도 계속 같은 성을 유지하게 될 것이라는 성안정성, 옷이나 머리모양 및 행동이 달라지더라도 성은 결코 변하지 않는다는 성항상성이 발달한다. 이중 성정체성은 생애 초기에 발달하기 시작한다. 영아는 6개월경부터 목소리의 높낮이로 남녀를 구분할 수 있으며, 12개월경에는 사진을 보고 남녀를 구분하고 목소리와 사진을 매치하기 시작한다.[Ruble et al., 2007] 한편, 18~24개월경의 영아는 장난감을 선택할 때 성유형화된 장난감을 더 선호하는 경향을 보이는데, 다른 장난감이 없을 때도 이성의 장난감을 가지고 놀지 않으려 한다.

• • • •

CHAPTER 10

2세 영아의 발달특성과 생활지도

• • • •

학습개요

2세 영아기는 이전 시기와 비교하여 신체적 성장은 다소 둔화되는 양상을 보이는 반면, 자아가 발달하기 시작하고 대소근육의 움직임이 자유로워지면서 왕성한 호기심과 탐색 욕구를 발산하는 시기로 세심한 지도가 필요하다.

이 장에서는 표준보육과정 및 누리과정의 연령집단 구분에 근거하여 2세 영아의 발달특성을 신체, 인지, 언어, 정서, 사회성 영역으로 구분하여 살펴본 후 발달특성에 따른 생활지도 요령을 구체적으로 살펴본다.

학습목표

2세 영아의 신체적·인지적·언어적·정서적·사회적 발달특성과 이에 따른 올바른 지도 방법을 이해한다.

주요 용어

탐색욕구, 자아개념, 분리불안, 성정체성

영아의 신체발달과 지도

신체적 성장

이 시기 영아는 볼록하던 배가 조금 들어가고 볼살도 빠지면서 점차 성인에 가까운 몸매를 가지지만, 이전 시기와 비교하여 성장이 다소 둔화되어 완만한 성장추이를 보인다. 30~36개월경 영아의 평균 몸무게는 출생 시의 약 4배, 평균 키는 출생 시의 약 1.9배 정도로 성장한다. 1년간 약 6~7cm 정도 자라는데, 만약 이 시기에 5cm 미만으로 자란다면 성장장애를 의심할 필요가 있다.

마지막 유치인 어금니 4개를 포함해 젖니 20개가 모두 나면서 음식을 잘 씹어 먹을 수 있지만 성장률이 완만해지면서 식욕이 감소하여 밥을 잘 먹지 않으려는 경향을 보이기도 한다.

충분한 영양 섭취하기

이 시기는 식사량보다 영양의 질이 중요하므로, 반찬을 중심으로 발육에 필요한 영양소를 충분히 섭취하도록 도와준다. 1회 식사에 영양상 완전하지 않더라도, 1일 혹은 2~3일 단위로 영양 섭취가 균형을 이루며, 1일 3회 식사만으로는 부족하므로, 1일 4회 식사로 한다.

이 시기는 위 안에서 음식물이 소화되는데 3~4시간이 걸리므로 4~5시간 사이를 두고 식사시간을 정하는 것이 좋다. 이때 1회의 식사분은 간식으로 제공하는데 오전

표 1 월령별 영아발육 표준치

남				연령	여			
체중 (kg)	신장 (cm)	체질량지수 (kg/m²)	머리둘레 (cm)		체중 (kg)	신장 (cm)	체질량지수 (kg/m²)	머리둘레 (cm)
13.14	89.38	16.71	49.06	2~2.5세	12.50	88.21	16.34	48.08
14.04	93.13	16.29	49.66	2.5~3세	13.42	91.93	16.01	48.71

자료: 대한소아과학회(2007).

과 오후에 나눠 2번 주거나 오후에 1번 주되, 본 식사에 방해가 되지 않을 정도로 제공한다.

운동능력 발달

영아는 2세가 되면 두 발로 안정감 있게 달릴 수 있고, 멈추었다가 다시 출발하거나 장애물을 피해 달리는 것이 가능해진다. 또한 난간을 붙잡고 계단을 위아래로 오르내릴 수 있으며, 페달 없이 발로 움직이는 자동차를 탈 수 있고 큰 공을 차기 위해 공쪽으로 걸어가는 것이 가능해진다. 30개월경 이동기술locomotor skills이 빠르게 향상되어 잘 달리며, 두 발로 점프하고 발끝으로 서 있는 것이 가능하다. 큰 장난감을 능

표 2 월령별 성장도표 백분위수

성별	연령	구분	백분위수								
			3rd	5th	10th	25th	50th	75th	90th	95th	97th
남	2~2.5세	체중	10.7	11.0	11.4	12.2	13.1	14.2	15.2	15.8	16.3
		신장	82.2	83.1	84.5	86.8	89.4	92.0	94.4	95.9	96.9
		머리둘레	46.2	46.5	47.1	48.0	49.1	50.1	51.0	51.5	51.8
	2.5~3세	체중	11.5	11.8	12.2	13.0	14.0	15.1	16.2	16.9	17.4
		신장	85.6	86.5	87.9	90.4	93.1	96.0	98.6	100.2	101.3
		머리둘레	46.8	47.2	47.7	48.6	49.7	50.7	51.6	52.1	52.5
여	2~2.5세	체중	10.2	10.4	10.8	11.6	12.5	13.5	14.6	15.2	15.7
		신장	81.6	82.4	83.6	85.8	88.2	90.8	93.2	94.6	95.6
		머리둘레	45.4	45.7	46.2	47.1	48.1	49.1	50.1	50.7	51.1
	2.5~3세	체중	10.9	11.2	11.6	12.4	13.4	14.5	15.7	16.4	16.9
		신장	84.8	85.6	87.0	89.3	91.9	94.7	97.2	98.7	99.7
		머리둘레	46.0	46.4	46.9	47.7	48.7	49.7	50.7	51.3	51.7

자료: 대한소아과학회(2007).

숙하게 잘 끌고 다니지만 아직까지 장애물이 있을 때 조정하는 것은 어려워한다. 다소 어설프게나마 손으로 공을 던질 수 있으며, 발로 큰 공을 의도하는 방향으로 향해 찰 수 있다. 한편, 이 시기 영아는 창밖을 보기 위해 가구 위에 올라가기도 한다. 2세 영아는 소근육 조작 기술manipulative skill이 좋아져 작은 물건을 정확하게 빠르게 집을 수 있게 되며, 6~7개 정도의 블록을 탑으로 쌓을 수 있다. 엄지손가락과 검지와 중지를 사용하여 연필을 잡고 원하는 방향으로 끼적거릴 수 있으며, 직선, 원, T, V 모양을 흉내 내 그릴 수 있다. 책장을 한 장씩 넘길 수 있으며, 종이를 대각선으로 접을 수 있어 종이접기를 시작할 수 있다.

대근육 및 소근육 발달 놀이

이 시기 영아들은 대소근육 발달을 촉진시키는 놀이를 통해 신체발달 속도를 빠르게 할 수 있다. 영아는 대소근육을 활용하여 어떤 행위를 한 후에 결과를 관찰하고 결과를 변화시키기 위해 몸의 움직임을 다양하게 바꾸거나 새로운 움직임을 시도하는 활동에 즐겁게 참여한다. 2세 영아에게 적합한 소근육 발달 놀이로는 '가위질하기' '빨대와 구슬 끼우기' '찰흙놀이' '종이접기 놀이' '고리 끼우기' '탑쌓기' '모양 따라 그리기' '크기가 다른 상자 넣기 놀이' 등이 있으며 대근육 발달 놀이로는 '공 던지기' '풍선 치기' '볼링 게임' '제자리 뛰기' '스트레칭 운동' 등이 있다. 이때 영아의 새로운 시도에 대해 성공 여부에 상관없이 격려해주는 한편, "이쪽 볼링을 맞추려면 공을 어디로 굴리면 될까?"와 같은 질문을 던져 신체의 움직임과 사물의 움직임의 관계를 생각하는 데 도움을 줄 수 있다.여성가족부, 2007

영아의 인지발달과 지도

탐색 욕구

이 시기 건강하게 잘 자란 아이들은 눈에 보이는 모든 것을 흡수할 정도로 호기심이 무척 왕성하다. 배가 고파서 자지러지게 울다가도 새로운 자극이 눈에 띄는 순간 울음을 뚝 그치는가 하면, 낯선 환경에 대한 두려움을 느끼면서도 처음 보는 사물들에 대한 접근을 조심스럽게 시도할 정도로 이 시기 영아들의 탐색 욕구는 모든 욕구를 능가한다.[Milller, 2003] 이 시기 아이들은 아직 집중력이 약해 어느 것 하나 진득하니 탐색하지 못하고 분주히 돌아다니는 것 같지만, 자기가 흥미있어 하고 관심 있어 하는 것에 대해서는 꽤 긴 시간을 집중하는 모습을 보이기도 한다.

아이의 탐색 욕구 충족시키기

대소근육의 움직임이 자유로워짐에 따라 호기심을 가지고 의도적인 탐구를 시작하는 이 시기 영아들에게 새로운 곳에서 새로운 것을 경험하게 하는 것은 호기심을 키워주고 탐구적 태도를 길러주는 데 도움이 된다. 이를 위해 아이의 호기심을 이끌려고 하기보다는 아이가 어떤 것에 관심을 보이는지를 인내심을 가지고 기다려주는 것이 중요하다. 더불어 "이게 뭐야?" "왜?"라는 영아의 질문에 성실하게 답하여 영아의 호기심을 격려하는 한편, 영아가 관심을 가지는 것에 대해서는 "어떤 맛일까?" "어떤 소리가 들리니?"와 같은 질문으로 적극적으로 반응할 수 있어야 한다. 또한 모델링학습 차원에서 양육자 스스로가 주변의 모든 사물에 대해 보고, 만지고, 흔들어 보고, 냄새를 맡아 보는 것과 같이 관심을 가지고 진지하게 관찰하는 모습을 보여주는 것이 중요하다.

한편, 자연체험이나 박물관 기행은 이 시기 아이의 왕성한 호기심을 충족하는 데 제격이다. 자연체험은 자연 속의 모든 자연물이 아이들에게 새로운 자극과 경험을 제공해주는 훌륭한 장난감이 된다는 측면에서, 박물관 기행은 아이가 특별히 관심을 보이는 분야에 대해 체계적인 경험을 할 수 있다는 측면에서 좋은 기회를 제공한다.

추락사고 위험 주의하기

이 시기 영아는 높은 곳이나 창밖에 대한 호기심 때문에 가구에 잘 올라가곤 하는데, 이로 인해 추락사고 위험이 매우 높다. 신체 특성상 머리가 크고 무거운 영아는 베란다나 난간에서 의자 등의 가구에 올라가 밖을 내려다보다 쉽게 몸의 균형을 잃기 때문이다. 따라서 양육자는 의자, 책상, 침대 등 아이가 딛고 올라갈 수 있는 가구를 창문 옆에 두지 않도록 각별한 주의를 기울이며, 평소 아이가 보는 앞에서 창문 밖을 내다보지 않도록 한다.

영아의 언어발달과 지도

듣기

2세 영아는 말소리를 듣고 누구의 소리인지 알 수 있으며, 소리의 크기나 빠르기, 높낮이 등의 차이로 말소리 속에 담긴 감정을 이해할 수 있다. 가령, 보이지 않는 곳에서 들리는 소리를 듣고 "아빠다!"라고 얘기하는가 하면, 평소보다 높고 큰 소리로 얘기하는 엄마에게 "엄마 화났어?"라고 말한다. 또한 다른 사람이 하는 말을 2/3 정도 이해할 수 있으며, '크다와 작다' '위와 아래' '많음과 적음' '지금, 곧'과 같은 단어의 의미를 이해하며, "아빠가 사온 과자 가져와."처럼 2~4개 단어로 구성된 단순한 지시 문장을 듣고 따를 수 있다.

말하기

이 시기는 어휘력이 폭발적으로 증가하는 시기로 또래 아이들보다 말이 늦어 걱정하던 아이도 어느 날 갑자기 봇물 터지듯이 말문이 트이는 때이기도 하다. 새로운 사물에 대한 호기심이 많아 “이게 뭐야?”라는 말을 달고 사는데, 이것이 어휘력 향상에 기폭제 역할을 한다. 또한 주변을 인식하는 능력과 감정을 조절하는 능력이 발달하면서, 선물을 받으면 “고맙습니다.”라고 말하고 공공장소에서는 조용히 말하는 등 때와 장소에 맞춰 상황에 맞는 말을 할 줄 안다. 900~1,300개의 낱말을 구사할 수 있으며, 접속사, 조사 등을 사용한 긴 문장을 말할 수 있다.[중앙 m&b, 2010] 가령, 이전에는 “친구 울어.”라고 했다면 “친구가 울고 있어요.”라고 말한다. 이 시기 영아들은 가상놀이를 하며 주변에서 일어났던 일이나 특정 상황이나 사건에 대한 자신의 생각과 느낌을 혼잣말로 표현하며 장난감을 가지고 어른들이 한 말을 그대로 따라하는 것을 쉽게 관찰할 수 있다. 한편, 아직까지 발음이 분명치 않아 예를 들어 야꿀크는 야쿠르트, 파비병수는 팥빙수처럼 아이의 말을 제대로 알아듣기 힘든 때이기도 하다.

아이의 언어 능력 키워주기

말문이 트이기 시작하는 2세 영아기는 언어적 성장 가능성이 높은 시기이다. 특히 이 시기 영아는 일상생활 속에서 보고 듣고 경험한 것들을 토대로 어른들의 말을 그대로 따라 하는 것을 좋아한다. 따라서 영아의 언어 능력을 키우기 위해 부모와 교사가 언어적 자극을 충분히 제공하는 것이 매우 중요하다. 이를 위해 영아에게 새로운 경험을 많이 제공해 아이가 말하고 싶은 것이 많아지게 하는 것은 물론 영아가 자신의 생각과 느낌을 말할 수 있는 기회를 많이 제공한다.

아이가 경험했던 것을 이야기하고자 할 때는 다소 알아듣기 힘들더라도 열심히 경청하고, 자신의 생각과 느낌을 표현하는 말이 잘 이어지지 않고 늦더라도 수용하고 기다려주는 자세가 필요하다. 그리고 아이가 부정확한 발음을 하거나 어법에 맞지 않는 말을 할 때는 바로 지적하고 고쳐주려 하지 말고, 아이의 말이 끝날 때까지 기다렸다가 아이가 했던 말을 부모 및 교사의 말로 만들어 반복해준다. 가령, 영아가 "야쿨트."라고 말하면 "그래, ○○가 지금 야쿠르트가 먹고 싶구나."와 같이 정식 문장으로 만들어 표현해준다. 또한 "○○가 블록으로 기차를 만들고 있구나." "○○가 인형에게 우유를 먹이고 있네."와 같이 아이가 하는 행동을 옆에서 관찰하며 언어로 표현해주는 것도 아이의 언어 능력을 키우는 데 도움이 된다. 한편, 아이에게 언어적 자극을 주기 위해 대화를 나눌 때는 오로지 아이에게 집중해 눈을 마주치고 진심으로 대화를 나눌 때 그 효과가 극대화될 수 있다는 사실을 잊지 말아야 한다.

상황에 적절한 말 익히기

영아들은 30개월 전후로 기본생활습관을 익히게 되므로, 일상생활 속에서 지속적으로 인사말, 존댓말 등 상황에 적절한 말을 사용하도록 지도한다. 가령, 간식을 먹을 때는 "잘 먹겠습니다."라고 인사하고, 손님이 오셨을 때는 머리를 숙여 "안녕하세요." 선물을 받을 때는 두 손으로 받으며 "고맙습니다."라고 인사를 할 수 있도록 하되, 말로만 하는 것이 아니라 어른들이 먼저 모델이 되어 시범을 보이며 지도하는 것이 바람직하다.

생활지도 CHECK POINT

■ 심하게 떼를 쓸 때 대처하기 ■

2세 영아가 어떤 제안이나 설득에도 아랑곳없이 막무가내로 떼를 쓸 때처럼 당혹스러울 때가 없지만, 이 또한 아이의 독립심의 표현으로 이해하고 침착하게 대응할 필요가 있다. 일단 심하게 떼를 쓰거나 억지를 부릴 때는 무관심한 태도로 반응하지 않는 것이 좋다. 만일 아이의 떼쓰기에 마음이 약해져 아이의 요구를 들어주면, 다음에 자신의 요구를 관철하기 위해 아이의 떼쓰기가 더 심해지는 악순환이 반복될 수 있기 때문이다. 아무리 떼를 써도 반응하지 않으면 아이 스스로 떼를 써도 안 되는 것이 있다는 것을 알게 되면서 떼쓰기가 줄어든다. 다른 한편으로 떼를 쓰지 않고 자신의 요구를 말로 표현하는 것과 같이 아이의 긍정적이고 바람직한 행동에 대해 칭찬, 스티커 등으로 보상하면 아이의 바람직한 행동이 강화되는 효과가 있다.

읽기

이 시기는 아직 글자 모양에 의미를 부여하기는 어려운 시기이다. 그러나 이 시기 영아들은 자신이 일상생활 속에서 경험하여 알고 있는 것들 자동차, 전화기, 동물 등에 대한 실물 사진이나 그림이 들어있는 그림책 보기를 좋아하는데, 그림책을 보며 마치 글을 읽는 듯이 흉내를 내곤 한다.

영아의 정서발달과 지도

자아발달

이 시기 영아는 자아를 인식하게 되면서 남들이 자기를 어떻게 분류하는지에 주목하여 연령, 성별, 체구와 같은 기본적인 사회적 범주로 자아개념을 형성하기 시작한다. 가령, 4살이고 여자친구이고 키가 큰 아이가 자신이라는 것을 이해한다. 또한 이 시기는 자아개념의 발달로 '나'라는 개념이 생기면서 자기주장이 강해진다. 그래서 '미운 두 살'terrible twos이라고도 불리는데 무슨 일을 하던 "내가 할 거야!" "내거야!"라는 말을 많이 쓰고, 부모가 요구하는 것에 대해 "아니야!" "싫어!"라는 많이 사용한다. 때때로 "아니요."라고 말할 수 있는 자신의 능력에 매료되어 자신이 정말로 원하는 것임에도 "아니."라고 말하기도 한다. 이렇게 무엇이든 스스로 해보고자 하는 영아는 밥 먹기, 세수하기, 신발 신기, 대소변 가리기 등의 일상적 과업을 성공적으로 달성하게 되면서 자신의 자조적 능력에 대해 신뢰감을 갖게 되는데, 이러한 신뢰감은 자아존중감 발달의 기초가 된다.[송명자, 1995]

영아의 선택 존중하기

이 시기 자기주장의 욕구에 따라 스스로 선택할 수 있는 기회를 일상적으로 가진 아이들은 어른들이 결정할 때도 그 결정을 잘 수용하는 반면, 선택의 기회를 충분히 갖지 못한 아이들은 아주 고집이 센 고집쟁이가 될 수 있다.[Fields & Fields, 2006] 따라서 양육자는 영아가 친근한 물건이나 음식을 선택하고자 하는 아이의 요구를 이해하고 실제로 선택할 수 있는 기회를 충분히 제공하고 선택한 것을 존중하도록 한다.

긍정적 자아개념 형성 돕기

이 시기는 자아개념이 발달하는 시기이므로 개인 소지품 등에 영아의 얼굴사진과 이름을 붙여주어 자아인식을 돕는다. 더불어 자신에 대해 긍정적인 느낌을 갖도록 서툴더라도 스스로 해볼 수 있는 기회를 자주 제공하고 느긋하게 기다려주며, 스스로 한 일에 대해서는 작은 일이라도 격려와 칭찬을 아끼지 않는다. 또한 영아와 상호작용할 때는 일대일로 얼굴을 마주보며 영아 자신이 귀한 존재임을 느낄 수 있도록 한다.

정서 인식 및 표현 능력

자신과 다른 사람의 정서를 이해하고 적절한 방법으로 정서를 표현하는 것은 이 시기 영아들에게 주요 발달과업이다. 정서인식 능력은 기쁨, 분노, 불안, 공포 등의 감정을 인식하는 능력으로, 정서를 제대로 인식해야만 감정을 적절하게 조절하고 표현할 수 있다는 측면에서 건강한 정서발달의 가장 기초가 되는 부분이다. 자신의 감정상태를 정확하게 인식하지 못하는 것은 정신건강에 매우 해롭다. 가령, 스트레스의 원인이 되는 감정을 제대로 파악하지 않고 이를 먹는 것으로 해소하고자 하는 것처럼 자신의 감정을 제대로 깨닫지 못하는 사람들은 그 감정을 엉뚱한 방법으로 해결하기 때문에 문제를 일으킬 수 있다. 마찬가지로 다른 사람의 감정상태를 잘못 이해할 때 수많은 갈등상황이 초래될 수 있다.

이 시기 영아는 자신의 정서상태를 인식하는 것은 물론 나와 다른 사람을 구별해서 인식한다. 다른 사람의 감정상태에도 주의를 기울이며 다른 사람에게도 나와 똑같은 정서가 있음을 인식하게 된다. 또한 언어발달로 자신의 감정을 이전보다 적절한 방법으로 표현할 수 있다.

정서 인식 및 표현 능력 기르기

올바른 정서인식 능력을 기르기 위해서는 영아의 정서표현에 민감하게 반응하며 영아의 정서를 있는 그대로 수용해주는 경험이 전제된다. 자신의 정서가 수용되지 못한 경험이 자주 있었던 아이는 자신의 정서상태에 대해 혼란스러워하고 자신의 정서를 부인하면서, 자신의 정서를 정확하게 인식하는 기회를 놓치게 된다.

다음으로 다양한 방법으로 정서표현을 격려하며 정서를 표현할 수 있는 기회를 자주 제공한다. 교실에 거울을 두고 영아가 자신의 표정을 볼 수 있는 기회를 제공하거나 정서를 소재로 한 그림책의 다양한 얼굴표정 사진이나 그림을 활용하여 "○○가 기분이 좋구나." "○○가 슬프구나." "○○가 화가 났구나."와 같이 정서에 대한 언어적 표현을 자주 하는 것도 좋은 방법이다.

부정적 정서 조절을 위한 영양 섭취의 중요성 알려주기

미국의 남부 캘리포니아 대학 연구소의 보고에 따르면, 아연, 철, 비타민 B, 단백질이 부족한 식사를 한 아이들이 화를 더 잘 내고, 남에게 싸움을 잘 거는 경향을 보인다고 한다.[중앙 m&b, 2010] 따라서 긍정적 정서의 발달을 위해 영양이 풍부한 식사를 제공하는 것 또한 매우 중요하다.

분리불안

분리불안은 부모와의 애착관계가 잘 형성된 영아에게 나타나는 정상적인 현상으로, 영아가 애착을 느끼는 대상과 떨어지는 것에 대해 불안과 공포심을 느끼는 것을 의미한다. 애착대상과 떨어졌을 때 처음에는 애착대상을 애타게 부르며 울고, 다른 사람이 보살펴주려고 해도 거부하며, 시간이 지난 후에도 침울해하며 잘 놀지 않으려 하는 모습이 일반적인 분리불안 증상이다. 이러한 분리불안 증상은 돌 전후에 나타나기 시작해서 2세 전후에 가장 두드러지게 나타났다가 3세 정도가 되면 줄어들기 시작한다. 그러나 개인의 경험과 정서적 기질에 따라 초등학교에 입학한 후에도 분리불안을 보이는 아이들도 있다.

분리불안 대처하기

부모들 가운데 분리불안 증상을 보이는 아이를 어린이집에 보낼 때, 아이를 교사에게 맡기고 몰래 빠져 나오는 경우가 있다. 그러나 이는 엄마가 언제든 사라질 수 있다는 불안감을 가중시켜, 아이는 부모가 눈앞에서 잠시만 사라져도 극도의 불안증상을 보이는 결과를 초래할 뿐이다. 간혹 아이를 의도적으로 떼어놓는 경험을 하거나 일부러 아이에게 관심을 덜 보이는 경우가 있는데, 이 또한 불안정한 애착형성으로 아이의 상태를 더 심각하게 만들 뿐이다. 영아의 분리불안감을 덜어주려면 우선 평상시 가능한 아이와 많은 시간을 함께 하며 아이가 정서적 안정감을 느낄 수 있도록 하며, 구체적으로 다음과 같은 방법으로 지도하는 것이 바람직하다.

우선 아이와 잠시 헤어지더라도 반드시 아이와 정식으로 작별인사를 하도록 한다. 이를 통해 아이는 엄마가 곧 돌아올 것이라는 것을 인식할 수 있기 때문이다. 부모를 대체할 수 있는 정서적 애착물을 활용하는 것도 좋은 방법이다. 가령, 아이가 평소 애착을 느끼는 인형이나 수건, 젖꼭지 등의 정서적 애착물을 아이에게 주면 낯선 환경과 낯선 사람들 사이에서 느끼는 불안감을 덜 수 있다. 또한 일상 중에 부모의 일을 돕게 하는 경험을 자주 제공하며, "와, 우리 ○○는 이제 혼자서도 잘 하네."와 같은 말로 격려하여 스스로 무엇인가를 해내는 것에 대한 성취감을 심어주는 것도 도움이 된다.

영아의 사회성발달과 지도

놀이발달

이 시기 영아의 의사소통 능력이 증가하게 되면서 또래들과 가까이 놀이하는 것을 좋아하지만, 아직까지 상호작용 기술이나 협력하는 능력이 부족해서 또래와의 사회적 접촉은 짧고 순간적으로 나타난다. 간혹 달아나고 잡는 놀이와 같이 협동적인 놀이 형태가 나타나기도 하지만, 대체로 친구와 다른 장난감을 가지고 혼자서 독자적으로 놀이하는 단독놀이나 주변의 영아들과 가까이에서 놀지만 상호작용은 하지 않고 다만 친구 옆에서 놀이를 하는 병행놀이 형태가 주로 나타난다. 한편 이 시기 영아는 자신의 순서 및 차례를 지킬 수 있지만, 아직까지 장난감 공유를 어려워한다.

또래에게 관심 가지기

이 시기 영아는 또래와의 놀이가 매우 미흡하지만 또래와 함께 놀이하는 경험을 통해 사회적 관계에서 필요한 초보적인 사회적 기술을 경험하므로, 영아가 또래에게 관심을 갖도록 도와주는 것이 중요하다. 따라서 장난감 바구니를 친구와 함께 들기, 친구와 손잡고 이동하기 등과 같이 영아가 일상생활 속에서 또래와 상호작용할 수 있는 다양한 기회를 제공함으로써 또래와 함께 지내는 것이 재미있다는 것을 경험할 수 있게 한다. 또한 영아 두세 명이 모여서 병행놀이의 형태를 보이면 교사가 놀이친구로서 놀이에 개입하여 다른 영아에게 관심을 가질 수 있게 언어적 상호작용을 해준다. 이 외에도 친구 이름 알기, 사진 및 비디오 영상에서 친구 얼굴 찾기 등의 활동을 통해 또래에 대한 영아의 관심을 높일 수 있다.[여성가족부, 2007]

친구 사귀는 연습하기

또래와 어떻게 어울려야 할지 몰라 사회성 발달에 어려움을 겪는 아이들의 경우 부모와의 협력을 통해 친구를 사귈 수 있는 기회를 제공하는 것이 중요하다. 친구 사귀기 연습이 체계적으로 이루어지려면 우선 양육자와의 안정적인 애착형성이 전제되어야 한다. 안정적인 애착관계 형성을 통해 부모를 신뢰할 수 있을 때 비로소 타인에 대해서도 믿음을 가지고 다가설 수 있다. 애착관계가 잘 형성되어 있다는 것을 전제로 다른 아이들을 집으로 초대해 함께 어울릴 수 있는 기회를 충분히 제공한다. 우리 집이라는 친숙한 환경에서 친구들과 함께하는 것에 어느 정도 익숙해지면, 다음에는 낯선 환경, 즉 우리 집이 아닌 다른 친구의 집을 방문하여 함께 어울릴 수 있는 기회를 제공한다. 이를 통해 아이는 친구들과 어울리는 것에 대해 조금씩 자신감을 갖게 되면서 사회성을 기를 수 있게 된다.

생활지도 CHECK POINT

아이의 기질적 특성에 맞는 장난감 제공하기

장난감을 통해 아이의 발달을 도와주려면 아이의 기질적 특성에 맞는 적절한 장난감을 제공하는 것이 중요하다. 가령 공격적인 아이의 경우 퍼즐이나 인형과 같은 정적인 장난감보다는 아이의 스트레스와 분노를 건전한 방법으로 해소하는 데 도움이 되는 샌드백이나 타악기, 망치놀이와 같이 때리고 부수는 장난감이 더 바람직할 수 있다. 물도 뚜렷한 형태가 없어 자기 마음대로 움직여가며 놀 수 있다는 점에서 공격적인 아이에게 매우 훌륭한 장난감이 될 수 있다. 한편, 소극적인 아이의 경우 마음속에 스트레스나 부정적인 감정을 담고 있을 가능성이 높다. 따라서 모래나 찰흙, 물, 종이와 같이 뚜렷한 형태가 없는 장난감을 제공하여 자신을 자유롭게 표현할 수 있게 도와주는 것이 좋다. 반응이 느린 아이의 경우 주변환경뿐만 아니라 장난감에 대한 관심도 적을 수 있으므로 비눗방울 장난감이나 누르면 소리가 나거나 인형이 나오는 것과 같은 즉시 반응이 나타나 자기 행동에 대한 결과를 바로 확인할 수 있는 장난감이 적당하다. 고집이 센 아이의 경우 슈퍼마켓 장난감이나 볼링놀이, 게임 장난감 등이 좋은 장난감이 될 수 있다. 이러한 장난감을 통해 아이는 규칙을 지켜야 놀이가 진행된다는 것을 알게 되면서 자연스럽게 순서를 지키고 남을 배려하는 것을 몸에 익히는 데 도움이 된다.[중앙 M&b, 2010]

표 3 상호작용 방식 유형

유형		상호작용 방식
비지시적	인정하기	• 가까이에 가서 쳐다보면서 영아들 스스로 장난감을 공유하며 분쟁이 종결될 수 있게 기다려 주되, 바람직한 행동에 대해 긍정적인 반응을 보이고 격려한다. • "○○가 장난감을 친구에게 빌려주었구나. 정말 착한 일을 했으니 선생님이 꼭 안아줄게요."
	비지시적 진술하기	• 영아들 스스로 분쟁을 종결하지 못하고 갈등이 더 심해질 경우 영아들 각자의 입장을 들어 본 후, 교사가 장난감 분쟁이 일어난 상황을 언어로 표현해준다. • "○○가 가지고 놀던 장난감을 △△가 가져갔구나. 그래서 ○○가 화가 났구나."
	촉진하기	• 영아가 갈등상황을 풀어갈 수 있는 기술을 배울 수 있게 일시적으로 도움을 제공한다. 즉, 갈등상황을 일으킨 영아와 같은 반의 다른 영아들에게 해결방법을 생각해보는 질문을 한다. • "○○가 장난감을 돌려받고 싶으면 △△에게 어떻게 이야기하면 좋을까?"
	선택하기	• 제시된 방법에 대해 어떻게 생각하는지 의견을 수렴하여 그 중 한 가지 방법을 선택하게 한다. 그리고 함께 해결책을 마련한 것에 대해 칭찬하고 그대로 행동에 옮기도록 지도한다. • "그래요. 친구들이 말한 것처럼 장난감을 돌려달라고 얘기하는 방법이 있어요. 또 장난감을 사이좋게 함께 가지고 노는 방법도 있어요. 어떻게 하면 좋을까요?" "선생님은 △△와 ○○가 장난감을 함께 가지고 놀기로 해서 얼마나 기쁜지 몰라요. 싸우지 않고 사이좋게 지내는 우리 친구들이 자랑스러워요."
	지시하기	• 영아들이 해결방법을 제시하지 못할 경우 교사가 영아에게 직접 지시한다. • "친구가 가지고 있는 장난감을 갖고 싶을 땐 먼저 친구에게 빌려달라고 하는 거예요. △△가 ○○에게 장난감을 빌려달라고 말해 봐." ("안 빌려줘요."라고 말하면) ○○가 조금 가지고 놀고 나서 빌려달라고 이야기해봐."
지시적	물리적 개입	• 영아가 교사의 언어적 지시를 따르지 않을 경우 가장 구조화된 지도 방법으로 교사가 영아의 행동을 직접 교정한다. • "이 장난감은 ○○에게 돌려주고 (교사가 직접 △△로부터 빼앗아갔던 장난감을 가져와 ○○에게 돌려준다.) 다른 장난감을 가지고 놀자."

장난감 소유 분쟁 지도하기

장난감을 함께 가지고 노는 것을 어려워하는 이 시기 영아들의 특성을 고려하여 똑같은 장난감을 여러 개 마련하여 장난감 분쟁을 사전에 예방하는 것이 바람직하다. 만일 장난감으로 갈등상황이 발생했을 때 비지시적인 중재 방식에서 지시적인 중재 방식으로 단계적인 상호작용을 통해 갈등을 중재할 수 있다.Bredekamp & Rosegrant, 1992; Wolfgang, Sanders, 1982

갈등해결 지도는 갈등관계에 있는 영아 모두가 만족할 수 있는 해결책을 찾는 것을 기본으로 하며, 이 과정에서 교사는 영아들에게 해결책을 제시하고 그대로 따르게 하기보다는 먼저 영아 나름대로의 해결방안을 마련하도록 돕는 중재자 역할을 한다.이순형 외, 2010; Kostelink et al., 2002

친사회적 행동

친사회적 행동prosocial behavior은 돕기, 나누기, 위로하기, 칭찬하기 등과 같이 다른 사람을 이롭게 하기 위해 자발적으로 수행하는 행동이다. 친사회적 행동은 외적인 보상이나 사회적 인정에 대한 기대를 가지고 수행한다는 측면에서 순수하게 외적인 보상의 기대 없이 수행하는 행동을 의미하는 이타적 행동altruistic behavior과 구분하기도 하지만, 일반적으로 친사회적 행동이라는 용어가 포괄적으로 사용된다. 일반적으로 만 2세경부터 친사회적 행동이 나타나기 시작해서, 2세가 되면 동정심이나 공감을 표현하며 또래를 위로하는 행동을 보이기도 하는데, 이는 인지발달 수준에 따라 개인차를 보인다.Eisenberg & Fabes, 1998 가령, 자아를 인식하는 영아는 다른 아기가 울 때 동정심을 나타내며 달래지만, 아직 자아를 인식하지 못하는 영아는 덩달아 울거나 우는 아기에게 공격적으로 행동한다. 2세 말경에는 친사회적 행동의 수행에 있어서 상호성의 유형도 나타나, 이전에 장난감을 주었던 또래에게는 이후 장난감을 나눠주지만, 그렇지 않았던 또래에 대해서는 장난감을 주지 않고 혼자서 가지고 논다.Levitt, Weber, Clark, & McDonnell, 1985

동정심 발달 촉진하기

친사회적 행동의 토대가 되는 동정심의 발달은 부모 및 교사의 반응과 밀접한 관계가 있다.[최순영, 2006] 가령, 영아가 다른 아이를 때릴 때 "친구를 때리면 안 돼. 친구가 아파서 울잖아."라고 설명하면 이 시기 영아의 동정심 발달을 촉진할 수 있다. 반면, 야단을 치거나 체벌과 같은 강압적 방법을 사용할 경우 오히려 동정심 발달이 지체될 수 있으므로 지도 시 유의해야 한다.

집단생활에 필요한 규칙과 약속 알기

이 시기 영아는 집단에서 필요한 규칙이나 사회적 규범 등을 경험하게 되면서 사회 구성원으로 성장하는 기초를 형성한다. 따라서 교사는 영아가 다른 친구들과 함께 놀이하고 생활하기 위해서 지켜야 할 기본적인 규칙과 약속이 있다는 것을 알게 하고 지킬 수 있도록 일관성 있는 지도가 중요하다. 예를 들어 친구에게 장난감 던지지 않기, 교실에서 걸어 다니기, 우는 친구에게 "울지 마."라고 말해주기 등과 같이 집단생활에서 지켜야 할 최소한의 규칙과 약속을 만들고 일관성 있게 그 규칙을 따르도록 지도한다. 그리고 규칙이나 약속을 지키는 영아에게는 충분한 칭찬과 격려를 한다. 이러한 교사의 칭찬과 격려는 영아의 친사회적 행동을 증가시키는 데 도움이 된다.[여성가족부, 2007]

성역할

2세 반이 되면 대부분의 영아는 성정체감 발달로 자신을 남자 또는 여자로 범주화할 수 있다. 그러나 이때까지 시간이 지나도 자신의 성이 변하지 않는다는 것을 인식하지는 못한다. 가령, "너는 커서 엄마가 될래? 아빠가 될래?"라고 물었을 때 정확하게 대답하지 못한다.

이 시기 영아는 남녀를 범주화하는 능력이 발달하면서 성유형화가 나타나기 시작한다.[Shaffer, 2000] 2.5~3세경에 이미 남아와 여아가 서로 다른 종류의 놀이를 더 좋아한다는 것을 알고 성고착화된 방식으로 놀이를 하며, 동성의 놀이친구를 선호하는 경향을 보인다. 이러한 경향은 남아보다 여아에게 더 빨리 나타난다. 여아는 2세경부터 남아보다 여아와 놀기를 더 좋아하며, 남아들은 3세경부터 놀이친구로 여아가 아닌 남아를 선택한다. 일반적으로 남아에게는 인형놀이와 같은 여아 놀이를 하는 것에 대해, 여아에게는 전쟁놀이와 같은 남아 놀이를 하는 것에 대해 걱정하고 금기시하는 경향이 있다. 이러한 부모들의 성향이 영아들의 성 전형화된 놀이 행동을 더욱 강화하는 것으로 알려져 있다.

CHAPTER 11

3~5세 유아의 발달특성과 생활지도

학습개요

3~5세 유아기는 영아기에 비해 신체적 성장 속도는 둔화되지만 영아기와 비교하여 기본적인 운동능력의 발달이 정교해지며, 타인의 생각과 감정과 같은 내적 요소를 이해하기 시작하고, 인과추론 능력, 의사소통 능력 정서조절 능력이 빠르게 발달하는 등 인지, 언어, 사회정서적 측면에서 놀라운 발달이 이루어지는 시기이다.

이 장에서는 표준보육과정 및 누리과정의 연령집단 구분에 근거하여 3~5세 유아의 발달특성을 신체, 인지, 언어, 정서, 사회성 영역으로 구분하여 살펴본 후 발달특성에 따른 생활지도 요령을 구체적으로 살펴본다.

학습목표

3~5세 유아의 신체적·인지적·언어적·정서적·사회적 발달특성과 이에 따른 올바른 지도 방법을 이해한다.

주요 용어

사회인지, 정서조절, 자아존중감, 성역할

유아의 신체발달과 지도

신체적 성장

유아기에는 영아기에 비해 신체적 성장 속도가 둔화되어 1년에 약 6~7cm 정도씩 자라 4세경에 출생 시 신장의 2배가 되며, 체중은 1년에 약 2~2.5kg 정도씩 증가하여 5세경에 출생 시 체중의 5배가 된다. 또한 이 시기에는 신체 부분 중 다리가 가장 빨리 자라 신장 증가의 약 2/3를 차지하며, 성장발육에 따라 신체비율이 변화하여 출생 시 1:4이던 머리와 몸체의 비율은 6세경에는 1:6 정도의 비율이 된다.

아이의 키 키우는 습관 기르기

대부분의 유아들이 유치원 및 어린이집에 다니며 또래들과 관계를 맺으면서 부쩍 키에 민감해지기 시작한다. 아이의 키는 유전적 요인과 환경적 요인에 영향을 받을 수 있으며, 실제로 영양 섭취, 수면 및 운동습관 등의 환경적 요인이 70~80% 정도 영향을 미치는 것으로 알려져 있다. 특히 성장호르몬 분비를 위해 유아에게 편안한 수면 환경을 만들어주는 것은 물론, 성장호르몬이 가장 많이 분비되는 밤 10시부터 새벽 2시까지 숙면을 취할 수 있도록 밤 10시 이전에는 반드시 잠자리에 들 수 있도록 지

표 1 월령별 유아발육 표준치

남				연령	여			
체중 (kg)	신장 (cm)	체질량지수 (kg/m^2)	머리둘레 (cm)		체중 (kg)	신장 (cm)	체질량지수 (kg/m^2)	머리둘레 (cm)
14.92	96.70	15.97	50.10	3~3.5세	14.32	95.56	15.76	49.18
15.91	100.30	15.75	50.43	3.5~4세	15.28	99.20	15.59	49.54
16.97	103.80	15.63	50.68	4~4.5세	16.30	102.73	15.48	49.82
18.07	107.20	15.59	50.86	4.5~5세	17.35	106.14	15.43	50.04
19.22	110.47	15.63	51.00	5~5.5세	18.44	109.40	15.44	50.21
20.39	113.62	15.72	51.10	5.5~6세	19.57	112.51	15.50	50.34

자료: 대한소아과학회(2007).

도한다. 한편, 골절판 주위에 있는 성장판을 자극하려면 유아가 충분히 뛰어놀 수 있도록 해야 한다. 따라서 기관에서는 매일 꾸준히 신체적으로 활발히 움직일 수 있는 놀이활동 기회를 자주 제공하는 것이 바람직하다. 그러나 피곤할 정도로 뛰어노는 것은 오히려 성장호르몬 생성을 방해할 수 있으므로, 동적인 활동과 정적인 활동을 균형 있게 배치하는 방식으로 적당한 휴식을 취할 수 있도록 지도한다.

표 2 월령별 남아 성장도표 백분위수

연령	구분	백분위수								
		3rd	5th	10th	25th	50th	75th	90th	95th	97th
3~3.5세	체중	12.2	12.5	13.0	13.9	14.9	16.1	17.3	18.1	18.6
	신장	89.3	90.2	91.6	94.0	96.7	99.6	102.3	103.9	105.0
	머리둘레	47.3	47.6	48.2	49.1	50.1	51.1	52.0	52.6	52.9
3.5~4세	체중	13.0	13.3	13.8	14.8	15.9	17.2	18.6	19.5	20.1
	신장	92.7	93.6	95.1	97.5	100.3	103.2	105.9	107.6	108.7
	머리둘레	47.7	48.0	48.5	49.4	50.4	51.4	52.4	52.9	53.3
4~4.5세	체중	13.8	14.2	14.7	15.7	17.0	18.4	20.0	21.0	21.7
	신장	96.1	97.0	98.5	101.0	103.8	106.7	109.4	111.1	112.2
	머리둘레	48.0	48.3	48.8	49.7	50.7	51.7	52.6	53.2	53.6
4.5~5세	체중	14.7	15.1	15.7	16.7	18.1	19.7	21.5	22.7	23.6
	신장	99.3	100.2	101.7	104.3	107.2	110.2	112.9	114.5	115.6
	머리둘레	48.2	48.5	49.0	49.9	50.9	51.9	52.8	53.4	53.8
5~5.5세	체중	15.6	16.0	16.6	17.7	19.2	21.0	23.1	24.6	25.7
	신장	102.3	103.3	104.9	107.5	110.5	113.5	116.2	117.8	118.9
	머리둘레	48.4	48.7	49.2	50.0	51.0	52.0	53.0	53.6	54.0
5.5~6세	체중	16.5	16.9	17.6	18.8	20.4	22.4	24.8	26.6	28.0
	신장	105.3	106.3	107.9	110.6	113.6	116.7	119.5	121.1	122.2
	머리둘레	48.5	48.8	49.3	50.1	51.1	52.1	53.1	53.7	54.1

자료: 대한소아과학회(2007).

표 3 월령별 여아 성장도표 백분위수

연령	구분	백분위수								
		3rd	5th	10th	25th	50th	75th	90th	95th	97th
3~3.5세	체중	11.7	12.0	12.5	13.3	14.3	15.5	16.7	17.5	18.1
	신장	88.2	89.1	90.5	92.9	95.6	98.3	100.9	105.5	103.5
	머리둘레	46.5	46.9	47.4	48.2	49.2	50.2	51.2	51.7	52.1
3.5~4세	체중	12.6	12.9	13.3	14.2	15.3	116.6	17.9	18.8	19.4
	신장	91.7	92.6	94.0	96.5	99.2	102.0	104.6	106.2	107.3
	머리둘레	46.9	47.2	47.7	48.6	49.5	50.6	51.5	52.1	52.5
4~4.5세	체중	13.4	13.7	14.2	15.1	16.3	17.7	19.1	20.1	20.8
	신장	95.2	96.1	97.5	100.0	102.7	105.6	108.2	109.8	110.9
	머리둘레	47.2	47.5	48.0	48.9	49.8	50.8	51.8	52.3	52.7
4.5~5세	체중	14.3	14.6	15.1	16.1	17.4	18.8	20.5	21.6	22.4
	신장	98.4	99.4	100.8	103.3	106.1	109.0	111.7	113.3	114.3
	머리둘레	47.5	47.8	48.3	49.1	50.0	51.0	52.0	52.5	52.9
5~5.5세	체중	15.2	15.5	16.1	17.1	18.4	20.1	22.0	23.3	24.2
	신장	101.5	102.5	104.0	106.5	109.4	112.3	115.0	116.6	117.7
	머리둘레	47.7	48.0	48.4	49.3	50.2	51.2	52.1	52.7	53.1
5.5~6세	체중	16.0	16.3	16.9	18.1	19.6	21.4	23.5	25.1	26.2
	신장	104.4	105.4	107.0	109.6	112.5	115.5	118.2	119.9	120.9
	머리둘레	47.8	48.1	48.6	49.4	50.3	51.3	52.3	52.8	53.2

자료: 대한소아과학회(2007).

운동 능력 발달

유아기 유아들은 영아들과 달리 스스로 자유롭게 움직일 수 있는 기본적인 운동 능력이 발달하고 협응력과 조절력은 영아기에 비해 더욱 정교해진다. 3세 유아는 혼자 옷을 벗을 수 있으며, 발을 바꿔가며 계단을 오를 수 있으며, 앞, 옆, 뒤로 걸을 수 있다. 4세경이 되면 달리기 속도가 빨라지고 달리다가 멈추기, 회전하기 등을 안정되게 조절할 수 있으며, 도와주면 발을 교대로 바꾸며 긴 계단을 내려올 수 있다. 또한 흘리지 않고 물컵에 물을 받아 식탁에 놓을 수 있으며, 옷 입고 벗기, 벨트 풀기, 단추 끼우기, 지퍼 올리고 내리기, 양말 신고 벗기, 혼자 먹기 등의 자조능력이 발달하며, 이 닦기와 손 씻기가 익숙해진다. 5세경에는 난간을 잡지 않고 계단을 오르고 도움 없이도 발을 교대로 바꾸며 긴 계단을 내려올 수 있으며, 젓가락 사용방법을 배울 수 있다.

젓가락질 배우기

소근육은 밥 먹기, 옷 입고 벗기, 그림 그리기, 글씨 쓰기 등과 같이 아이의 발달에 기본이 될 뿐만 아니라 눈과 손의 협응을 통해 뇌를 발달시키는 데 중요한 역할을 한다. 따라서 소근육 발달을 위해 일상생활 속에서 아이가 무엇이든 스스로 할 수 있게 인내심을 가지고 기다려 주는 것이 중요하다. 특히 다섯 손가락 모두를 사용해야 하는 젓가락의 정교한 움직임은 소근육 발달 및 두뇌 발달에 큰 영향을 준다. 보통 젓가락질은 두뇌가 가장 왕성하게 발달하는 4세 이전에 가르치는 것이 가장 효과적이며, 늦어도 5~6세까지는 젓가락질이 가능하도록 연습시킬 필요가 있다.

올바른 젓가락질은 그림 1과 같이 엄지로 한쪽 젓가락을 끼우고 약지로 받치며 다른 한쪽 젓가락을 엄지, 검지, 중지 세 손가락을 모아서 집는다. 올바른 젓가락질 지도는 별도로 가르치기보다 가정과 기관이 협력하여 하루 세 번 식사 시간마다 포크가 아닌 젓가락을 일관성 있는 사용방법으로 이루어져야 한다. 단, 아이가 젓가락질을 힘들어할 경우 젓가락으로 과자 먹기, 젓가락으로 콩 옮기기 등과 같이 젓가락을

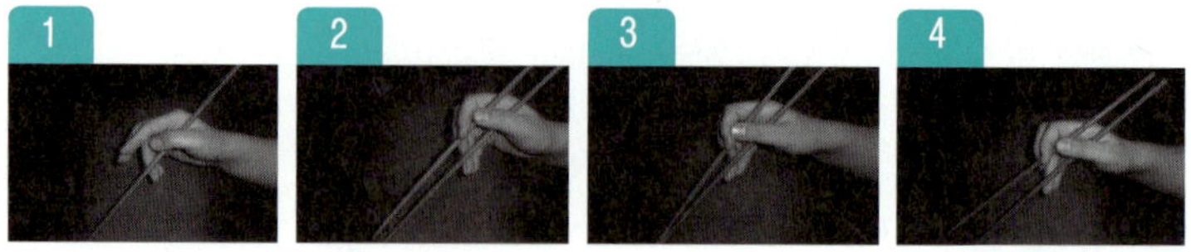

그림 1 올바른 젓가락질 사용방법

1. 엄지와 검지 사이로 젓가락을 쥐고 약지로 젓가락을 받친다.
2. 검지와 중지 사이로 나머지 젓가락을 끼고 엄지로 감싸 안듯이 쥔다.
3. 엄지로 쥐고 있는 젓가락을 움직이지 않은 채 검지, 중지, 엄지로 감싸 안은 젓가락을 검지, 중지의 힘으로 아래로 내린다.
4. 엄지로 쥐고 있는 젓가락은 움직이지 않고 검지, 중지, 엄지로 감싸 안은 젓가락을 검지, 중지의 힘으로 위로 올린다. 3, 4번을 반복적으로 하면 젓가락질을 하게 된다.

이용한 놀이를 통해 젓가락 사용에 친숙해지게 하는 것이 바람직하다. 이때 처음부터 너무 작은 물체를 집게 하면 아이에게 좌절감을 줄 수 있으므로 처음에는 적당한 크기로 자른 말랑말랑한 빵과 같이 집어 올리기 쉬운 것부터 시작해서 점차 익숙해지면 땅콩, 콘플레이크와 같이 작은 물체를 집는 연습이 효과적이다. 또한 반찬을 제공할 때 동그랑땡이나 햄과 같이 포크로 집기 쉬운 음식보다는 나물과 같이 젓가락으로 먹는 것이 더 쉬운 음식을 제공하는 것도 큰 도움이 된다.

유아의 인지발달과 지도

사회인지

사회인지는 타인의 생각과 마음, 감정, 행동 등에 대한 인지를 의미하는 것으로 타인을 이해하고 다른 사람과 원만한 관계를 유지하는 데 필수적인 능력이다. 영아기에 이미 남들이 의도를 갖고 행동하는 것을 인식하기 시작해서 3~5세경 유아는 친한 친구가 여러 가지 상황에서 보여주는 전형적인 행동을 알며 연령이 높은 친구들은 적절하게 대처하는 모습을 보이기도 한다. 가령, 역할놀이에서 엄마아빠 놀이를 할 때 엄마 역할만 고집하는 친구가 있을 경우, 역할을 배정할 때 그 친구에게 먼저 엄마 역할을 할 것인지를 물어본다. 그리고 이 시기 유아는 학습 능력과 사회적 능력의 차이를 구분한다. 그래서 과제를 수행해야 할 때는 학습 능력이 높은 아이를 택하는 반면, 놀이를 할 때는 사회적 능력이 높은 아이를 택한다.[Droege & Stipek, 1993]

사회인지는 타인의 생각과 감정, 행동의도와 같은 내적 요소를 이해하는 측면에서 조망수용 능력의 발달과 밀접한 관련이 있다. 셀먼[Selman, 1976]에 의하면 조망수용 능력은 아동기 전반에 걸쳐 5단계 순서로 발달한다. 1단계 자아중심적 혹은 미분화된 조망수용단계[3~6세]에서는 타인의 기분이나 생각을 인지할 수 있으나 남들도 자신과 동일한 방식으로 느낀다고 생각한다. 2단계 사회정보적 조망수용단계[6~8세]에서는 남들이 자신과 다르게 생각할 수 있다는 것을 인지하지만, 그 이유는 단지 자신과 다른 정보를 알고 있기 때문이라고 생각한다. 3단계 자기반성적 조망수용단계[8~10세]에서는 자신과 남들이 동일한 정보를 갖고 있다고 하더라도 자신과 타인의 생각이 다를 수 있다는 것을 알며, 자신의 행동에 대한 타인의 반응을 예측할 수 있다. 그러나 자신과 타인의 입장을 동시에 고려하여 절충하지는 못한다. 4단계 상호적 조망수용단계[10~12세]에서는 제3자의 관점에서 자신과 타인의 입장을 동시에 고려할 수 있으며, 각자가 상대방의 관점에 대해 어떻게 반응할지를 예측할 수 있다. 마지막으로 5단계 사회적 조망수용단계[12세 이상]에서는 대부분의 사람들이 받아들이는 일반화된 사회적 입장을 가지고 있어 타인도 그러한 입장을 고려할 것이라는 것을 인식한다. 따라서 자아중심적 조망수용단계에 있는 유아들은 자신이 느끼는 것은 무엇이든 옳다고 생각하고 남들도 그렇게 느끼리라고 생각하는 오류를 범하게 된다.

타인에 대한 이해 돕기

이 시기의 유아들은 조망수용 능력의 미발달로 자신이 좋아하는 놀이는 다른 친구들도 모두 좋아하고 자신이 옳다고 생각하는 것은 다른 사람들이 모두 동의해줄 것이라고 생각한다. 그래서 그렇지 못한 상황이 벌어질 때 좌절하거나 혹은 갈등이 유발하여 다툼이 일어나기도 한다. 따라서 교사는 갈등상황이 벌어졌을 때 유아들에게 다른 사람의 생각과 감정, 느낌 등을 생각할 수 있는 기회를 제공하며 타인에 대한 이해 능력을 키울 수 있도록 지도한다. 가령, 타인에 대한 이해 부족으로 갈등상황이 벌어졌을 경우 갈등과 관련된 모든 유아들이 자신의 이야기를 할 수 있는 기회를 주고, 그 상황에서 자신의 감정은 어떠했는지 등을 이야기함으로써 다른 사람의 입장을 생각할 수 있는 기회를 제공하는 것이 바람직하다.

문제해결 능력

문제해결력은 문제상황이 벌어졌을 때 다각적인 사고를 통해 문제를 해결하는 능력이다. 이러한 문제해결력 발달에 큰 영향을 미치는 인지 능력으로 인과추론 능력과 대인문제해결 능력이 있다. 인과추론 능력은 새로운 상황이나 문제에 접했을 때 어떤 결과에 대한 원인 혹은 어떤 원인에 대한 결과가 무엇인지를 사고하는 능력으로,

생활지도 CHECK POINT

■ 위험한 상황에 대처하는 능력 키우기 ■

5세 정도 되면 혼자서 집 앞 놀이터에 나가 놀 수도 있고, 가까운 슈퍼에 심부름도 보낼 수 있다. 이러한 경험을 통해 아이는 부모의 도움 없이 혼자서 문제를 해결하는 경험을 가지며, 이는 초등학교에 가서 혼자서 많은 것을 해결해야 하는 상황에 적응하는 데 많은 도움이 된다. 그러나 이러한 과정에서 미아나 유괴로 아이가 실종될까 봐 혼자서 보내기가 걱정이 되는 것도 사실이다. 그렇다고 언제까지 부모나 교사가 늘 함께 할 수는 없는 법이니, 아이에게 이러한 위급한 상황에 적절하게 대처하는 방법을 알려주는 것이 더 현명한 방법일 수 있다. 경찰청에서 제시하는 실종아동 예방을 위해 유아들에게 꼭 지도해야 하는 사항은 다음과 같다.

■ 아이에게 이름과 나이, 주소, 전화번호, 부모 이름 등을 기억하도록 가르치세요.

평소 잘 알고 있는 내용도 당황하면 잊어버리기 쉬우므로 아주 익숙해지도록 반복해서 연습시켜야 합니다. 아이와 함께 실종아동 발생상황을 연출해보고 함께 역할극 등을 해보는 것이 꼭 필요합니다. 즉, 쇼핑몰이나 공원 등에서 길을 잃을 경우, 무작정 길을 걷지 말고 그 자리에서 멈춰 서서 기다리게 하고, 주위 어른들이나 경찰관에게 도움을 요청하는 연습을 해보는 것

유아가 사물과 세계에 대한 이해를 높이는 데 매우 중요한 인지능력이다. 즉, 유아는 주변 인물들의 행동과 정서적 반응에 대한 원인과 결과에 대한 지식을 습득하며 이를 기반으로 자신을 둘러싼 세계에 대한 이해를 넓혀나간다. 학자들 간에 논란이 존재하지만 3세경부터 인과추론을 할 수 있는 것으로 알려져 있다. 실제로 매코맥과 호를McCormack & Hoerl, 2005의 연구에서 3세 유아도 비교적 간단한 과제가 주어졌을 때 인과추론을 할 수 있는 것으로 보고되었다. 한편, 유아기에는 일상생활 중 대인관계에서 야기되는 갈등이나 문제를 해결하기 위해 사고하는 대인문제해결 능력이 급속하게 발달하는 양상을 보인다. 유아기의 대인문제해결 능력 또한 사회적 적응과 밀접한 관계가 있다는 점에서 중요하다.

입니다. 만약 아이가 전화할 수 있다면, 당황하지 말고 근처 공중전화나 가게에 들어가 부모에게 전화를 하고, 182 혹은 112에 신고하도록 가르칩니다.

■ **밖에 나갈 때는 누구랑 어디에 가는지 꼭 이야기하도록 가르치세요.**

평소에 밖으로 놀러 나갈 때에는 누구와 어디에 가는지 이야기하고, 언제 돌아올 것인지 등을 부모와 약속하는 습관을 들입니다. 또 가급적 외부에서는 잠시라도 혼자 다니지 않고, 친구들과 함께 다니도록 가르칩니다. 특히 사람이 많은 공원이나 놀이터, 공중화장실 등에 갈 때에는 친구들이나 믿을만한 어른과 함께 가도록 합니다.

■ **낯선 사람을 따라가지 않도록 주의시키세요.**

처음 보거나 잘 알지 못하는 사람을 따라가지 않도록 주의시킵니다. 막연히 낯선 사람을 경계하라고 가르치기보다는 구체적인 예를 들어 설명합니다. 즉, 길을 물어 보며 차에 태우거나, 엄마 친구를 사칭하거나, 강아지를 함께 찾아달라는 등 도움을 요청할 때도 단호히 거부할 수 있도록 하는 것입니다. 만약 낯선 사람이 자신의 이름을 부르며 데려 가려고 할 때에는 소리를 질러 주위 사람들에게 도움을 청하도록 가르쳐야 합니다.

문제해결 능력 키워주기

오늘날 지식정보화 사회에서는 단순히 지식이 많은 사람보다는 문제해결 능력이 높은 사람을 요구한다. 따라서 유아를 이러한 사회에 잘 적응할 수 있는 사람으로 키우기 위해 부모 및 교사가 함께 노력해야 한다. 유아의 문제해결 능력의 지도 방법은 다음과 같다.[중앙 M&B, 2010]

첫째, 웃음이 가득한 가정을 만든다. 유머와 웃음은 아이를 창의적으로 만들고, 창의적인 아이는 문제해결 능력도 높다. 둘째, 칭찬을 아끼지 않는다. 칭찬을 받은 아이는 늘 자신감 있게 문제를 해결해나간다. 셋째, 조금 쉬운 과제로 성취감을 느끼게 한다. 아이가 약간 힘들어 하지만 해낼 수 있는 과제를 제공하는 것이 아이의 자신감을 키워준다. 넷째, 혼자서 생각할 수 있는 시간적·공간적 여유를 준다. 충분한 시간

생활지도 CHECK POINT

유아 실종 예방을 위한 안전수칙 부모에게 지도하기

■ 자녀를 집에 혼자 두지 마세요.
잠시 외출한다고 아이를 혼자 두고 다니지 마세요. 특히 아이가 잠든 틈에 외출은 금물입니다. 아이가 집 바깥으로 엄마를 찾으러 나올 수 있습니다. 외출을 하게 될 때에는 믿을만한 친척이나 이웃에게 자녀를 돌봐달라고 부탁합니다.

■ 항상 자녀와 함께 다니세요.
가까운 곳에 외출했을 때에도 잠시도 아이 혼자 두지 마세요. 가까운 백화점, 슈퍼나 시장, 쇼핑몰, 영화관, 공원, 공중화장실 등에서 특히 주의하세요. 화장실을 혼자 가게 하거나 심부름을 시키거나 자동차 안에 혼자 두는 것도 위험합니다.

■ 실종아동 예방용품을 활용하세요.
아이가 어리거나 장애로 말을 못하는 경우 실종아동 예방용품을 착용하도록 하세요. 이름표 등을 착용하게 하고, 아이들의 이름과 연락처 등을 적을 때에는 바깥으로 쉽게 드러나지 않은 옷 안 쪽이나 신발 밑창 등에 새겨주는 것이 좋습니다. 낯선 사람들이 쉽게 접근할 수 있고 유괴의 소지가 될 수 있기 때문입니다.

적·공간적 여유가 주어지게 되면 아이는 심리적인 안정감을 가지고 과제를 해결하는 데 몰입할 수 있다. 다섯째, 실수를 인정하고 기다려준다. 아이가 실수했을 때는 아이를 탓하지 말고 다음에 더 잘할 수 있도록 용기를 북돋아준다. 여섯째, 도전할 수 있는 분위기를 만들어준다. 아주 위험한 일만 아니라면 아이가 문제해결에 도움이 된다고 생각하는 여러 가지 방법에 도전할 수 있는 기회를 제공한다. 이를 통해 아이는 문제를 해결하는 방법에는 한 가지만 있는 것이 아니라 여러 가지가 있다는 것을 알게 되고 자연스럽게 그중에서 효율적인 방법을 터득한다. 일곱째, 정답 대신 실마리를 제공한다. 아이가 과제를 해결하지 못해 끙끙거리고 있을 때 선불리 도와주지 않으며, 아이가 도움을 청할 때 정답이 아닌 문제 해결의 실마리를 제공한다.

■ 자녀에 관한 정보들을 기억해두세요.
자녀의 키, 몸무게, 생년월일, 신체특징, 버릇 등 상세한 정보를 알아두는 것은 실종아동 예방 및 실종아동 발생 시 유용하게 활용될 수 있습니다. 또한 매일매일 자녀가 어떤 옷을 입었는지 기억해두고, 아이의 인적사항을 적어 둔 카드를 비치해둡니다.

■ 자녀의 하루 일과와 친한 친구들을 알아두세요.
아이가 놀러 나갔다가 집으로 돌아오지 않는 경우, 재빨리 아이를 수소문해볼 수 있으려면 아이의 하루 일과를 부모가 자세히 알고 있어야 합니다. 바깥에 있는 아이가 구체적으로 어디에서, 누구와 있는지를 알아야 합니다. 외출할 때는 누가와 가는지, 언제 돌아올 것인지, 어디로 가는지 등을 물어보고 시간 약속을 지키도록 가르칩니다.

■ 정기적으로 자녀사진을 찍어두세요.
실종아동이 발생했을 때 가장 중요한 정보는 바로 아이들의 사진입니다. 아이들은 특히 성장이 빠르므로 너무 오래된 사진은 실종아동 찾기에 도움을 줄 수 없습니다. 가능한 정기적으로 아이 사진을 찍어 보관합니다.

자료: 경찰청 홈페이지.

유아의 언어발달과 지도

의사소통 능력

의사소통은 구어나 문어를 통한 언어적 요소 및 얼굴표정, 눈맞춤, 목소리, 억양 등의 비언어적 요소를 활용하여 사람들 간에 생각이나 감정을 교환하는 총체적 행위로서, 다른 사람과 관계를 맺으며 살아가기 위해서는 의사소통 능력이 기본이 된다. 유아기는 어휘 수가 빠르게 늘어나고 말하기를 즐기는 시기로 자신의 이야기를 들려주고 다른 사람의 생각을 듣고 이해하며 의사소통하는 능력이 빠르게 발달한다.

3세경에 유아는 1,000여 개 정도의 표현 어휘를 사용할 수 있고 한 번에 세 단어 또는 그 이상의 단어를 한 문장으로 말하기 시작한다. 부정문이나 복수형의 개념을 알게 되지만, 문법에 맞지 않는 불완전한 문장을 사용하곤 한다. 4세 유아는 어휘 수가 1,600개 정도 되며, 종종 시제나 문법 체계를 혼동하여 사용하지만 복문을 포함한 모든 문장을 표현할 수 있으며, 교사나 또래 친구 등의 상대방이 하는 말을 제대로 듣고 이해하고 이에 상응하는 말을 할 수 있다. 5세경에는 구어를 완전히 습득하며 어른과 거의 대등한 수준으로 언어 능력이 세련되어지며, 다른 사람의 이야기를 끝까지 집중해서 듣고 이에 대한 자신의 생각을 조리 있게 전개할 수 있다.

자신의 생각을 언어로 전달하도록 지도하기

언어발달이 가속화되는 유아기에는 상대에게 자신의 생각이나 감정을 전달하기 위해 공격적인 행동이 아닌 말을 사용하도록 단호하게 지도할 필요가 있다. 즉, 유아에게 분노를 느낄 때 그것을 말로 표현하는 것은 괜찮지만, 발로 차거나 주먹으로 때리는 것과 같은 신체적인 공격으로 표현하는 것은 안 된다는 것을 지도한다. 이를 위해 교사는 일상생활 속에서 경험하게 되는 다양한 갈등상황을 주제로 선정하여 유아들과 함께 이야기를 나누며 유아가 갈등상황에서 느껴는 생각이나 느낌 등을 자신의 언어로 자유롭게 이야기할 수 있게 격려한다. 유아가 자신의 언어로 표현할 때 다른 사람들이 알아들을 수 있는 언어로 표현하게 하는 것도 중요한 지도 항목이다.

바른 태도로 듣는 습관 기르기

유아기 또래들과의 원만한 관계형성을 위해서는 상대방이 말하는 것을 경청하는 자세가 기본이 되어야 한다. 올바른 듣기 태도란 상대방이 이야기하는 동안 몸을 움직이지 않고 말하는 사람의 눈과 입에 눈길을 고정하고 중간에 이야기를 끊지 않고 끝까지 듣는 것이다.

유아의 올바른 듣기 태도 형성에는 부모 및 교사의 듣기 태도가 중요한 본보기가 된다. 따라서 부모 및 교사는 유아와 이야기할 때 항상 무릎을 낮추어 눈높이를 맞추고 유아의 눈을 주시하면서 말하는 중간에 끼어들지 않고 유아의 말을 끝까지 집중해서 적극적으로 들어야 한다. 여기서 적극적으로 듣는다는 것은 귀로만 듣는 것이 아니라 눈빛으로, 얼굴표정으로, 몸으로 너의 이야기를 집중해서 듣고 있다는 것을 전달할 수 있어야 한다. 가령, 고개를 끄덕이며, 맞장구를 쳐주며 잘 듣고 있다는 것을 알려줄 수 있어야 한다. 간혹 바쁘다거나 전체 유아를 관찰해야 한다는 명목으로 유아의 이야기를 들으며 다른 일을 하거나 다른 곳을 바라보는 경우가 있는데 이는 유아들에게 자신의 말은 들을만한 가치가 없다는 인식과 함께 다른 사람의 말은 주의를 집중해서 듣지 않아도 된다는 인식을 심어주므로 주의한다.

상황에 맞는 언어 사용하기

유아는 자신의 이야기를 듣는 사람이 누구인지를 구분하고 시간과 장소의 특성에 따라 사용할 수 있는 언어가 다르다는 것을 알고 상황에 맞게 언어를 사용할 수 있어야 한다. 즉, 부모나 교사와 같은 어른에게는 공손하게 높임말을 또래친구나 동생에게는 친근하게 예사말을 사용해야 하며, 공연장이나 박물관과 같은 엄숙한 장소에서는 조용한 목소리로 운동장과 같이 활동적인 장소에서는 큰 목소리로 이야기해도 되며, 낮잠 및 휴식 시간에는 귓속말로 조용히 해야 하지만 실외놀이 시간에는 자유롭게 이야기해도 된다는 것을 알고 적절하게 말할 수 있어야 한다. 이를 위해 교사는 유아들이 처할 수 있는 다양한 상황을 설정하여 역할극 등을 통해 상황에 맞는 언어표현을 간접적으로 경험해볼 수 있는 기회를 충분히 제공할 수 있다. 한편, 특성이 다른 다양한 장소를 직접 견학하는 활동을 통해 교사가 모델링이 되어 유아들이 직접 경험해볼 수 있는 기회를 제공하는 것도 바람직하다. 가령, 박물관에 가서는 평소와 다르게 조용한 목소리로 인술한다거나 경기장에 가서는 큰 소리로 응원하는 모습을 보여주는 방법 등도 있을 것이다.

문해 능력 발달

문해 능력이란 글자를 읽고 쓸 수 있는 능력으로, 유아기는 아직 읽기와 쓰기에 능숙하지 않은 시기이다. 그러나 이 시기의 문해 환경에 따라 읽고 쓰기에 흥미를 갖게 함으로써 이후 시기 문해 능력 발달의 중요한 토대가 된다는 측면에서 가정과 기관에서 적절한 문해 환경을 제공하는 것이 중요하다. 3세 유아는 쓴 것과 그린 것을 구

생활지도 CHECK POINT

■ 아이와의 대화에서 걸림돌 제거하기 ■

유아의 의사소통 능력 발달에 부모 및 교사와의 대화가 중요한 영향을 미친다. 유아와 효과적으로 대화하기 위해서는 아이와 대화하는 데 걸림돌이 되는 장애물부터 제거한다. 아이와의 대화를 방해하는 장애물에는 명령과 지시하기, 심문하기, 관심 돌리기, 경고하고 협박하기, 동정하기, 비난하기 등이 있다. 명령과 지시, 예를 들어 "빨리 장난감 정리해!" 는 아이에게는 결정권이 없다는 의미를 전달하여 자신의 의사표현을 꺼리게 되며, 심문하기는 가령, "네가 장난감을 먼저 빼앗았지?" 는 부모 및 교사가 자신을 믿지 않는다고 생각함으로써 더 이상 말하고 싶어 하지 않게 한다. 관심 돌리기는 엄마가 가버려 슬퍼하는 아이에게 "우리 멋진 자동차 가지고 놀까?" 는 아이에게 무시당한 느낌을 갖게 하며, 경고하고 협박하기 어투의 예시로서 "장난감 정리 안 하면 동생반에 다 갖다 줄 거야?" 는 아이에게 반발심과 적개심을 심어주며, 비난하기 어투는 가령, "너 때문에 친구들이 속상해 하잖니." 는 아이의 마음에 상처를 준다. 한편, 동정하기 어투로서 "그래 너무 안 됐구나!" 는 아이 스스로 문제를 해결하려는 의지를 꺾고 부모 및 교사에게 더 의지하게 만드는 결과를 초래한다.[중앙M&B, 2010]

별할 수 있으며, 4세경 유아는 자신의 이름을 읽을 수 있으며 글자를 인식하기 시작하여 쓰여 있는 글자를 모방해 쓰기를 시도한다. 5세경에는 친구 이름과 같이 주변에서 자주 보는 글자를 읽을 수 있으며, 자신의 이름 정도는 쓸 수 있다.

유아의 정서발달과 지도

정서표현 및 정서이해 능력 발달

3세 유아는 스스로 기쁜 일이 많아 자주 웃는 편이지만 질투의 감정이 심해지며 어둠이나 괴물과 같이 시각적인 것에 공포를 나타내며, 4세 유아는 감정 기복이 심해 잘 놀다가도 잘 삐치곤 한다. 한편, 유아기에는 자신의 행동에 대한 평가 능력과 같이 좀 더 복잡한 인지 능력을 필요로 하는 자긍심, 죄책감, 당혹감, 수치심, 부러움과 같은 2차 정서가 발달한다. 이러한 2차 정서는 얼굴표정 외에 엄지손가락을 치켜세우거나 고개를 숙이거나 한숨을 쉬는 것과 같은 신체동작을 수반하는 특징을 보인다.

유아기가 되면 정서표현을 인식하는 능력도 발달한다. 분노나 슬픔과 같은 부정적 정서보다는 기쁨이나 행복과 같은 긍정적 정서를 더 잘 이해하게 된다. 얼굴표정을 모방할 때도 부정적 정서보다 긍정적 정서를 더 잘 모방하는 것으로 나타났다.[Harrigan, 1984] 3~4세경이 되면 기쁨, 슬픔, 분노, 놀람과 같은 비교적 단순한 정서에 대해 이를 야기하는 원인에 대해서도 이해하게 된다. 즉, 친구가 장난감을 빼앗았을 때 분노를 느끼며 엄마가 아플 때 슬프고, 자신이 원하는 선물을 받았을 때 기쁨을 느낀다는 것을 알 수 있다. 반면, 사람들이 진짜로 느끼는 정서와 그들이 겉으로 표현하는 정서가 다르다는 것을 잘 구별하지 못한다. 장난감이 망가져 화가 나는 상황인데 웃고 있는 표정을 짓거나 생일파티에서 친구에게 선물을 받고 기쁜 상황인데 화가 난 표정을 짓고 있으면 유아는 혼란을 느끼게 된다.[정옥분, 2008; Friend & Davis, 1993]

정서조절 능력 발달

정서조절 능력은 특정 상황에서 정서표현을 사회문화적으로 용인된 방법으로 조절하는 능력으로, 정서조절 능력의 발달에는 정서표출규칙에 대한 지식, 정서표현을 억제할 수 있는 능력, 정서를 통제하고자 하는 동기 등의 요소가 필요하다.[Sarrni, 1984]

특정 상황에서 어떤 정서는 표현해도 되고 어떤 정서는 표현해서는 안 된다는 규칙을 의미하는 정서표출규칙에 대한 지식은 영아기부터 습득하기 시작해서 유아의 연령이 높아질수록 증가한다. 친구가 아파서 울고 있을 때 웃어서는 안 된다는 것을 유아들은 정서표출 지식의 습득을 통해 알고 있다. 다른 사람 앞에서 부정적 정서표현을 억제하는 능력은 3세경에 나타나는데, 남아보다 여아가 자신의 정서를 더 잘 숨긴다.[정옥분, 2008] 가령, 어른으로부터 기대에 못 미치는 선물을 받았을 때 실망스런 진짜 감정을 숨기고 마치 만족스러운 듯한 과장된 미소를 지어 보이는 데 있어 여아가 남아보다 훨씬 수월한 모습을 보인다. 정서조절 결과에 대한 기대를 반영하는 정서조절 동기는 크게 부정적 결과를 회피하기 위한 동기와 관계 유지를 위한 친사회적 동기로 구분할 수 있다. 아직 상대방의 입장과 정서에 대한 이해가 부족한 유아기에는 친사회적 동기보다 부정적 결과를 회피하기 위한 동기가 중요한 정서조절 동기로 작용한다.

유아의 사회성발달과 지도

자아존중감

인생을 성공적으로 살아가는 데 핵심 요소로 여겨지는 자아존중감은 자기가치감과 자신감의 두 가지 요소로 구성된다. 자기가치감은 나는 다른 사람의 사랑과 관심을 받을만한 가치가 있는 존재라는 생각을, 자신감은 나는 주어진 일을 잘 해낼 수 있다는 믿음이다. 자아존중감이 높다는 것은 자기가치감과 자신감이 균형 있게 발달해 있음을 의미한다.

유아기의 자아존중감은 자아개념이 형성되기 시작하는 3세경에 발달하기 시작해서 일반적으로 유아기에는 자아존중감이 높은 편이다. 그러나 타인과의 반복적인 상호작용을 통해 탈자아중심성을 형성하기 시작하는 5세경에 이르게 되면 현실적인 수준의 자아존중감을 갖게 된다. 한편, 4~5세 유아는 자기평가 시 사회적 수용타인이 자신을 얼마나 좋아하는가과 과제수행 능력자신이 얼마나 과제수행을 잘 하는가을 중요시한다.Harter, 1990

그림책을 활용한 자아존중감 높이기

그림책은 아이의 자아존중감을 높여주는 좋은 도구가 될 수 있다. 자아 찾기, 나, 자신감 등을 주제로 한 그림책뿐만 아니라 아이의 마음을 어루만져줄 수 있는 그림책이면 모두 아이의 자아존중감을 높이는 데 활용할 수 있다. 좋은 그림책을 선정하는 것 못지않게 유아의 수준에 맞게 읽어주며 적절한 질문을 통해 아이의 생각을 열어주고 마음을 표현하도록 이끌어주는 것이 매우 중요하다. 또한 책을 읽고 나서 책 내용의 연장선상에서 만들기나 그리기, 몸으로 표현하기 등의 놀이를 하는 것도 도움이 된다. 예를 들어 그림책 『겁쟁이 빌리』를 읽고 "빌리는 왜 이렇게 걱정이 많을까?"와 같은 질문을 던지며 아이의 생각을 들어보거나, 찰흙 인형으로 걱정 인형을 만들어 자신의 고민을 털어 놓은 다음 해결책을 찾아보는 활동을 해볼 수 있다

자아존중감을 높이기 위한 지도방법

유아의 자아존중감을 높이기 위해서는 유아의 기를 살려줄 수 있는 방향으로 지도한다. 유아의 기를 살릴 수 있는 방법에는 유아에게 자신감 심어주기, 유아의 강점 키워주기, 유아 존중하기, 유아의 독립심 키워주기 등이 있다. 구체적인 내용을 살펴보면 표 4와 같다.

표 4 자아존중감 향상을 위한 전략

구분	전략	내용 및 지도 사례
자신감 심어주기	책임감 부여하기	• 유아의 능력에 대해 알고 있는 선 안에서 책임감을 부여한다. • "이 색종이를 친구들에게 3장씩 나눠주렴."
	조언 경청하기	• 유아에게 어떤 견해를 묻거나 무엇인가를 가르쳐달라고 한다. • "이 훌라후프를 가지고 어떻게 놀면 재미있을까?"
	개입 충동 억제하기	• 아이가 어려워하거나 불편해하더라도 해결해 주려 하지 말고 끝까지 해낼 수 있게 기다려준다. • "장난감 정리하는 게 많이 힘들지. 그런데 벌써 많이 정리했구나. 조금만 더 정리하면 교실이 정말 반짝반짝 빛이 날 것 같구나."
강점 키워주기	장점 인식하기	• 잘못을 지적하기보다 유아가 잘한 것이나 성공적인 경험을 찾아 칭찬해준다. • (김치를 먹지 않으려는 유아가 김치를 먹다가 토했을 때) "야, 오늘은 김치도 먹었구나. 정말 대단하구나."
	단계별 성취 격려하기	• 최종적인 목표 달성에 이르는 과정에서 무수히 작은 성공을 경험할 수 있게 단계마다 격려해준다. • "와, 젓가락으로 콩나물을 집는 데 성공했네. 이번에는 햄을 집어 볼까?"
존중해 주기	있는 그대로 사랑하기	• 과업의 성공 여부와 상관없이 언제나 유아의 있는 모습 그대로를 사랑하고 있다는 사실을 느끼게 해준다. • "실패하는 것을 두려워하지 않는 네가 참 자랑스럽구나!"
	잘못된 행동 구별하기	• 유아가 잘못된 행동을 했을 때 아이를 비난할 것이 아니라 행동이 잘못되었음을 정확하게 지적해준다. • "네가 나쁜 것이 아니라, 친구의 장난감을 빼앗는 행동이 잘못된 것이란다."
	개성 존중하기	• 유아가 보여주는 독특한 개성을 소중하게 생각한다는 것을 말과 행동으로 전달한다. • (유아가 새 소리를 흉내 내는 것에 흥미를 보이며) "와, 진짜 새가 소리를 내는 것 같구나. 그건 누구나 흉내 낼 수 없는 훌륭한 재능이란다."
독립심 키워주기	자립심 길러주기	• 유아를 위해 무엇인가를 해주는 대신에 유아 스스로 해낼 수 있도록 도와준다. • (신발이 잘 신겨지지 않아 애를 먹고 있을 때) "이제 ㅇㅇ가 혼자서 신발도 신을 줄 아는구나!"
	협동심 길러주기	• 친구들과 협력하여 무엇인가를 해낼 수 있는 경험을 제공한다. • "오늘은 공원에 산책 가서 모두 함께 쓰레기를 주워보는 게 어떨까?"

생활지도 CHECK POINT

정서를 잘 조절하는 아이로 키우기

존 가트맨 박사는 아이의 감정을 존중하고 받아주되 행동의 한계를 정해주는 감정코치형 부모 — "물고기가 죽어서 무척 슬프구나. 엄마도 키우던 물고기가 죽어서 얼마나 슬픈지 몰라. 하지만 우리가 이렇게 슬퍼하고만 있으면 물고기도 슬퍼할 거야. 우리 이 죽은 물고기를 위해서 무엇을 하면 좋을까?" — 에게서 자란 아이들은 자신의 감정을 잘 조절할 줄 알며, 다른 사람과의 관계도 원만하다. 반면, 아이의 모든 감정표현을 거리낌 없이 표현하게 하고 받아주며 그 한계를 정해주지 않고 감정을 다스리는 방법을 제시하지 못하는 부모 — "물고기가 죽어서 무척 슬프구나. 그래 네 마음이 괜찮아질 때까지 울어도 돼." — 에게서 자란 아이들은 감정을 조절하지 못해 정서적으로 똑똑하지 못한 아이로 성장하게 된다. 자신의 감정을 잘 조절하며 정서적으로 똑똑한 아이로 자라기 위해 필요한 감정코치법은 5단계로 구분해 적용할 수 있다.

양육행동 특징	양육행동 특징
1단계 자녀감정 인식하기	• 자녀의 감정이 어떤 상태인지 인식한다. • 부모 및 교사는 자신의 감정부터 잘 인식하고 있어야 한다. 자신의 감정을 인식하지 못하는 사람은 다른 사람의 감정도 제대로 읽지 못하기 때문이다.
2단계 정서적 교감하기	• 아이의 정서상태에 대해 공감한다. • 아이의 부정적 순간을 아이와 친밀해지고 감정을 다스리는 방법을 가르칠 수 있는 좋은 교육의 기회로 생각한다. 아이는 슬프고 화나고 무서울 때 부모 및 교사를 가장 필요로 한다.
3단계 잘 들어주기	• 아이의 말이나 행동에 숨은 메시지를 잘 들어준다. • 아이의 말에 귀를 기울이는 것뿐만 아니라 아이의 눈빛과 몸짓, 얼굴표정에도 관심을 기울이며 관찰하며 공감해준다. 이를 통해 아이는 부모가 자신의 감정을 타당하게 생각한다는 확신을 줄 수 있다.
4단계 감정에 이름 붙이기	• 아이가 표현한 감정에 이름을 붙여준다. • 슬픈, 마음이 아픈, 화난, 두려운 등의 단어를 사용해서 아이의 감정을 정의해준다. 이를 통해 아이는 형태가 없어 무섭고 불편했던 자신의 감정들이 누구나 겪을 수 있으며 또한 다스릴 수 있는 감정이라는 사실을 느끼며 정서적으로 안정감을 갖게 된다.
5단계 좋은 해결방안 찾기	• 문제상황을 해결할 수 있는 좋은 방안을 찾도록 돕는다. • 아이의 부적절한 행동에 대한 한계를 정해주면서 스스로 문제를 해결하도록 이끌어준다. • "친구가 네 장난감을 가져가서 화가 났구나. 나라도 화가 났을 거야. 하지만 친구를 때린 것은 잘못이란다. 다른 방법으로 네가 화가 났다는 것을 표현할 방법은 없었을까?"

친사회적 행동

친사회적 행동은 연령에 따라 다른 양상으로 나타나며, 유아의 연령이 높아질수록 나누기, 돕기, 협동하기, 격려하기, 공감하기, 보호 및 방어해주기 등과 같이 이전보다 다양한 형태의 친사회적 행동이 나타난다. 연령이 높아지면서 친사회적 행동이 증가하는 것은 이타적인 모델과 접촉하여 모델이 친사회적 행동을 한 후 보상을 관찰할 기회가 많아지고, 유아 자신이 친사회적 행동을 한 후 칭찬이나 애정과 같은 보상을 통해 강화를 받을 기회가 많아지기 때문이다.[Bandura, 1965] 한편, 유아기 유아는 자아중심적 사고로 역할조망 능력이나 공감 능력이 떨어지기 때문에, 유아기 동안에는 아직 타인의 이익을 위해 자발적으로 자기희생적인 행동을 하는 경우는 드물다. 일반적으로 남아에 비해 여아가 남을 더 잘 돕고 관대하고 동정심도 많을 것으로 가정하지만, 실제 연구에서는 뚜렷한 성차를 발견하기 어려운 것으로 보고하고 있다.[Eisenberg & Fabes, 1998]

본보기를 통해 친사회적 행동 가르치기

어른은 어린 아이들에게 강력한 역할 모델로서 어린 아이들은 어른들을 보면서 그대로 배운다. 따라서 일상생활 속에서 남을 돕는 행동, 나누는 행동, 위로하는 행동, 배려하는 행동, 칭찬하는 행동에 대한 교사 및 부모의 본보기는 유아들에게 친사회적인 행동을 직·간접적으로 경험하고 학습할 수 있는 좋은 기회를 제공한다. 가령, 놀이터에서 놀다가 넘어져 우는 아이의 눈물을 닦아주고 꼭 안아주며 위로하는 엄마를 보며 다른 사람을 위로하는 방법을 알게 되고, 무거운 장난감 바구니를 함께 들어주는 선생님을 보며 남을 돕는 방법을 자연스럽게 알게 된다. 특히 교사는 유아들의 이타성 형성에 책을 통해 가르치기보다는 자신의 언행 그 자체가 더 강력하게 영향을 미친다는 것을 항상 인식하고 주의할 필요가 있다.

도덕성발달

도덕성발달에 관한 피아제[Piaget, 1965]의 인지발달 이론에 의하면 타율적 도덕성 단계에 해당하는 4~5세 유아들은 규칙을 매우 신성하고 절대적인 것으로 여겨 규칙에 항상 복종해야 하며 규칙을 위반하면 벌을 받아야 한다고 생각한다. 또한 이 시기의 유아들은 의도보다 객관적 결과를 더 중시한다. 그래서 이 시기의 유아들은 엄마를 도와주려다가 접시 3개를 깨뜨린 영희와 엄마가 가지고 놀면 안 된다고 한 접시를 가지고 놀다 1개를 깨뜨린 철수 중에 철수가 더 나쁘다고 생각한다. 그러나 유아들은 타인의 의도를 헤아리지 못한다는 피아제의 주장과 달리 3세 유아도 이야기와 그림을 함께 제시하며 상황을 충분히 이해할 수 있게 설명해주면 도덕적 판단을 할 때 타인의 의도를 인식할 수 있으며, 의도와 결과를 모두 고려할 수 있는 것으로 나타났다.[Nelson, 1980] 또한 3세 유아도 거짓말과 실수를 분간할 수 있다.[Siegal & Peterson, 1998] 그러나 분명한 것은 어린 유아들은 연령이 높은 유아들에 비해 의도보다는 결과에 더 비중을 두는 경향이 있다.[Lapsley, 1996]

훈육방식과 도덕성 발달과의 관계

부모의 훈육방식은 자녀의 도덕성발달에 영향을 미치며, 훈육방식은 크게 애정철회, 세력행사, 귀납적 추론으로 구분할 수 있다.[Hoffman, 1970] 호프만[Hoffman]의 연구에 따르면 세 가지 훈육방식 중에서 귀납적 추론법이 자녀의 도덕적 성숙수준과 상관관계가 가장 높았다. 귀납적 추론법은 2세 정도의 어린 영아에게도 효과적인 것으로 나타났다. 따라서 이 시기 유아들에게 규칙을 위반하는 행동이나 도덕적으로 미성숙한 나쁜 행동을 억제하기 위해 부모 및 교사가 애정을 철회하거나 처벌적인 방법으로 지도하는 것은 바람직하지 않다. 귀납적인 추론법으로 지도하는 것이 가장 효과적이다.

표 5 훈육방식에 따른 상호작용

상황	훈육방식	내용 및 상호작용 사례
아이가 자꾸 자기 가방에 친구의 물건을 몰래 넣어 옴	애정철회법	• 자녀가 나쁜 행동을 하면 주의, 사랑, 승인을 보류한다. • "한 번만 더 친구 물건을 가져오면 더 이상 내가 사랑하는 딸이 아니라고 했지?"
	세력행사법	• 자녀의 행동을 통제하기 위해 강압적 명령, 신체적 속박, 체벌, 자녀가 누리는 권리의 중지 등을 사용한다. • "이제부터 네가 가장 좋아하는 ㅇㅇ장난감을 가지고 놀 수 없어."
	귀납적 추론법	• 그 행동이 왜 나쁜지를 설명하고 남에게 끼치는 영향을 설명해줄 뿐만 아니라 나쁜 행동을 벌충하려면 어떻게 해야 하는지도 알려준다. • "남의 물건을 허락도 없이 가져오는 것은 나쁜 행동이야. 네가 친구 물건을 가져오면 자기 물건을 잃어버린 친구가 얼마나 속상하겠니. 어떻게 하면 좋을까?"

공중도덕 가르치기

유아기 유아들은 가정과 어린이집 혹은 유치원 이외에 다른 사람들과 함께 하는 공간에서 생활하는 경험이 많아진다. 그리고 스스로 할 줄 아는 자조 능력이 발달하고 규칙을 인지하고 지킬 수 있게 되면서 여러 사람들이 함께 하는 공용공간에서 공중도덕을 지킬 것을 가르친다. 유아들이 공중도덕을 잘 익히려면 부모 및 교사가 먼저 이를 지키는 모습을 보여주고 자율적으로 지킬 수 있도록 지도하는 것이 바람직하다. 만일 강압적으로 강요하면 아이들은 심한 압박감을 느끼고 지키지 못했을 때 좌절감과 실패감을 느끼게 되어 부정적인 결과를 가져올 수 있기 때문이다.

또래관계

유아기 유아의 사회화 과정에서 또래집단이 차지하는 비중이 높아진다. 유아는 또래집단에서 또래들과의 상호작용 경험을 통해 자기중심적인 사고나 행동이 줄어들고 점차 사회구성원으로 필요한 기술이나 규범을 익히게 된다.[Rubin, Bukowski, & Parker, 1998] 그래서 이 시기에 이미 또래집단의 규칙을 준수하는 것이 또래관계에 중요하게 작용한다. 실제로 유아들은 또래집단의 규범을 잘 지키지 않는 친구들을 덜 좋아하는 경향을 보인다.Nesdale & Lambert, 2007 또래집단과의 친밀하고 지속적인 애정적 유대를 우정이라고 하는데, 유아기에도 또래집단과 우정을 형성한다. 그러나 유아들은 지속적인 관계에 관심이 있는 것이 아니라 일시적인 놀이상대로서 또래에게 관심을 갖는다. 그들에게는 같이 놀고 있는 모든 유아가 친구가 될 수 있다.정옥분, 2008

또래들과 사이좋게 지내기

이 시기 유아는 또래 아이와 관계를 맺으며 사이좋게 지낼 수 있으며 또래와의 우정을 경험하면서 우정의 소중함과 기쁨을 알게 되는 시기이다. 또래 아이들과 관계를 잘 맺지 못할 경우 이후 학교생활뿐 아니라 사회에 나가서도 어려움을 겪을 수 있다는 점을 고려할 때 유아기에 또래관계를 잘 맺을 수 있도록 도와주는 것이 중요하다. 이를 위해 교사는 민주적이고 따뜻한 교실 분위기를 조성하여 유아들이 또래와 자유롭게 서로 상호작용하며 놀이할 수 있도록 한다. 특히 교사의 다정하고 수용적인 교사의 언어와 행동은 또래들끼리의 놀이를 격려함으로써 유아들이 또래들과의 놀이의 즐거움을 느끼는 데 큰 도움이 된다. 또한 협동작업이나 협동놀이를 할 수 있는 기회를 자주 제공하는 것도 좋다. 함께 작업하고 놀이를 하면서 자신과 다른 사람의 의견에 차이가 있을 수 있다는 사실을 이해하고 서로 의논하며 양보하고 타협하는 것과 같은 다양한 방법으로 해결하는 경험을 통해 유아들은 사이좋게 지내는 즐거움의 기쁨을 경험한다.여성가족부, 2007

친구들과 잘 어울리지 못하는 아이 도와주기

또래 친구들과 잘 어울리지 못하는 아이들의 경우 친구를 사귀지 못하는 원인을 찾아내어 올바른 행동 방법을 알려주어야 한다. 친구를 잘 사귀지 못하는 유아의 유형별로 적절한 지도 방법을 살펴보면 표 6과 같다.

표 6 친구들과 잘 어울리지 못하는 유아에 대한 지도 방법

유형	지도 방법
자주 놀림을 받는 아이	• 어눌한 자세나 표정, 몸짓을 하고 있다면 그러한 자세, 표정, 몸짓부터 고치는 훈련을 한다. • 친구들이 자신을 놀리거나 괴롭힐 때 단호하게 '싫어'라고 말하도록 가르친다.
수줍음이 많은 아이	• 여러 명의 친구를 동시에 사귀게 하기보다는 가장 편안하게 여기는 친구와 먼저 친해지게 도와주고 점차 친구의 범위를 확대한다.
사소한 일에도 상처받는 아이	• 상처를 받은 상황을 역할극으로 연출해보며, 친구들은 장난으로 한 것일 뿐 자기를 싫어해서 한 행동이 아니었음을 이해시킨다.
괴롭히는 것을 좋아하는 아이	• 아이가 친절한 행동을 했을 때 과장되게 칭찬해주어, 친절한 행동을 더 많이 하도록 한다. • 자신의 화나 분노를 사회적으로 적절한 방식으로 표현하는 훈련을 한다. • 역할극을 통해 괴롭힘 당하는 친구의 입장을 생각해볼 수 있는 기회를 제공한다.

공격성 발달

공격의 형태도 연령이 증가함에 따라 변한다. 영아기에는 주로 장난감과 소유물을 얻기 위해 도구적 성격의 공격성을 보이는 반면, 유아기에는 상대를 골려주려는 의도를 가지고 놀리고 비웃거나 고자질하는 등의 적대적 공격의 비율이 높아진다. 한편, 영아기에는 상대방을 치거나 때리는 등의 신체적 공격이 많이 나타나지만, 연령이 증가함에 따라 공격적 상호작용의 빈도가 감소하고 신체적 공격 대신 언어적 공격의 비율이 높게 나타난다. 유아기 공격성의 빈도가 낮게 나타나는 이유는 크게 두 가지로 설명한다. 첫째, 부모 및 교사가 갈등상황이 생겼을 때 공격적인 행동이 아닌 공유하기, 타협하기, 협력하기 등의 긍정적인 방법으로 갈등상황을 해결하도록 지도하기 때문이다.[Emmerich, 1966] 둘째, 유아가 경험을 통해 공격적 행동 후에 친구와의 사이가 벌어지게 되는 공격성보다는 협상이나 협력과 같은 방법이 소기의 목적을 달성하는 데 훨씬 더 효과적이라는 것을 학습하기 때문[Fabes & Eisenberg, 1992]인 것으로 여겨진다.

공격적 행동을 유발하는 원인도 연령에 따라 다른 것으로 보고된다.[최순영, 2006] 2세경의 영아는 부모에게 혼이 나서 화가 났을 때 가장 공격적이지만, 유아기에는 형제

자매나 또래 간에 갈등이 있을 때 훨씬 더 공격적이다. 그리고 상대로부터 공격을 받았거나 좌절을 경험했을 때 이에 대한 보복행동은 3세 이후 유아기에 크게 증가하는 것으로 나타났다.[Cummings, Iannotti, & Zahn-Waxler, 1989] 한편, 신체적 공격뿐만 아니라 언어적 공격에서도 여아보다 남아의 공격성이 더 높은 것으로 보고된다.[Maccoby & Jacklin, 1980]

가정 화목을 통해 공격성 예방하기

일반적으로 가족과 화목하게 지내는 유아는 가족 이외 다른 사람과의 관계도 원만하게 형성한다. 이를 고려할 때, 교사는 유아가 가족들과 사이좋게 지낼 수 있도록 도와줌으로써 또래관계에서의 갈등으로 인한 유아들의 공격성을 예방하는 데 도움이 될 수 있다. 이를 위해 교사가 활용할 수 있는 생활지도의 예로 다음을 들 수 있다.[교육과학기술부, 2007] 첫째, 가족의 화목은 가족을 소중하게 여기는 마음에서 시작되므로, '만약에 가족이 없다면~'의 상황을 상상해본다. 둘째, 가족들과 겪었던 갈등상황에 대해 이야기를 나누고 그러한 상황에서 가장 좋은 해결방법은 무엇인지 함께 토의해본다. 셋째, 가정과 연계하여 가족들 간의 올바른 대화법 및 가족과 함께 할 수 있는 놀이에 대해 안내하고 실천할 수 있게 한다. 넷째, 유아가 가족에 대한 사랑을 느껴볼 수 있게 "나는 엄마, 아빠가 좋아요." 혹은 '우리 가족의 자랑거리' 등의 주제에 대해 글이나 그림으로 표현하게 한다.

친구에게 맞고 들어오는 아이 지도하기

교사는 친구들을 때리는 유아들을 걱정하지만, 부모들은 친구에게 맞고 들어오는 아이를 더 걱정하는 것이 현실이다. 그래서 많은 부모들은 아이가 맞고 들어오면 속상한 마음에 "너도 같이 때리지 그랬어."라고 말하곤 한다. 그러나 이러한 반응은 아이에게 절대 바람직하지 않다. 부모가 이렇게 반응할 경우 아이는 자신이 공격적이지 못했다고 자신을 비하하게 될 뿐만 아니라 폭력은 폭력으로 해결해야 한다는 잘못된 인식을 심어줄 수 있기 때문이다. 이보다는 평소 자신의 감정과 의사를 적절하게 표현하는 자기주장훈련을 통해 친구가 때리면 "싫어." "때리지 마." "때리는 건 나쁜 행동이야."라고 의사표현을 분명하게 하도록 지도한다.

유독 특정 아이에게 자주 맞고 들어온다면 그 친구를 집에 불러 함께 노는 것을 지켜보면서 어느 상황에서 공격을 당하는지 체크하는 것도 좋은 방법이다. 일단 공격적인 상황이 벌어지면 부모가 그 즉시 개입해서 상황을 중단시키고, 때린 이유를 들어보고 그런 행동이 왜 잘못되었는지 차근차근 설명해준다. 한편, 아이가 늘 맞는 편이라면 혹시 아이에게 문제가 있어서 맞는 것은 아닌지 놀이하는 상황을 살펴볼 필요도 있다. 가령, 화를 돋우거나 다른 아이를 자극하는 성향이 상대 유아가 공격적인 행동을 유발할 수 있다. 이러한 성향을 가진 아이의 경우에는 다른 또래들과 친화적으로 놀이하는 방법을 가르쳐야 한다.[중앙 M&B, 2010a]

성역할 발달

유아기 유아는 자신의 성정체성을 이해하기 위해 성별에 맞는 행동과 태도를 명확히 구분하는 경향이 있다. 4세경 유아는 성안정성을 획득하면서 시간이 지나도 자신의 성이 변하지 않는다는 것을 인식하며, 5세경부터 성항상성이 발달하기 시작하여 초등학교에 입학할 무렵이 되면 성항상성을 획득하게 된다. 성항성성 개념을 획득한 유아들은 외모나 복장, 행동의 변화에도 불구하고 성별이 변하지 않는다는 것을 알게 된다. 한편, 유아기에는 놀이, 성격, 행동특성, 직업 등과 관련하여 성별에 따라 사회적으로 승인된 행동양식의 특성들이 달라서 남자는 남자다워야 하고 여자는 여자다워야 한다는 것을 의미하는 성역할 고정관념의 습득이 활발해진다. 3세경부터 직업에 대한 성역할 고정관념이 나타나기 시작해서 5세경에 이르면 직업에 대한 성역할 고정관념이 현저히 높아진다. 또한 2세경부터 나타나기 시작한 동성 놀이친구에 대한 선호는 연령이 증가할수록 뚜렷해져 4세경부터는 이성 놀이친구를 거부하는 경향이 높게 나타난다. 그래서 유치원이나 어린이집의 유아들이 머리에 머리띠를 하고 나타난 남아를 두고 놀리는 것은 두 가지 측면에서 해석할 수 있다. 아직 성항상성을 획득하지 못한 유아들은 머리띠를 한 남아가 여아로 변할 것이라고 생각하기 때문일 수 있다. 또 다른 이유로는 성역할 고정관념의 형성으로 남아가 머리띠를 하는 것은 잘못된 것이라고 판단하기 때문일 수 있다.

다양한 성역할 경험 제공하기

정형화된 성역할 개념이 아닌 남성과 여성의 특성을 고루 지닌, 즉 양성성의 특성을 고루 갖춘 높은 잠재력을 지닌 유아로 성장하기 위해서는 기관에서 유아들이 다양한 역할모델을 경험할 수 있게 지도하는 것이 매우 중요하다. 이를 위해 일과 운영의 전반에서 교사의 세심한 주의와 배려가 필요하다. 가령, 활동을 위해 집단을 나눌 때도 남아와 여아로 집단을 나누기보다는 다른 방법으로, 예를 들어 형제가 있는 유아집단과 외동으로 구성된 유아집단을 사용한다. 자유선택놀이 시간에도 역할놀이는 여아들이 쌓기놀이는 남아들이 독차지하지 않도록 남아와 여아의 비율을 조정해 준다. 또한 가족이나 직업을 다룰 때도 가사를 돕는 아빠와 가정의 중요한 일을 스스로 결정하는 엄마, 축구를 좋아하는 여아, 여의사와 여경찰, 남자 미용사와 요리사 등을 소개할 수 있다.[여성가족부, 2007]

성에 대한 올바른 인식 심어주기

4~5세경의 유아들은 간혹 성에 관한 질문을 하거나 이해하지 못할 행동을 해서 어른들을 당황하게 할 때가 있다. 이때 성인들의 잘못된 대처가 유아들에게 성에 대한 부정적인 생각을 심어줄 수 있으므로, 유아들이 난처한 질문을 하거나 이해하지 못할 행동을 하더라도 다그치지 말고 차분하게 대처하는 것이 중요하다. 유아들의 성에 대한 질문이나 행동에 대한 올바른 대처요령을 소개하면 표 7과 같다.[중앙 M&B, 2010b]

표 7 성에 대한 질문이나 행동에 대한 올바른 대처요령

성 관련 질문 및 행동 유형	올바른 대응
아기는 어떻게 태어나요?	• "엄마 몸과 아빠 몸에는 아기씨가 있는데 아기씨끼리 만나면 아기가 된데요."
아기씨는 어떻게 만나요?	• "아빠의 아기씨는 고환에 사는데 음경을 통해서 나와요. 그리고 엄마의 아기씨는 배꼽 밑에 주먹만 한 자궁에 사는데 질이라는 길이 있어요. 질이랑 음경이 만나는 거예요."
왜 고추를 만지면 안 돼요? (자위행동을 할 때)	• "고추는 소중한 곳이어서 잘 보호해야 해요. 그런데 네가 자꾸 만지면 병균이 옮아서 아플 수도 있으니까 조심해야 해요."
아이가 엄마 아빠 놀이를 하면서 뽀뽀를 할 때	• 놀이를 못하게 하거나 간섭하기보다는 무심한 듯이 관찰하는 것이 좋다. 그리고 장난스런 뽀뽀 이상의 행동을 할 경우에는 다른 놀이로 관심을 돌릴 수 있도록 한다.

기본생활습관은 영유아가 일상생활에서 기본적으로 지켜야 할 생활자세를
습관화하는 것을 말한다. 즉, 아동이 사회구성원으로서 생활해가는 데
기본적으로 요구되는 바람직한 식사, 배변, 수면습관,
그리고 청결, 절제, 질서, 예절, 협동 등의 덕목을 뜻한다.

PART 4

아동생활지도의 실제

CHAPTER 12

기본생활습관 지도

학습개요

기본생활습관은 유아가 일상생활에서 기본이 되는 생활자세를 익혀 습관화하는 것을 의미한다. 영유아기부터 익혀야 할 기본습관은 자신을 관리하는 영역과 집단생활을 하는데 필요한 영역으로 구성된다. 여러 학자들과 우리의 전통 속담에서도 지적한 바와 같이 가소성이 풍부한 영유아기에 형성된 기본생활습관은 한 인간의 전체적인 삶에 중요한 의미를 지닌다.

이 장에서는 기본생활습관의 개념과 내용에 대해서 살펴보고, 기본생활습관 형성의 의의와 지도 원리를 알아본 후 그 실제를 살펴본다.

학습목표

- 기본생활습관의 개념 및 내용에 대해 학습한다.
- 기본생활습관 형성의 의의 및 지도 원리를 학습한다.
- 기본생활습관 지도의 실제적 기술을 익힌다.

주요 용어

기본생활습관, 가소성

기본생활습관의 개념 및 내용

기본생활습관의 개념

기본생활습관은 영유아가 일상생활에서 기본적으로 지켜야 할 생활자세를 습관화하는 것을 말한다. 즉, 아동이 사회구성원으로서 생활해가는 데 기본적으로 요구되는 바람직한 식사, 배변, 수면습관, 그리고 청결, 절제, 질서, 예절, 협동 등의 덕목을 뜻한다.

기본생활습관은 한 개인의 버릇이나 습관을 넘어 개인이 속해있는 집단의 문화와 규범을 반영한다. 각 유아가 속해있는 문화권은 개인이 스스로를 관리할 수 있는 자조기능과 더불어 타인과의 공동생활을 위해 가치 있다고 여겨지는 자세와 태도를 습득한다. 예를 들어 식사습관은 자조적인 측면에서 보면 배고픔이라는 생물적 욕구는 건강을 해치지 않는 방식으로 충족하는 일로 단순화할 수 있으나, 타인과의 관계 속에서 생각하면 소리 내어 먹지 않고[예절], 적당량을[절제], 깨끗이[청결], 정해진 시간에 먹는[질서] 등의 덕목이 요구되는 생활습관이 된다. 따라서 기본생활습관은 각 개인의 버릇이나 습관으로 가볍게 여겨서는 안 되며, 가정이나 사회에서 함께 나누는 가치와 규범이 내포되어 있는 중요한 문화로서 교육한다. 이러한 기본생활습관은 영유아기부터 잘 형성되고 일생을 통해 유지되는 것이 바람직하다.

기본생활습관의 내용

영유아기부터 아동이 몸에 익혀야 할 습관은 자신을 관리하는 영역과 집단생활을 하는데 필요한 영역으로 나눌 수 있다.[이시용 외2000] 아동이 자율적이고 자주적인 생활습관을 형성하기 위해서는 먼저 아동 각자가 자기 자신을 이해하고 잘 관리하는 것이 요구된다. 아동이 자신의 건강을 유지하고 자립성과 독립성을 기르는 데 기본이 되는 생활습관에는 생리적 생활에 필요한 식사, 배변, 수면 등이 있다.

아동이 자신을 관리하는 습관은 아동 자신을 넘어 타인 또는 주변환경과의 관계를 잘 관리하는 습관으로 확장된다. 이러한 습관은 집단생활에 요구되는 영역으로, 집단생활에 대한 훈련과정이 결여되면 개인적 삶 자체가 어려워질 뿐 아니라 개인이 속한 사회와 환경에도 피해를 준다. 또한 타인 또는 주변환경과의 관계를 이해하면서 형성되는 기본생활습관은 유아의 자주성 수준을 한층 높여준다. 즉, 이웃, 어린이집, 유치원 등 다양한 곳에서 의·식·주 생활은 타인과 함께 나누는 과정을 통해 자조능력이 형성된다. 사회적 생활의 기초가 되는 생활습관에는 절제, 청결, 질서, 예절, 협동 등이 있다.

따라서 아동의 기본생활습관은 아동 자신에 대한 관리 영역으로 먹는 일, 배설하는 일, 휴식하는 일 등 생명 유지를 위해 필요한 내용과 청결하기, 절제하기, 질서 지키기, 예절 지키기, 협동하기 등 타인과 주변환경과의 관계 속에서 형성되는 내용이 포함된다. 이와 같이 아동의 생활습관은 성장 과정을 통해 길러지며, 이른 시기에 안정화될수록 아동의 자주성과 타인과 더불어 살아가는 능력의 기초로서 잘 기능할 수 있다.

기본생활습관 형성의 의의 및 지도원리

기본생활습관 형성의 의의

코메니우스Comenius는 "어릴 때 굽은 나무는 곧게 되기가 힘들다."라는 격언으로 아동기의 교육을 통해 바른 생활습관을 형성해야 할 필요성을 설명한다. 루소Rousseau는 저서 『에밀』에서 "잘못된 것을 배우는 아이는 아무것도 배우지 못한 아이보다 못하다."고 밝혔다. 몬테소리Montessori는 아동기는 어떤 시기보다 태도나 습관 형성에 중요한 시기이므로, 올바른 생활습관을 형성하기 위해서는 정서적 민감기인 아동기의 발달에 적합한 교육환경을 제공하는 것과 반복학습이 중요하다고 보았다. 로크Locke도 인간의 행동 중 많은 부분이 아동기의 반복활동을 통해 형성된다고 하였고, 듀이Dewey 역시 일상생활에서의 '반복활동'을 중요하게 여겼다. 5세 전후로 형성된 성격이 이후의 삶에 중요한 영향을 준다는 프로이트Freud의 통찰력은 부모의 생활지도 중요성을 강조한다. 우리나라에서도 "세살 버릇 여든까지 간다."라는 속담이 있을 정도로 어린 시기에 형성된 생활습관은 아동기, 청소년기, 중·장·노년기까지 전 생애 생활방식의 기초가 된다고 보았다.

이상과 같은 학자들의 견해와 우리의 속담에서 공통된 내용은 아동기가 가소성이 풍부한 시기로 기본생활습관 형성에 가장 중요한 시기임과 동시에 이때 형성된 기본생활습관이 한 인간의 전체적인 삶에 중요한 의미를 지닌다는 것이다[김준규 외, 2005]. 아동기에 형성된 기본생활습관은 미래의 인격 형성과 사회성 발달에 중요한 역할을 하므로, 한 개인의 장래의 성패를 좌우한다 해도 과언이 아니다. 또한 기본생활습관은 한 사람의 버릇이나 개별적인 습관을 넘어 집단의 문화, 가치와 규범이 관련된다는 점에서 영·유아기부터 중요한 교육의 내용으로 다루어져야 한다[이시용 외, 2000]

기본생활습관 형성의 지도 원리

어린 유아들은 독립적인 생활을 하기에는 발달적으로 부족한 면이 많다. 신체발달 수준도 스스로 식생활을 영위하거나 신체의 청결을 유지하기에 부족하며, 질서와 예절에 관련된 행동통제를 일관적으로 기대하기에는 정서발달도 아직 미흡하다. 또한 유아의 자기중심적 사고는 대인관계의 어려움을 가져오기도 한다. 따라서 아동을 위한 기본생활습관 형성의 지도 원리는 아동의 발달 수준에 적합하도록 구성한다. 아동이 스스로 바람직한 수준에 도달하고 올바른 생활습관을 형성하기 위해서는 반복적이고 지속적인 지도가 이루어져야 한다.

아동의 기본생활습관을 바르게 형성하기 위해 요구되는 주요 원리는 다음과 같다.김준규 외, 2005; 이시용 외, 2000

첫째, 아동의 자율성을 신장하는 데 중점을 두어야 한다. 장기적인 효과를 목표로 한다면 명령과 지시로 아동에게 맹목적인 복종을 강요하거나 강화나 보상의 원리만을 강조하여 훈련하는 것은 바람직하지 않다. 그러한 훈련은 아동에게 수동적인 생활태도를 형성시켜 감시받는 경우에만 규율을 지키는 결과를 초래한다. 따라서 아동 자신이 자율적으로 자신을 통제하고 자기 문제를 스스로 해결할 수 있는 힘을 기르는 데 중점을 두어 기본생활습관을 지도한다.

둘째, 아동 간의 협동심을 신장하는데 중점을 두어야 한다. 아동의 기본생활습관은 자신과 관련된 사람과 주변환경의 관계로부터 형성되며 공동의 목표를 위해 협동할 수 있는 성향을 기르는 데 목표를 두어야 한다. 뿐만 아니라 협동심을 신장함으로써 다른 사람들과 더불어 화목하게 살아가는 것은 아동생활지도의 궁극적 목적이 될 수 있다.

셋째, 체험을 통해 아동의 기본생활습관이 올바르게 형성할 수 있다. 기본생활습관을 형성하려면 실제 경험을 통한 체험교육이 필요하다. 아동의 기본생활습관은 언어를 통한 지시나 설교와 같은 간접 교육보다 실제생활을 통한 직접적 경험과 체험을 통해 자신의 생각과 느낌을 표현함으로써 발달한다.

넷째, 반복적으로 연습할 수 있는 체계적이고 지속적인 교육이 요구된다. 기본생활습관은 본질적으로 하나의 행동을 꾸준히 반복함으로써 형성된다. 따라서 일상생활 속에 기본생활습관이 정착되기 위해서는 아동이 스스로 의식하지 않아도 규칙적으로 매일 일관된 연습이 필요하다. 특히 아동은 발달적으로 미흡한 면이 많으므로 발달 수준에 맞게 체계적인 지도 계획을 수립하여 생활습관으로 정착될 수 있도록 한다.

다섯째, 성인은 아동이 모델링하는 대상이므로 행동의 모범을 보여야 한다. 반두라는 인간의 행동은 성숙한 존재의 행동을 모방하는 것을 통해 발달한다고 한다. 아동은 성인의 행동을 의식적 혹은 무의식적으로 모방하여 바람직한 행동뿐 아니라 바람직하지 못한 행동도 형성해간다. 따라서 아동이 바람직한 생활습관을 몸에 익히도록 하기 위해서는 성인이 언어를 통한 지시나 훈육이 아닌 실제적인 행동의 본보기를 보여주어 아동 스스로 좋은 습관을 익히도록 배려한다.

여섯째, 아동이 스스로 할 수 있는 동기를 유발한다. 좋은 습관은 강요를 통해 억지로 하기보다는 하고 싶은 마음이 생겨 스스로 할 때 잘 형성된다. 이를 위해 아동 스스로 하고자 하는 의욕이 생길 수 있도록 주변환경을 조성하며, 일상생활에서 아동이 바람직한 행동을 보였을 때 성인이 즉시 강화를 해주는 것도 필요하다. 잘못된 행동이나 모자라는 행동을 꾸중하거나 벌하는 것보다 아동의 행동을 잘 관찰하여 바람직한 행동이 나타나면 칭찬과 격려는 궁극적으로 나쁜 습관을 없애고 좋은 습관을 형성하는 방법이다. 또한 유아에게 자신의 바람직한 행동으로 발생한 결과를 이야기해주는 피드백도 필요하다. 타인의 긍정적인 피드백을 통해 스스로 바람직한 행동에 대한 동기를 유발시킬 수 있기 때문이다.

일곱째, 기본생활습관이 형성되도록 지도하기 위해서는 반드시 습관 형성의 시기를 고려한다. 교사나 부모는 아동의 연령에 따른 발달 수준을 잘 알아야 하며, 같은 연령의 아동에 대해서도 발달 수준의 개인차를 충분히 반영하여 기본생활습관 형성을 지도한다. 아동 개개인이 모두 다른 능력을 지녔고 발달 수준도 다르므로 이에 적합한 내용을 지도해야 발달 수준에 맞는 기본생활습관을 형성할 수 있다. 뿐만 아니라 아동은 신체·인지·정서·사회적 능력의 정도에 있어 상이한 발달 수준을 보일 수 있으므로 교사나 부모는 이에 대해서도 충분히 파악하여야 한다.

여덟째, 아동의 기본생활습관은 어린이집이나 유치원, 학교뿐 아니라 가정과 사회가 협동적인 관계를 유지할 때 잘 형성된다. 즉, 가정과 사회에서도 어린이집이나 유치원, 학교의 방침과 일관된 지도를 위해 유기적인 연대를 형성해야 한다.

기본생활습관 지도의 실제

아홉째, 아동의 기본생활습관 형성 상태에 대해 주기적으로 평가한다. 주기적으로 평가를 실시하면 이후 교육계획이나 아동 개인 지도에 참고할 수 있다. 평가 시에는 일화기록, 체계적인 관찰법 등 다양한 방법으로 자료를 수집하여 신뢰할 수 있는 평가가 이루어져야 한다.

아동의 자율적이고 자주적인 기본생활습관 형성은 자신에 대한 이해와 관리 및 또래와 주변환경과의 관계를 이해하는 것을 전제로 한다. 따라서 이러한 개인적·사회적 차원을 고려하여, 아동의 기본생활습관 지도의 실제적 내용은 식사, 배변, 수면 및 청결, 절제, 질서, 예절, 협동의 영역으로 구분된다. 다음에서 각 영역별로 지도내용, 지도 시 유의사항, 그리고 지도 활동의 예를 살펴본다.

식사습관 지도

아동기는 빠르게 성장과 발육이 이루어지고 운동기능의 발달로 신체활동량이 많은 시기이다. 따라서 이 시기에는 발달과 활동에 필요한 영양소를 골고루 섭취하는 것이 중요하여, 이를 위해 무엇보다 바른 식사습관이 중요하다. 올바른 식사습관을 형성하면 식사과정에서 정서적인 만족감과 안정감을 느낄 수 있어 사회성과 정서 발달에도 도움이 된다. 이 시기에 형성된 식사습관이나 음식에 대한 기호는 일생 동안 지속되어 영양섭취에 영향을 미칠 수 있다. 따라서 아동기에 다루는 식사습관 지도에는 음식에 대한 기초, 음식에 대한 태도, 식사예절 등이 포함된다.

아동기에 올바른 식사습관의 기초를 마련하기 위해서 부모와 교사는 아동의 발달특성을 고려하여 점진적이고 단계적인 지도가 필요하다.[조운주·최일선, 2004] 12개월~2세 유아는 혼자 먹으려고 하기 때문에 스스로 먹는 연습을 시작할 수 있으며, 정해진 시간과 장소에서 하루 3번 식사하는 것을 지도할 수 있다. 2세가 되면 숟가락이나 포크를 사용하여 스스로 먹을 수 있는 기회를 제공한다. 3~4세 유아들은 활동량이

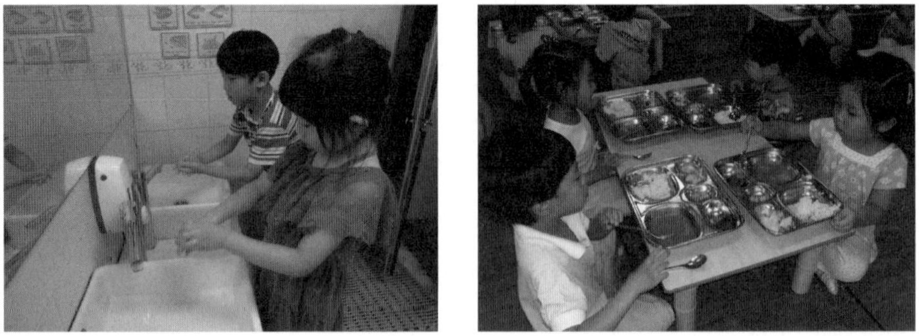

그림 1 식사습관 지도

증가하여 음식에 대한 흥미가 생기고 식사태도를 이해하기 시작한다. 4~5세가 되면 친구나 성인과 대화하며 식사를 할 수 있고 올바른 식사태도를 이해할 수 있어 식사 시 지켜야 할 규칙이나 예절을 지도하면 효과적이다. 뿐만 아니라 부모와 교사는 아동에게 점진적으로 새로운 음식을 제공하고 사용하기 쉬운 도구를 제공하며, 아동이 좋아하는 요리방법과 아동의 소화력을 고려하여 적합한 음식을 제공함으로써 올바른 식사습관 형성에 도움을 줄 수 있다.

식사습관 지도의 내용

- 식사 전에 손을 씻고 감사의 마음을 표현한다.
- 기쁘고 즐거운 마음으로 식사한다.
- 음식을 가리지 않고 골고루 먹는다.
- 천천히 음식을 적당량 꼭꼭 씹어 먹는다.
- 음식을 입에 넣고 이야기하지 않는다.
- 돌아다니지 않고 식사한다.
- 깨끗이 음식을 먹는다.
- 식사 후 자기 그릇은 스스로 정리한다.
- 식사 후 이를 닦는다.

식사습관 지도 시 유의사항

- 아동의 발달 수준과 건강 및 기분 상태 등을 고려하여 융통성 있게 지도한다.

- 아동의 식욕이 쉽게 변화할 수 있다는 것을 이해한다.
- 즐겁게 음식을 먹는 것이 중요하므로 편안한 분위기를 조성한다.
- 성인이 지나치게 강요하거나 간섭하지 않는다.
- 지속적으로 음식을 먹지 않고 장난하고 딴 짓을 할 때에는 아동의 의견을 묻고 그릇을 정리한다.
- 간식시간은 15분, 식사시간은 30분 내외로 지도하는 것이 좋으나 개별 아동에 따라 융통성 있게 지도한다.
- 직접적인 지도방법뿐 아니라 관련 동화나 시청각 자료를 보고 이야기 나누기, 토의, 견학 등의 활동을 통해 아동 스스로 이해하고 문제를 해결할 수 있도록 배려한다.
- 아동에게 모델이 되는 성인이 스스로 올바른 식사습관을 실천한다.
- 가정과 연계하여 일관성 있게 식사습관 지도를 하는 것이 중요하다.

표 1 식사습관 지도 활동의 예시

활동명	"난 ○○○는 절대 안 먹어."
활동목표	음식을 골고루 먹는 습관을 기른다.
준비물	동화책 『난 토마토 절대 안 먹어』, 여러 가지 음식 사진, 도화지, 사인펜과 색연필 〈동화내용〉 조그맣고 아주 웃기는 여동생 롤라의 편식하는 습관을 고쳐주는 오빠 찰리의 기발한 상상력. 롤라는 편식하는 습관이 지나쳐 당근과 콩, 감자, 버섯, 달걀, 소시지, 꽃양배추, 양배추, 콩 요리, 바나나, 오렌지, 사과, 밥, 치즈, 생선튀김, 그리고 특히 토마토는 절대 안 먹는다고 버틴다. 오빠는 "그거 참 잘 됐네."라고 하면서 당근은 오렌지뽕가지뽕, 콩은 초록방울, 생선튀김은 바다얌냠이, 으깬 감자는 구름보라기라는 이름을 지어준다. 물론 이런 음식들이 오게 된 장소도 그럴듯하게 상상력을 동원해 설명해주는 것을 잊지 않는다. 여동생은 오빠의 상상력 세계에 심취되어 마침내 토마토를 먹겠다고 한다. 놀란 오빠가 "왠일이냐?"고 묻자 그것은 토마토가 아니라 달에서 가져온 "달치익쏴아."라고 말하며 신이 난다.
활동내용	1. 아동에게 토마토 사진을 보여주며 무엇인지 묻고, 먹어본 적이 있는지, 맛은 어떤지, 좋아하는지에 대해 이야기 나눈다. "이것이 무엇인가요? 먹어본 적은 있나요? 맛은 어때요? 여러분은 토마토를 좋아하나요?" 2. 토마토를 절대 안 먹는 롤라의 이야기를 들려준다. 3. 어떻게 해서 롤라가 토마토를 먹고 싶어졌는지에 대해 이야기 나눈다. "롤라가 먹기 싫어하는 음식이 무엇이었나요?" "롤라는 어떻게 해서 토마토를 먹고 싶어졌을까요?" 4. 아동에게 자신이 먹기 싫은 음식이 무엇인지를 이야기한다. 이때 여러 가지 음식 사진을 활용한다. 5. 아동에게 자신이 먹기 싫은 음식에 다른 재미난 이름을 지어주자고 말하고 서로의 생각을 함께 나눈다. 이때 상상력이 풍부한 대답은 강화해준다. "여러분이 먹기 싫은 음식에 어떤 재미난 이름을 지어줄까요?" 6. 도화지에 자기가 싫어하는 음식을 그리고, 그림 위 제목 부분에 '○○○'이라고 적어본다.

배변습관 지도

배변습관을 지도하기 위해서는 먼저 적절한 훈련시기를 파악해야 한다. 일반적으로 18~24개월 사이에 영아들은 방광과 항문의 괄약근을 통제할 수 있는 생리적 능력을 갖게 된다. 대소변에 내한 의사가 분명해지면서 욕구를 언어적으로 표현할 수 있고 변기에 관심을 갖기 시작하며, 혼자서 설 수도 있고 소변 간격이 2시간 이상이 되면 대소변 가리기 훈련을 시작할 수 있다.[조운주·최일선, 2004] 배변훈련을 시작한 다음에는 대변과 소변을 칭하는 말[응가, 쉬]을 가르쳐주어 대소변 욕구를 느낄 때 유아가 언어적으로 표현할 수 있도록 지도한다. 다음에는 유아용 변기를 이용하여 장난감처럼 친해지는 단계를 거치고, 유아의 배변리듬을 파악하여 하루에 3~4번 규칙적으로 변기에 앉아 대소변을 보게 하는 단계로 진행한다. 대체로 24~30개월이 되면 방광의 조절능력 발달로 소변이 마려울 때 어느 정도 참을 수 있게 되어 스스로 화장실이나 변기에 가서 소변을 볼 수 있다. 30~36개월이 되면 밤에 소변을 보지 않아도 될 정도로 조절능력이 향상된다.

그러나 방광 및 항문의 통제능력에도 개인차가 있으므로 배변훈련의 시기는 달라질 수 있다. 또한 일찍 배변훈련을 시작하였다고 하여 반드시 빨리 대소변을 가리는 것도 아니다. 때에 따라 대소변을 잘 가리던 유아도 신체적·심리적·환경적 요인에 따라 실수를 할 수 있다. 더욱이 강압적인 훈련은 스트레스가 되어 유아의 성격 형성이나 정신 건강에 좋지 않다. 프로이트는 배변훈련 시 지나치게 유아를 통제하면

그림 2 배변습관 지도

인색하거나 결벽적인 성격이 형성될 수 있다고 한다. 에릭슨도 유아 스스로 대소변을 가릴 때 칭찬으로 격려하면 자율성이 발달하지만 지나치게 엄격한 훈련은 수치심을 발달한다고 한다. 따라서 유아가 배변 시 실수를 하여도 수치심을 느끼지 않도록 배려하고 스스로 배변을 통제하면서 만족감과 성취감을 느낄 수 있도록 지도하는 데 중점을 두어야 한다. 영유아 보육·교육기관에서 또래들과 함께 배변훈련을 시작하는 것은 영유아가 심리적으로 안정감을 가질 수 있도록 해준다.

배변습관 지도의 내용

- 규칙적으로 대소변을 본다.
- 대소변 욕구를 느낄 때 언어적으로 표현한다.
- 화장실에 있는 용기들의 정확한 사용법물 내리는 법 등을 안다.
- 배변 후 반드시 손을 씻는다.
- 화장실을 깨끗이 사용한다.
- 휴지를 아껴 쓰고 다 쓴 휴지는 휴지통에 버린다.

표 2 배변습관 지도 활동의 예시

활동명	변기의 사용
활동목표	1. 변기에 대한 친근감을 높인다. 2. 변기 사용법을 알아본다.
준비물	변기의 자세한 그림, 폐품을 이용하여 만든 변기, 인형
활동내용	1. 화장실에 가서 화장실에 있는 것들에 대해 알아본다. 2. 교사의 그림 자료(변기의 자세한 그림)를 보며 각 부분에 대해 말해본다. "이것의 이름은 무엇인가요?" "이것은 어떻게 사용하나요?" 3. 변기를 사용할 때 어떻게 하는지 몇 아동 몇 명이 나와 인형과 폐품으로 만든 변기를 이용해서 말해보도록 한다. "변기를 어떻게 이용하는지 여기 인형과 변기 장난감으로 한 번 해볼 수 있을까요?" 4. 남자와 여자는 왜 변기의 사용방법이 다른지, 소변이나 대변을 보고 왜 물을 내려야 하는지 등에 대해 이야기를 나눈다. "남자 친구와 여자 친구는 변기를 사용할 때 다른가요?" "소변이나 대변을 본 다음에는 왜 물을 내려야 할까요?" 5. 상자나 의자를 이용하여 만든 변기를 역할놀이 영역에 두고 활용한다.

자료: 이대균, 송정원(2005). pp.184-185.

배변습관 지도 시 유의사항

- 영아가 변기 사용을 거부하지 않도록 서두르거나 강요하지 않는다.
- 실수를 할 때에는 수치심을 주지 않도록 주의한다. 만약 실수를 하면 다른 또래가 눈치 채지 않게 처리해주고 괜찮다고 안정시킨다.
- 3세 이하의 유아들은 활동 전후 등 규칙적으로 화장실에 갈 수 있도록 하루 일과를 운영한다.
- 유아가 놀이에 몰두하면 실수할 수 있으므로, 유아의 표정을 관찰하여 화장실에 다녀온 후 놀이를 하도록 지도한다.
- 유아의 실수를 줄이기 위해 유아 스스로 입고 벗기 편한 옷을 입히며, 실수에 대비하여 여벌옷을 넉넉히 준비한다.
- 유아가 가치혼란이나 욕구불만을 느끼지 않도록 가정에서도 연계하여 배변훈련을 실시한다.

수면습관 지도

수면은 낮 동안 사용하였던 뇌의 신경세포를 다시 정리하고 육체적·정신적 피로 회복과 건강한 생활을 위해 반드시 필요하다. 생후 4개월이 되면 주로 낮 시간에 각성을 하고 밤 시간에 수면을 하는 패턴이 가능하도록 영아의 중추신경계가 성숙하며, 유아는 성장해가면서 더욱 규칙적인 수면습관을 가지게 된다. 성인은 하루 8시

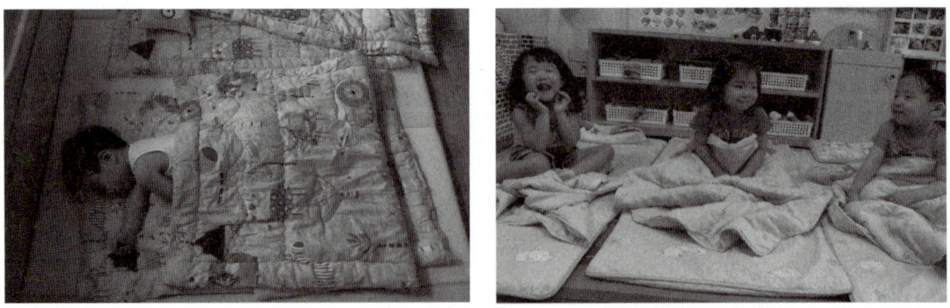

그림 3 수면습관 지도

간 정도의 수면으로 충분하지만, 1~2세 영아는 12~14시간, 2~5세 유아는 10~12시간, 5세 이상의 아동은 10시간 정도의 수면이 필요하다. 특히 활동량이 많은 유아와 아동은 건강과 성장을 위하여 야간 수면뿐만 아니라 1일 1회 이상의 낮잠을 필요로 한다.

아동에게 지도해야 하는 수면습관에는 일정 시간에 수면을 하고, 충분한 시간 동안 숙면을 취하는 것 등이 포함된다. 잠을 푹 자지 못한 아동은 심리적으로 상당히 불안해지며, 생활의 리듬이 일정치 않아 신경질적인 성향을 보일 수도 있다. 일정하지 않거나 충분하지 못한 수면습관은 식사나 배변과 같은 기본생활습관 형성에도 부정적인 영향을 미친다. 더욱이 잠을 깊게 자지 못하면 식욕부진, 신경증 등의 증세가 유발되어 발육상에 문제를 가져오기 쉬우므로, 아동의 수면습관은 건강에 밀접한 영향을 미친다.[장선철, 2006] 따라서 아동이 숙면을 취할 수 있도록 편안한 환경을 조성하는 것이 무엇보다 중요하다.

수면습관 지도의 내용

- 일찍 자고 일찍 일어난다.
- 매일 8~10시간 정도 계속해서 푹 잔다.
- 잠투정을 하지 않는다.

표 3 수면습관 지도 활동의 예시

활동명	국화 포푸리 만들기
활동목표	1. 숙면을 취하는 데 도움을 주는 방법을 알아본다. 2. 편안한 마음으로 숙면을 취한다.
준비물	말린 국화 꽃잎, 포푸리 만들 망, 바늘, 실
활동내용	1. 말린 국화 꽃잎을 베갯잇 속에 넣어 베고 잤던 조상들의 지혜를 알아본다. 2. 말린 국화 꽃잎을 가지고 직접 국화 포푸리를 만들어보자고 제안한다. 3. 망 안에 말린 국화 꽃잎을 넣은 후 입구를 실로 꿰맨다. 이때 유아가 바늘을 조심스럽게 다룰 수 있도록 주의를 준다. 4. 완성된 국화 포푸리를 베개 밑에 넣고 낮잠을 청한다. 이때 교사는 숙면에 도움이 되는 전통음악을 들려준다. 5. 낮잠을 자고 일어난 후 국화 향기가 숙면에 도움을 주었는지에 대해 함께 이야기를 나눈다. "정말 국화 포푸리를 베개 밑에 넣고 잤더니 잠이 잘 왔나요?" "자고 난 뒤 어떤 느낌이 드나요?"

- 어른들께 인사하고 잠자리에 든다.
- 유아기에 접어들면 혼자서 잔다.
- 자기 전에 용변을 본다.
- 자기 전에 양치질과 세수를 한다.
- 자기 전에 음식을 먹지 않는다.

수면습관 지도 시 유의사항

- 아동이 숙면을 취할 수 있도록 충분한 활동을 제공하고 하루 일과를 균형 있게 계획하며, 무엇보다 규칙적인 취침시간을 갖는다.
- 아동의 피곤 정도나 흥분 정도를 조절한다. 너무 피곤하거나 흥분되면 잠이 들기 어려우므로 자기 전에 마음을 가라앉히고 수면을 도울 수 있는 조용한 음악이나 이야기를 들려준다.
- 수면을 취하기 편안한 환경을 구성한다. 낮잠실을 따로 마련하여 빛과 소음을 차단하고, 18~23℃의 적절한 온도를 유지하며, 아동이 좋아하는 장난감을 가지고 잘 수 있도록 배려하여 유아의 아늑하고 편안한 수면을 유도한다.
- 가족 및 아동의 수면습관, 수면시간, 생활리듬 등을 부모로부터 파악하여 가정에서의 수면지도와 연계한다.

청결습관 지도

청결습관 지도는 자신의 몸을 깨끗이 하는 것뿐 아니라 아동이 스스로 청결의 필요성을 깨닫고 자신과 주변환경의 청결을 유지하게 하는 데 목적을 둔다. 청결습관은 아동의 건강을 유지하고 주변환경을 오염시키지 않는 것과 직접적으로 연결되기 때문에 중요하다. 청결습관 지도는 아동의 평상시 생활 중에 자연스럽게 지도하며, 이웃과 사회의 공동구성원으로서 기본적으로 지켜야 할 덕목으로 지도해야 한다.

청결습관 지도는 아동의 연령과 발달 수준에 따라 내용이 달라질 수 있다. 돌 이

그림 4 청결습관 지도

후가 되면 점차 언제 씻어야 하는지를 알게 되므로 손과 얼굴, 치아, 몸을 정해진 시간에 규칙적으로 씻어주어 언제 씻는 것인지를 알려준다. 2세가 되면 스스로 손을 씻을 수 있고, 4세가 되면 스스로 양치질을 할 수 있으며, 5세가 되면 스스로 목욕을 할 수도 있다.[강문희, 2000] 스스로 하는 것에 서투르더라도 혼자서 양치질, 세수, 목욕을 할 수 있도록 칭찬과 격려를 해주어야 한다. 뿐만 아니라 3세 정도가 되면 정리의 개념을 이해할 수 있으므로 아동이 가지고 놀았던 장난감과 물건을 스스로 정리하도록 지도할 수 있다.

아동의 청결습관 지도에는 자신과 주변환경의 청결을 유지해야 하는 이유와 언제, 어떤 방법으로 청결을 유지하는지에 대한 내용을 포함한다. 또한 청결 유지에 필요한 도구의 사용 방법을 지도하기 위해 매력적인 양치컵, 칫솔, 유아용 치약, 비누, 수건 등을 마련하는 것도 좋다.

청결습관 지도의 내용

자신의 몸을 깨끗이 하기

- 밖에서 놀다가 실내로 들어오거나 식사 전후, 용변 후에 손을 씻는다.
- 식사를 한 후와 잠자기 전에 이를 닦는다.
- 매일 아침·저녁으로 세수하고, 규칙적으로 목욕을 한다.
- 규칙적으로 손·발톱을 깎는다.
- 머리를 단정히 손질한다.
- 옷차림을 깨끗이 하고, 속옷을 자주 갈아입는다.
- 용변 후 깨끗이 처리한다.

- 음식을 깨끗이 먹는다.
- 손수건이나 알맞은 양의 휴지를 가지고 다닌다.

주변환경을 깨끗이 하기

- 휴지를 함부로 버리지 않고 휴지통에 넣는다.
- 낙서를 하지 않는다.
- 아무 곳에 침이나 가래를 뱉지 않고, 코도 풀지 않는다.
- 화장실을 깨끗하게 사용한다.
- 모두가 사용하는 물건을 깨끗하게 사용한다.
- 자기 물건과 사용한 장난감을 스스로 정리한다.
- 사용한 물건은 제자리에 놓는다.
- 가정이나 어린이집·유치원에서 청소를 할 때 돕는다.

청결습관 지도 시 유의사항

- 강제적이고 지시적인 청결습관 지도보다 청결해야 하는 이유를 설명하여 이해시킨다.
- 사랑과 존중의 분위기로 지도한다.

표 4 청결습관 지도 활동의 예시

활동명	어지르기쟁이 이야기 꾸미기
활동목표	1. 자기 물건, 사용한 장난감, 주변을 스스로 정리한다. 2. 사용한 물건을 제자리에 두는 것을 습관화한다. 3. 정리의 필요성을 안다.
준비물	『어지르기쟁이』 동화 그림이 그려진 종이, 색칠도구 크레파스, 사인펜, 색연필, 펀치, 링
활동내용	1. 색깔이 칠해지지 않은 낱장의 복사된 종이를 보여주고 무슨 그림인지 이야기를 나눈다(마구 주변을 어지르는 아동의 상황 그림, 자신이 어지른 잡동사니 밑에 깔려 도움을 요청하는 상황 그림 등). "이 그림 속의 친구에게 어떤 일이 벌어지고 있나요?" 2. 아동이 말한 것을 엮어 동화식으로 다시 들려준다. 3. 각 아동에게 서로 다른 그림 한 장씩을 나누어 준 후 그림을 색칠하도록 한다. 4. 교사가 돌아다니며 그림을 보고 이야기를 꾸며보게 하고 이때 아동이 꾸민 이야기를 그림 밑에 써준다. 5. 완성되면 함께 묶어 책을 만든다. 책의 제목을 정하여 겉장에 쓴다. 6. 교사가 완성된 책을 보여주며 동화를 다시 들려준다.

자료: 이대균, 송정원(2005). pp.171-172.

- 항상 일관되게 지도한다.
- 반복적으로 지도한다.
- 언어적인 지시뿐만 아니라 평소 생활 속에서 실제 체험을 통해 자연스럽게 지도하여 습관화되도록 배려한다.
- 성인이 모범을 보인다.

절제습관 지도

절제는 일상생활을 하면서 자신의 생각과 행동을 알맞게 조절하는 것을 말한다. 절제는 자신의 내적 욕구를 규제하는 부분을 포함하므로 자아통제라는 용어와 비슷한 의미를 내포한다. 어린이집·유치원에서 유아가 친구와 놀이할 때 종종 자기 마음에 들지 않는다고 친구를 때리거나 밀치는 것은 자아통제가 잘되지 않았을 경우에 발생한다.

아동기의 절제습관 지도에 포함되는 내용은 여러 가지 방법으로 물자를 절약하며 소중하게 사용하는 것과 자신이 하고 싶은 것이나 갖고 싶은 욕구를 참아내는 정서 조절 및 자아통제도 포함된다. 이처럼 절제는 아동의 성장과 발달에서 인지적·사회적·도덕적 부분에 걸쳐 중요한 기제이므로, 스스로 자신을 통제하는 방법을 익히고 자기 행동에 책임을 질 수 있도록 지도하는 것이 필요하다.

절제습관 지도의 내용

아껴쓰기

- 물, 전기, 시간 등을 아껴쓴다.
- 저축을 한다.
- 물건과 장난감을 소중히 다룬다.
- 다시 쓸 수 있는 물건을 찾아 다시 쓴다.

- 있는 물건은 다시 사지 않는다.
- 물건의 바른 사용법을 알고 지킨다.
- 일과를 계획하고 물건 구입을 계획한다.

장소나 상황에 따라 감정 조절하기

- 우는 것, 화내는 것, 소리 지르는 것 등의 감정을 조절한다.
- 갖고 싶은 것과 먹고 싶은 것 등의 욕구를 조절한다.
- 친구와 동생에게 양보한다.
- 불편한 감정이나 고통도 참아본다.

표 5 절제습관 지도 활동의 예시

활동명	손인형 만들기
활동목표	다시 쓸 수 있는 물건을 찾아본다.
준비물	헌 양말로 만든 손인형 아이, 엄마 인형, 인형을 만들 여러 가지 폐품, 풀, 털실, 가위 등
활동내용	1. 헌 양말로 만든 아이 인형과 엄마 인형을 아이들에게 보여주고, 어떤 재료로 만들었을지 추측해본다. "이 인형은 무엇으로 만들었을까요?" 2. 헌 양말로 만든 인형으로 아이들에게 짧은 역할극을 보여준다. 아동에게 헌 양말로 만든 인형이 얼마든지 근사할 수 있음을 이야기해준다. 엄마: "안녕, 얘들아. 난 뽀미 엄마란다. 난 이 세상에서 우리 뽀미가 제일 예쁘단다." 아이: "안녕, 얘들아. 난 뽀미야. 난 이 세상에서 우리 엄마가 제일 예뻐." 엄마: "우리 사랑하는 뽀미. 이 세상 어떤 인형들보다 너무 너무 예쁘네." 아이: "우리 엄마도 이 세상 어떤 인형들보다 정말 예뻐요. 근데 엄마, 난 어떻게 만들어졌어요? 친구들이 나보고 근사하다고 부럽데요." 엄마: "그러니? 사실은 넌 주인집 아이가 신다 버린 양말로 만들어졌단다." 아이: "진짜예요? 잉…." 엄마: "우리 뽀미, 실망했니? 무엇으로 만들어졌는지가 뭐가 중요하니? 지금 우리 뽀미 모습이 그 어떤 인형들보다 예쁜데. 그 어떤 새 옷을 입은 인형보다도 우리 뽀미가 제일 사랑스럽단다." 아이: "정말이죠? 야! 신난다." 3. 우리도 예쁜 인형을 한 번 만들어보자고 제안한다. "우리에게 필요 없는 양말이었지만, 이렇게 인형으로 만드니 예쁘지요?" "우리도 이렇게 예쁜 인형 한 번 만들어볼까요?" 4. 헌 양말을 이용하여 어떻게 인형을 만들지 생각해본다. "여러분은 어떤 인형을 만들고 싶어요?" "그렇게 만들려면 어떻게 하면 될까요?" 5. 아동이 계획대로 인형을 잘 만들 수 있도록 어려운 점을 도와준다. 6. 아동의 인형이 완성되면 전체 아동에게 하고, 원하는 아동들끼리 즉흥적으로 간단한 인형극을 꾸며보도록 한다.

자료: 이대균, 송정원(2005). pp.171-172.

• 자신에 대해 긍정적으로 생각한다.

절제습관 지도 시 유의사항

- 무조건적으로 물자를 절약하거나 감정을 조절해야 한다고 강요하기보다 그 이유를 이해하도록 지도한다.
- 자신의 감정을 표현하는 적절한 방법에 대해 생각해보는 활동을 계획한다.
- 타인의 기분이나 감정을 이해하는 역할놀이나 사회극 놀이가 도움이 될 수 있다.
- 물건을 아껴 쓰거나 감정을 조절하는 등의 활동을 어린이집 일과로 수용하여 일상생활 속에서 체험을 통해 습관화될 수 있도록 배려한다.
- 아동이 단시간에 절제습관을 형성하기는 어려우므로 인내심을 가지고 꾸준히 반복하여 지도한다.
- 절제습관 형성을 위한 활동이 실제 상황과 연결되도록 일관적으로 지도한다.

질서습관 지도

질서는 사회를 구성하는 많은 요소들이 바람직한 상태를 유지하기 위하여 구성원들이 지켜야 할 약속이다. 사회인으로 성장하는 아동에게 공동체 생활에 필요한 질서와 규칙을 습관화하는 것은 반드시 필요한 미덕 중 하나이다. 3세경에 유아는 질서를 이해하기 시작하는데, 질서습관의 상당 부분은 반복을 통해 형성되므로 질서습관 지도 활동이 일관성 있게 반복되는 것이 중요하다. 콜버그Kohlberg는 6~12세경이

그림 5 질서습관 지도

되면 사회적 권위를 존중하는 단계로 접어들어 규칙과 사회의 질서를 유지하려는 욕구를 가진다고 하였다. 따라서 아동기에 반복된 일상생활 속에서 효율적으로 질서의식이 형성되도록 한다.

질서습관이 필요한 또 다른 이유는 단체생활에서 요구되는 기본적인 생활규범을 익히면 전체 구성원들이 즐겁게 생활할 수 있기 때문이다. 처음 어린이집·유치원에서 집단생활을 시작하는 영유아기부터 친구와 사이좋게 지내기 위해 지켜야 하는 일이라는 측면에서 규칙을 이해하고 질서를 실천하도록 지도하는 것이 필요하다.

질서습관 지도의 내용

차례 지키기

- 줄을 서서 차례를 지킨다.
- 복도, 계단, 교실 등에서 뛰지 않고 조용히 다닌다.

약속이나 규칙 지키기

- 시간을 지킨다.

표 6 질서습관지도 활동의 예시

활동명	신호등 게임
활동목표	1. 신호등 불빛의 의미를 알고 규칙을 지킬 수 있다. 2. 약속된 규칙에 따라 놀이한다.
준비물	게임판, 주사위, 말
활동내용	1. 게임판을 살펴본다. 2. 주사위를 살펴보며 규칙을 정한다. "이 주사위와 게임판으로 어떻게 게임을 하면 좋을까요?" 3. 정한 게임 규칙을 다시 한 번 정리한다. • 초록불 주사위가 나오면 두 칸씩 앞으로 가기 • 빨간불 주사위가 나오면 한 번 쉬기 • 말을 옮기다가 육교 앞길에 멈추게 되면 건너서 앞으로 가기 • '+' 표시는 주사위를 한 번 더 던지기 4. 순서를 정하고 게임을 시작한다. 5. 게임을 마친 후 자료를 정리한다.

자료: 안영진(2007). p.236.

- 친구, 부모님, 선생님 등과 한 약속을 지킨다.
- 놀이규칙을 지킨다.
- 위험한 놀이를 하지 않는다.

교통규칙 지키기

- 교통신호를 지킨다.
- 차도를 건널 때에는 횡단보도로만, 차가 멈췄을 때 좌우를 살피며 건넌다.
- 차가 지나다니는 거리에서 놀지 않는다.
- 자동차 탑승 시에는 안전벨트를 매거나 카시트에 앉아 돌아다니지 않도록 한다.

질서습관 지도 시 유의사항

- 유아의 자기중심적 사고 경향을 이해하며 지도한다.
- 아동의 욕구, 발달시기, 개인차를 고려하여 발달에 적합하게 지도한다.
- 지도내용과 실천과정에 일관성이 있어야 한다.
- 집단에서 지켜야하는 규칙은 구성원 모두에게 적용된다는 사실을 인식시키고 이를 실천한다.
- 부모와 교사는 질서습관에 있어 모범이 되어야 한다.
- 질서 규칙 및 계획을 아동과 함께 논의하여 정하는 것도 좋다.
- 질서습관 지도 활동을 다양하게 진행한다.

예절습관 지도

예절은 인간관계에 있어 오랜 습관을 통해 하나의 공통 생활방법으로 정립된 규칙과 관습의 체계로, 인간관계의 가장 기본이 되는 예의와 범절을 말한다. 예절은 행동보다는 자신과 타인에 대한 존중이 전제되어야 아동에게서 자연스럽게 우러나오고 습관화될 수 있다.

이러한 예절습관은 사회의 한 구성원으로서 인간관계를 원만하게 유지하는데 필요하다. 원만한 인간관계는 상대방을 의식하고 존중하여 인간생활에서 지켜야 할 법이나 도덕을 내면화할 때 가능하다. 따라서 아동을 위한 예절습관 지도에는 원만한 사회생활을 위해 마땅히 지켜야 할 기본적인 문화규범이 포함된다.

표 7 예절습관 지도 활동의 예시

활동명	"어른께는 존댓말을 해요."
활동목표	어른들께 이야기할 때의 언어와 예절을 알고 실천한다.
준비물	가족이나 친척 중에 어른을 나타낸 그림 카드 몇 장
활동내용	1. 교사는 준비된 카드를 융판 위쪽부터 붙이면서 아동과 함께 호칭을 말해본다. "이 분은 누구신가요?" 2. 우리 집에 어른은 누가 계신지 이야기하고 적절한 카드를 골라 아동이 아래쪽에 붙인다. "여러분, 집에는 이중 어떤 어른들이 살고 계신가요?" 3. 우리 집에 함께 살고 있지는 않지만 친척 중에 어른은 어떤 분이 계신지 이야기하고 적절한 카드를 골라 붙인다. 4. 어른들께 이야기할 때는 어떻게 말해야 하는지 상황을 만들어 이야기해본다(간다, 온다, 밥 먹는다, 잠 잔다 등). "잠자기 전에는 어떻게 말해야 할까요?" "어린이집, 유치원에 갈 때는 어떻게 말해야 할까요?" 5. 어른들이 말씀하실 때 하고 싶은 이야기가 있으면 어떻게 해야 하는지 인형을 가지고 상황극을 보여주고 아동의 경험을 이야기하도록 한다(어른들이 말씀하실 때는 급한 일이 아니면 말씀이 다 끝나기를 기다렸다 해야 함을 알게 한다). "이때 여러분은 어떻게 했었나요?" "다음부터 여러분은 이럴 때 어떻게 하면 될까요?"

자료: 안영진(2007). p.238.

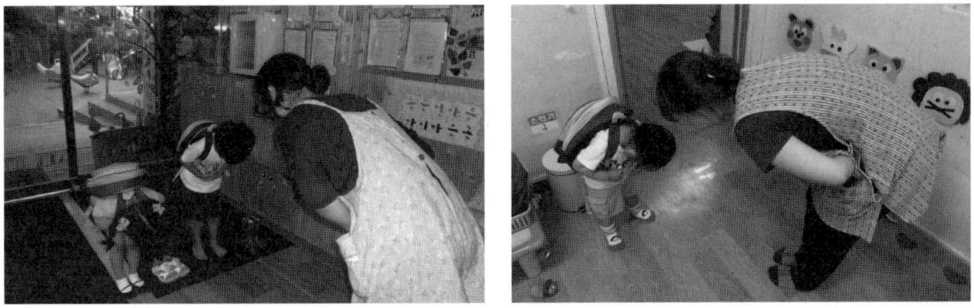

그림 6 예절습관 지도

예절습관 지도의 내용

가정에서의 예절

- 부모와 웃어른께 인사한다.
- 웃어른께 존댓말을 사용한다.
- 부모님의 일이나 심부름을 즐거운 마음으로 도와드린다.
- 형제, 자매와 사이좋게 지낸다.
- 식사 시 지켜야 할 예절을 지킨다.
- 매사에 정직하게 말한다.
- 친구 집에 놀러가는 등 외출 시에는 부모님께 허락을 받는다.

집단생활에서의 예절

- 가족, 친척, 이웃, 선생님, 친구에게 인사를 잘한다.
- 바르고 고운 말을 사용한다.
- "고맙습니다." "미안합니다." 등의 사회적 언어를 제때 적절히 사용한다.
- 친구들과 사이좋게 지낸다.
- 친구와 다툼이 발생할 때 말로 해결한다.
- 필요할 경우 장난감이나 자신의 물건을 함께 사용한다.
- 다른 친구의 놀이나 행동을 방해하지 않는다.
- 다른 사람의 권리와 의견을 존중한다.

예절습관 지도 시 유의사항

- 성인의 일방적인 훈육보다 민주적인 분위기 속에서 예절교육이 이루어지도록 배려한다.
- 예절은 규칙이나 질서와 같이 매우 소중한 것임을 인식시킨다.
- 아동의 발달 수준에 적합한 내용과 방법으로 지도한다.
- 가정이나 유치원에서 정기적인 예절습관 지도 활동을 실시하면 좋다.
- 예절습관 지도 활동 시 각 가정의 전통예절을 이해하여 반영한다.

협동습관 지도

협동이란 공통의 목표를 달성하기 위해 두 사람 이상의 개인 혹은 단체가 서로 마음과 힘을 모아 일하는 집단 지향적 활동 과정이다. 피아제Piaget는 또래와의 상호 협력을 통해 만들어진 작품이나 협동놀이를 통해 아동이 서로 도움을 주고받을 수 있다는 것을 알게 함으로써 협동에 대한 의미를 자연스럽게 알려줄 수 있다고 한다. 따라서 유아가 또래와의 공동작업 등을 통해 자연스럽게 협동의 미덕을 알아가도록 지도한다. 협동습관 지도 활동으로는 자기중심적 사고와 행동에서 벗어나 타인과 협동

표 8 협동습관 지도 활동의 예시

활동명	발감촉 디딤돌
활동목표	협동하여 과제를 완수한다.
준비물	감촉길, 의자, 눈가리개
활동내용	1. 다양한 감촉을 지닌 길을 만들고 길의 양끝에는 의자를 놓아둔다. 2. 아동들을 길 근처에 모이게 하여 '발가락 감촉길'을 소개하고, 게임의 규칙과 유의사항을 설명한다. "반드시 신발과 양말을 벗고 눈가리개를 한 다음 여러분을 도와주는 짝꿍과 함께 길을 걸어야 해요." "도움을 주는 사람은 눈가리개를 한 짝꿍을 반드시 부드럽고 천천히 안내해서 이 길을 가야 해요." "짝꿍을 잘 보고 짝꿍이 발을 헛디디지 않도록 말해 주어야 해요." 3. 짝꿍을 정한 후 그중 한 명의 아동이 신발과 양말을 벗고 의자 위에 있는 눈가리개를 하고 출발한다. 4. 반대편 의자에 도착하면 짝꿍이 의자에 앉을 수 있게 도와주고 눈가리개를 벗겨 준다. 5. 역할을 바꿔서 다시 시작점으로 돌아온다.

자료: 이대균, 송정원(2005). pp.302-303.

그림 7 협동습관 지도

을 통해 더불어 살아갈 수 있는 지혜를 터득할 수 있는 내용을 다룬다.

협동습관 지도의 내용

- 다른 사람과 함께 작업하는 즐거움과 장점을 안다.
- 남을 도울 수 있는 일들을 알아본다.
- 내가 맡은 역할을 열심히 수행한다.
- 서로의 맡은 역할을 존중한다.
- 가족원들을 도와준다.
- 집에서 내가 할 수 있는 일은 스스로 한다.
- 어려운 상황에 처해 도움이 필요한 친구를 도와준다.
- 친구와 함께 공동작품을 만든다.
- 친구와 장난감을 함께 가지고 논다.

협동습관 지도 시 유의사항

- 남을 돕는 일은 의무가 아니라 즐거운 일이라는 생각을 갖도록 지도한다.
- 협동과 봉사활동 후에는 충분히 칭찬해주고 인정해주되, 조건부적인 보상은 피해야 한다.
- 아동이 가정과 어린이집, 유치원에서 자신의 역할을 부여하여 자부심을 가질 수 있도록 배려한다.
- 성인은 아동의 관찰 대상이며 본보기가 되므로 행동에 유의한다.

CHAPTER 13

부적응 행동의 이해

학습개요

영유아기 및 아동기는 인간의 삶 중에서 발달이 가장 왕성하고 정서가 민감한 시기라고 할 수 있다. 아동들은 이 시기를 지나면서 내면적·외면적 적응 과제들을 통해 안정적 애착을 형성하고 사회와 의사소통할 수 있는 기본 역량을 형성한다. 이 시기에 발생한 부적응 행동은 이후 발달과정 전반에 걸쳐 다양한 문제를 유발할 수 있으므로 부적응 행동에 대한 이해와 관심이 필요하다.

이 장에서는 부적응 행동의 정의와 기준에 대해서 살펴보고, 부적응 행동의 특성 및 유형을 알아본 후, 부적응 행동의 이론적 모델에 대해 살펴본다.

학습목표

- 부적응 행동의 정의를 안다.
- 부적응 행동을 구분하는 기준을 설명한다.
- 부적응 행동의 유형을 설명한다.
- 부적응 행동의 이론적 모델을 이해한다.

주요 용어

부적응 행동, 내면화된 부적응 행동, 외면화된 부적응 행동

부적응 행동의 정의와 기준

아동의 부적응 행동은 일반적으로 '현재 및 장래의 발달과 성장에 부적절한 행동'으로 정의되며, 부적응 행동의 진단에는 발달적·통계적·사회문화적·병리학적 기준을 적용한다. 이 절에서는 부적응 행동의 정의와 진단기준에 대해 살펴본다.

부적응 행동의 정의

영유아기와 아동기는 일생 중 발달이 가장 왕성하고 정서가 민감한 시기이며, 인간은 이 시기의 다양한 적응 과제들을 성공적으로 해결함으로써 안정적 애착과 사회와 의사소통할 수 있는 기본 역량을 형성한다. 그러므로 인생 초기에 발생하는 부적응 행동은 발달과정 전반에 심각한 영향을 미칠 수 있다. 부적응은 인간이 지닌 능력과 자질을 충분히 발휘할 수 없는 상태를 의미한다. 이러한 부적응 행동이 발달 초기에 해결되지 않을 경우 성장함에 따라 더 큰 사회적 부적응이나 문제행동으로 표출되어 개인은 물론 사회에까지 바람직하지 못한 결과를 초래한다.

부적응 행동에 대한 정의는 시대 상황 및 학자마다 관점이 다양하나, 대체적으로 아동의 비정상적 심리상태를 나타내는 용어로 문제행동이나 이상행동abnormal behavior, 발달장애와 유사한 의미로 사용되고 있다. 사회사업사전1996에서는 부적응maladjustment은 개인과 환경 간의 상호관계 또는 상호작용에 불균형이 이루어져 개인이 환경에 잘 적응하지 못하게 된 상황이 발생한 것을 뜻하며, 환경에 적응하는데 필요한 가치, 사고, 행동을 유발하거나 유지할 수 없는 무능력으로 정의한다. 바우어Bower, 1970는 부적응 행동을 주어진 환경에 적응하지 못하고 항상 갈등과 욕구 좌절이 일어나며, 사회 집단의 기준에 순응하지 않거나 사회문화적 기대치에서 이탈된 행동으로 정의하였고, 휴잇Hewett, 1971은 사회화에 실패하여 연령, 성별에 따라 사회가 기대하는 행동양식으로부터 일탈된 행동이라고 하였다. 또한 레인버트Reinbert, 1976는 자기 자신으로 인하여 일어나는 것이 아니고 환경과의 관계나 성인 및 또래 간의 관계가 부적절함으로 일어나는 행동을 부적응 행동이라고 정의한다.

이상에서 볼 수 있듯이 부적응 행동을 정의하는데 공통적으로 포함되는 내용은 개인 자신이 속해 있는 사회환경에 잘 적응하고 있는지의 여부이다. 따라서 부적응 행동은 개인이 속해 있는 사회문화적 환경에 적응하지 못해서 나타나는 부적절한 행동으로 간주할 수 있다. 특히 유아 및 아동은 자신이 속한 사회집단의 구성원들의 기대에 따라 가치관, 태도, 규범, 행동 양식 등을 형성하며 적응하므로 아동기의 부적응 행동은 자신이 속한 사회문화적 환경에서 부모, 교사 및 또래들과 적절하고 조화로운 관계를 유지하지 못하는 행동이라고 규정할 수 있다.[박현주, 2004]

부적응 행동의 진단기준

부적응 행동이나 문제행동은 일반아동들에게 흔하게 나타나는 현상이다. 미국의 경우 일반적으로 정서, 행동상의 문제를 가진 아동의 비율은 정상아동의 6~20%에 이르는 것으로 나타났으며,[Anderson, William, McGee, & Silva, 1997] 국내 3~5세 유아 842명을 대상으로 한 연구에서 연구대상의 7~13% 정도가 높은 수준의 문제행동을 보이며, 이들 중 3~4% 정도는 문제행동에 대한 전문적인 상담 및 치료적 개입이 시급한 것으로 나타났다.[이경숙·신의진·전연진·박진아, 2004] 뿐만 아니라 서울지역 3~6세 유아 245명을 대상으로 한 연구에서는 부모 보고에서 3.2~6.6%, 교사 보고에서 3.8~26.8%의 유아가 심각한 수준의 문제행동을 보이는 것으로 나타났다.[신의진·이경숙·황유정·박진아, 2009]

인간은 누구나 정도의 차이는 있겠지만 약간씩은 부적응 문제가 있다. 더구나 성장, 발달의 초기 과정에 있는 유아나 아동에게 적응은 어려운 과제이므로, 부적응 현상은 아주 빈번하고 다양하게 나타난다. 적응과 부적응을 구분하는 것은 민감하고 어려운 문제이며, 어느 특정 기준만을 가지고 판단하기에는 무리가 있다. 다음에서는 유·아동기의 부적응 행동을 판단하기 위해 고려해야 하는 대표적 기준으로 발달적·통계적·사회문화적·병리학적 기준에 대해 살펴본다.

발달적 진단기준

영유아는 빠른 속도로 발달하기 때문에 발달규준을 참조하지 않고는 이 시기의 부적응 행동을 정확히 평가할 수 없다. 일례로 1세 영아가 걷지 못한다고 걱정하는 부모는 바로 자신들이 문제라는 것을 알아야 한다. 대부분의 1세 영아는 걷지 못하기 때문이다. 그러므로 영유아기의 문제행동을 판단하고 결정하는 데 있어서 연령에 따른 신체적·지적 발달양상과 성격 및 사회성의 발달양상을 정확히 이해하는 것이 중요하다. 그러나 신체적·지적 능력에 관해서는 비교적 자세한 발달규준이 제시되어 있지만, 성격이나 정서, 사회성 발달은 일정한 규준을 제시할 수 없기 때문에 판단하기 어려운 경우가 많다. 특히 아동기까지는 발달속도에 개인차가 심하므로 주의해야 한다. 만약 어떤 유아가 평균적 발달기준에서 이탈되었다고 한다면 성급하게 결정을 내리기보다는 장기적인 관찰을 통해서 발달을 추적하는 과정이 필요하다.

표 1 학령기까지의 발달단계별 정신발달과제

구분	영아기 (0~18개월)	걸음마기 (18~36개월)	유아기 (3~5세)	학령기 (6~11세)
기준 지표	• 사회적 미소 • 특정인 구별반응 • 낯가리기 • 분리불안 • 걷기, 말하기	• 언어 • 대소변 가리기 • 자기주장 펴기 • 신체적 독립	• 사회적·성적 역할 • 형제 간 경쟁 • 사회적 가치와 신조 • 초자아 형성	• 갱단 형성 • 동료 집단 • 정체감 • 지적 추구 • 기술습득 발달
발달 과제	• 애착형성 • 기본적 신뢰감 • 정서적 안정감	• 분리 개별화 • 자율감 • 대상영속성 • 충동의 자기통제	• 사회화 • 역할학습 • 문화습득	• 자신감 • 자아존중감 • 창조적 생산감 • 완성감, 성취감 • 집단정체성
정신 병리	• 감각박탈 • 발달지연 • 급성격리반응 • 발육실패 • 정신사회성 난쟁이 • 지능장애 • 수유장애 • 자폐	• 수면장애 • 모성 과보호 • 생떼와 발악 • 부정적·반항적 태도와 행동 • 공생유아정신병	• 불안장애 • 공포장애 • 야뇨증, 분실금 • 야경증, 악몽 • 행동장애 • 주의력결핍과잉행동장애	• 열등감 • 신경증적 장애 • 학습장애 • 학교거부증 • 정신분열증 • 소아우울증 • 행동장애 • 주의력결핍과잉행동장애

자료: 김진호, 이병래(2006).

유아의 부적응 행동을 판단할 때 발달규준 안에 속한 유아의 행동만이 정상이고 그 나머지는 문제가 있다고 생각하는 것은 매우 위험하고 성급한 판단이며, 각 유아의 발달특성과 과정을 반드시 고려한다. 표 1에는 출생에서 학령기에 이르기까지 연령별 정신발달의 과제가 제시되어 있다.

통계적 진단기준

통계적 기준에서 정상행동은 대부분의 사람들에게 빈번하게 보통 일어나는 행동을 뜻하는 반면에, 부적응 행동이란 대부분의 사람들에게는 드물게 나타나는 행동을 뜻한다.[장선철, 1992] 인간의 행동특성을 양적으로 측정해서 정상분포곡선으로 나타내면 그림 1과 같다.

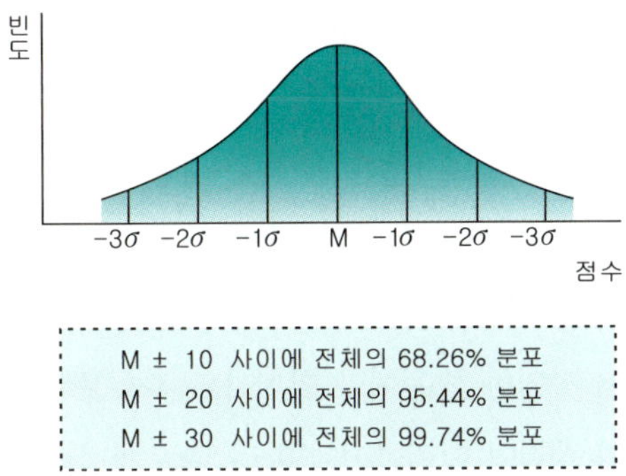

그림 1
정상분포곡선

정상분포란 평균을 중심으로 하여 좌우가 대칭이며 평균치에 가장 많은 빈도를 보이고 양쪽 극단으로 갈수록 그 빈도가 줄어드는 분포를 말한다. 정상분포곡선에서 중앙에 몰려있는 대다수를 정상이라고 하고 M[평균치]± 2σ[표준편차], 양쪽의 극단을 비정상 또는 부적응이라고 부르는 것이 통계적 기준에서의 적응과 부적응에 대한 해석기준이 된다.

통계적 기준을 사용하는 대표적인 예는 지능검사에 의한 지능지수 IQ이며, 지능검사의 결과에서 전체 중 하위의 2.5% 이하의 점을 미리 정해놓고, 그 이하[대략 IQ 70]를 정신지체라고 분류하고 있다.

통계적 기준은 명백한 요인의 측정이 가능할 때에는 신뢰성이 있고 유용한 방법이 되기도 하지만, 모든 영역에서 적당한 측정척도를 찾기가 어렵고, 또한 엄격하게 사용되면 다음과 같은 부작용이 있을 수 있다. 첫째, 정상과 비정상을 특정 수치에 의해 임의로 구분하지만, 사실상 인간의 제반 능력을 간단한 수치로 양분하기 어렵다는 점이다. 둘째, 통계적으로 상하 극단치 모두를 이상으로 간주함에 따라 영재아처럼 매우 긍정적인 발달 양상도 부적응 행동으로 포함시킬 수 있다. 따라서 통계적 기준 그 자체만을 엄격하게 적용하여 적응과 부적응을 판단하는 것은 다소 무리가 따른다.

사회문화적 진단기준

인간은 누구나 사회를 형성하고 그 속에서 생활하며, 모든 것을 그가 살고 있는 사회에 기초한다. 어떤 사회든지 그 안에는 나름대로의 문화와 특정 규범과 질서가 있으며, 인간은 바로 그러한 범주 내에서 행동한다. 그런데 어떤 행동은 사회적 혹은 문화적으로 수용되거나 용인되며, 어떤 행동은 일탈적으로 간주된다.

사회문화적 기준은 부적응 행동을 한 개인이 주어진 환경과 성공적으로 상호작용하면서 잘 지낼 수 있는가의 정도에 따라 그의 정상성을 판단한다. 즉, 사회적으로 기대되고 요구되는 규범이나 규율을 어기는 행동을 할 때 부적응으로 간주한다. 따라서 동일한 행동이라 할지라도 사회문화적 기준에서는 각 개인이 속해 있는 사회집단의 성격이 어떠한지에 따라 다르게 진단된다.

그러나 오늘날의 사회적 혹은 문화적 양식은 중첩되거나 혼합되어 있을 뿐만 아니라, 시간적으로나 공간적으로 다양하게 변화하여 그 구분이나 기준이 모호할 때가 많다. 따라서 어떤 사회 혹은 어떤 문화권에서는 아주 정상적이고 건강하여 다른 사회 혹은 다른 문화권에서는 정반대로 볼 수도 있으며, 같은 사회나 문화권에서도 시대변화에 따른 차이를 이해하여야 한다. 또한 개인의 욕구나 행동은 사회의 요구와 어긋나는 경우가 많기 때문에 사회적 기준을 모든 아동에게 획일적으로 적용하는 것은 많은 위험이 따른다.

병리학적 진단기준

병리학적 기준은 바이러스에 감염되어 감기증상이 나타나듯이 정신적인 문제도 신체적 질병과 같이 어떤 분명한 원인이 내재해있고, 그에 따른 증상이 나타난다고 보는 것으로 신체의학적 혹은 정신의학적 기준이라고도 표현할 수 있다.

병리학적 기준에서 정상은 질병이나 어떤 증후들이 전혀 없는 상태를 말하며, 정상 상태가 파괴된 상태를 이상 혹은 부적응으로 간주한다. 즉, 부적응 행동이 특정한 생리적 기능 이상으로 발생하는 것이며, 이 관점에서는 원인이 되는 생리적 요인을 해결하면 부적응 행동의 치료가 가능한 것으로 본다.

그러나 실제로 부적응 행동의 경우 생리적 측면에서 원인을 찾을 수 없는 경우가 많다는 점에서 병리학적 진단기준은 비판받고 있다. 또한 동일한 원인이라 하더라도 증상이 다르게 나타나거나 생리적 기능에 이상이 있음에도 불구하고 부적응 행동이 나타나지 않는 경우도 있다. 예를 들어 정상지능을 갖고 있으면서 이상행동을 보이지 않는 아동에게도 뇌파검사를 했을 때 10~20%는 이상파를 나타낸다. 따라서 통계적 기준과 마찬가지로 병리학적 기준으로 정상과 이상을 선불리 규정하기보다는 다양한 관점에서 종합적인 진단으로 판단에 신중을 기하는 것이 바람직하다.

부적응 행동의 특성 및 유형

영유아 및 아동의 부적응 행동의 유사한 특성을 살펴보고, 분류·유형화 시키는 작업은 다양한 부적응 행동의 증상과 원인을 파악하여 그 행동에 대한 통찰력을 갖추어 체계적인 지도를 가능하게 해 준다. 이 절에서는 부적응 행동의 특성 및 유형에 관해 살펴본다.

부적응 행동의 특성

유아 및 아동이 주변환경에 적응하지 못해 나타날 수 있는 행동은 다양하다. 부적응 행동, 문제행동, 발달장애 등 부적절한 행동을 지칭하는 용어는 다르지만, 각각의 영역에서 공통적으로 다루는 사례들은 유사한 특성을 나타낸다.

부적응 행동을 나타내는 유아나 아동들은 싸우고 때리고 던지는 등 공격적이고 폭력적이며, 친구를 괴롭히고 욕이나 거짓말을 하며, 남의 물건을 훔치는 행동을 하기도 한다. 자신의 바람대로 일이 진행되지 않을 때는 고집을 부리거나 화를 내기도 하며, 산만하고 충동적인 행동을 보이기도 한다. 또한 수줍음과 부끄러움을 타는 행동이나 불안, 의존, 위축된 행동도 나타난다. 습관적으로 우는 행동, 혼자 노는 행동, 손가락을 빨거나 눈을 깜빡거리는 행동 등도 부적응 행동의 특성이다.

보어[Bower, 1970]는 부적응 행동의 특성을 크게 심리적 요인과 행동적 요인으로 구분하여 유아가 주위환경, 사회규범 및 요구에 적응하지 못하거나 타인과의 관계에서 발생하는 갈등, 위축, 긴장, 불안, 불만 등의 심리적 부적응 행동, 그리고 주의력 결핍, 반항, 공격 등의 행동적 부적응 행동으로 구분한다.

또한 황혜정 외[2002]도 공격, 산만, 충동, 불순종 등 겉으로 드러나는 행동으로 타인에게 불편을 주는 경우와 반대로 우울, 위축, 불안 등 스스로 고통을 겪는 경우를 각각 외면화, 내면화 문제로 구분하였다.

부적응 행동의 유형

유·아동기에는 크고 작은 문제 행동들이 수시로 출현하며, 여러 가지 유형의 행동들이 복합적으로 나타나는 경우도 많기 때문에 부적응 행동을 유사한 특성에 따라 분류하는 것은 쉬운 일이 아니다.

그러나 이러한 과정을 통해 각기 다른 상황에서 나타나는 부적응 행동의 공통적 원인이나 성격을 진단하고 적절한 지도방안을 모색할 수 있으므로, 부적응 행동을 어떠한 기준으로 어떻게 유형화하는지를 살펴보는 것이 중요하다.

부적응 행동을 분류하는 대표적인 방법과 문제행동 및 심리장애를 분류하는 다양한 분류체계는 다음과 같다.

표 2 커크의 부적응 행동 유형

공격적 행동	거짓말, 도벽, 속이기, 폭력행동, 화내는 행동, 싸우는 행동, 반항행동
퇴행적 행동	잘 우는 행동, 공포, 불안행동, 열등감, 부끄러움, 수줍음, 우울
신체적 징후	손톱 깨물기, 경련, 틱 행동, 복통, 두통

표 3 유아 발달과 관련된 부적응 문제

신체발달 관련 부적응 문제	지체부자유, 병·허약, 시각장애, 청각장애
생활습관 관련 부적응 문제	식사, 수면, 배설, 나쁜 버릇의 문제
사회성발달 관련 부적응 문제	반항적이며 공격적인 행동, 도벽, 거짓말, 싸움, 지나친 의존심
정서발달 관련 부적응 문제	등원 거부, 말더듬, 공포, 지나친 부끄러움, 주의산만, 낭비벽
유아의 정신장애	정신장애, 자폐증

커크의 부적응 행동 유형

커크[Kirk, 1972]는 교실에서 쉽게 관찰할 수 있는 부적응 행동을 공격적 행동, 퇴행적 행동, 신체적 징후 등으로 구분하여 그 특징을 설명하였다. 표 2와 같이 공격적 행동은 싸움이 잦고 타인에게 난폭한 행동이나 거짓말을 잘하며 파괴적인 행동을 예사로 하는 것이다. 퇴행적 행동은 매우 수줍어하고 항상 우울해보이며 잘 울거나 사소한 일에 지나친 공포심을 나타내며 자기중심적인 행동을 보이는 것이다.

신체적 징후에는 두통이나 복통을 자주 호소하며 손톱을 잘 깨물거나 말을 더듬고 발을 잘 흔들어대는 행동을 보인다.

유아 발달과 관련된 부적응 문제

정선철[1997]은 부적응 문제를 유아의 발달과 관련시켜 각 영역의 발달과 관련된 문제로 분류한다. 표 3은 각 영역에 대한 하위 문제들은 표 3과 같다.

라자루스의 BASIC-ID 모델

라자루스[Lazarus, 1981; 1984]는 아동에게 진정한 도움을 주기 위해서는 하나의 접근법보다는 광범위한 이론과 기술을 통해 아동의 문제를 다루는 것이 더 효과적이라고 주장한다. 이러한 관점에서 라자루스는 아동의 문제행동의 영역을 크게 일곱 가지 BASIC—ID 영역[behavior/affect/sensation or school/image/cognition/interpersonal relationships/drug or diet]으로 구분하여 모델을 제시하였다.

표 4 라자루스의 BASIC-ID 모델

B	행동(behavior)	싸움, 방해, 훔치기, 떠들기, 미루기 등의 버릇
A	정서(affect)	분노의 표현, 불안, 공포, 우울
S	감각/학교 (sensation/school)	두통, 요통과 복통, 학교에서의 부적응
I	심상(image)	악몽, 낮은 자아개념, 거부에 대한 공포, 지나친 공상과 환상
C	인지(cognition)	비합리적 사고, 의사결정에 대한 두려움, 문제해결의 어려움, 목표 설정의 어려움
I	대인관계 (interpersonal relationships)	다른 사람 앞에서의 위축 수줍음, 성인과 갈등, 또래와 갈등, 가족 문제
D	약물/체중조절) (drug/diet)	체중조절, 약물남용, 담배, 술, 그 외의 약물의 상용

표 4와 같이 라자루스의 BASIC—ID 모델은 아동기에 나타나는 모든 행동문제들을 거의 다루고 있기 때문에 면접단계에서 관련있는 질문을 작성할 때나 심리치료나 행동수정을 실시할 경우에 매우 유용하게 사용되고 있다.

표 5 퀘이와 웨리의 행동이상 유형

수행부적응 유형	세부 행동 유형
행동이상	파괴적, 비협조적, 무례, 싸움, 구타, 짜증, 거만, 불복종, 기물파괴, 욕설, 부정적, 이기적이고 남을 비난함·불안, 주의산만, 부주의, 쉽게 화를 냄, 약자를 괴롭히고 협박, 과잉행동, 주의 끌기, 무책임, 논쟁적
불안위축행동	불안, 두려움, 긴장, 위축, 고립, 소심, 은밀함, 우울, 열등의식, 무기력, 신경과민, 쉽게 상처받고 당황함, 수줍음, 자신감 결여, 쉽게 대항함, 자주 비명을 지름
미성숙행동	주의집중 시간이 짧음, 협응 미숙, 몰두, 공간 주시, 백일몽, 수동적, 주의력결핍, 쉽게 현혹됨, 기능이 둔함, 졸기, 무관심, 부주의, 집중력 부족, 일을 완수하지 못함, 단정하지 못함
사회화된 공격행동	나쁜 집단에 대한 충성, 함께 물건 훔치기, 지하조직 단원으로 활동, 밤늦도록 밖에서 지냄, 무단결석, 가출

표 6 카우프만의 수행부적응 유형

수행부적응 유형	세부 행동 유형
공격적 반사회적 행동	아이들에게 공격적(아이들을 통제하려고 함), 소유권이나 규칙에 공격적, 과도한 주의를 요구, 건방지고 불복종적, 부정적, 과잉행동, 질투(소유적, 이기적), 말을 과도하게 함, 울화, 조소적(불신, 비난), 난폭한 언어, 저주, 욕 등
부적절한 미성숙함 (와해적/무목적적 행동)	부주의, 과제 미완성, 잊기, 기억하지 못함, 지시에 따르지 않음, 과제이해 결핍, 주의산만, 동기결여, 무감각적, 듣기문제, 이해의 어려움이 있음
인격장애 (불안/철회 행동)	까다로움, 지나치게 민감, 슬픔, 성마름, 자신감 결여, 실패를 두려워함, 감정을 적절히 표현하지 못함, 집단에 참여하기를 기피함, 새로운 상황 또는 어려운 일 회피

퀘이와 웨리의 행동이상 유형

퀘이와 웨리Quay & Werry, 1979는 경험적인 자료에 기초하여 서로 다른 행동이상conduct disorder 분류체계를 주장한다. 이들은 표 5와 같이 성격적으로 유사한 행동들을 묶어서 행동이상, 불안위축행동, 미성숙행동, 사회화된 공격행동의 네 가지로 구분한다.

카우프만의 수행부적응 유형

카우프만Kaufman은 일반 학교에서 학령 전 아동에게 일시적으로 또는 잠정적으로 출현할 수 있는 정서적 문제행동을 제시했다. 표 6과 같이 카우프만의 수행부적응behavioral disorders 유형을 공격적이고 반사회적인 행동, 부적절하게 미성숙함, 인격장애 세 가지로 구분한다.안영진·장선철, 2002

부적응 행동의 이론적 접근

아동들에게서 나타나는 부적응 행동은 접근 이론에 따라 다양한 해석이 가능하다. 예를 들어 한 유아가 다른 유아에게 물건을 던지는 행동에 대한 해석은 여러 관점에서 가능하다. 물건을 던지는 행동이 학습되고 강화를 받아서 나타날 수도 있고, 무의식적인 욕구불만으로 표현될 수도 있다. 또 일상생활의 도전에 대한 자연적인 반응으로 해석할 수도 있다. 이중 어떤 것이 옳고 그르다고 단정하기는 어려우므로 아동을 지도하는 교사나 부모는 그 행동을 일으킨 아동에 대한 종합적인 이해와 함께 그 행동이 발생한 당시 주위상황을 고려하고, 다양한 이론을 절충하고 종합하여 그 행동을 이해하고 지도한다.

이 절에서는 유아의 부적응 행동을 이해하는 대표적인 이론인 생물학적 접근, 정신분석적 접근, 행동주의적 접근, 인지적 접근, 인본주의적 접근, 사회문화적 접근에 대해 살펴본다.

생물학적 접근

부적응 행동의 원인

생물학적 접근에서는 영유아 및 아동의 부적응 행동을 생물학적 손상이나 역기능으로 설명하고자 하며 일종의 질병으로 간주한다. 이 접근에서는 정신장애를 유발하는 주요 생물학적 요인으로 유전적 요인, 뇌의 구조적 결함, 신경전달물질이나 내분비계통의 신경화학적 이상 등에 초점을 맞춘다.

부적응 행동이 유전적 요인의 영향을 받는다는 점은 원시 시대나 현대에서 정신분열증 환자는 같은 증상을 보인다는 사실로서 설득력을 갖는다. 또한 이란성 쌍생아의 경우 한 사람이 정신분열증일 때 다른 한 사람이 발병할 확률은 보통 사람들보다 10배 이상 높으며, 일란성 쌍생아의 경우는 이란성 쌍생아보다 5배 이상 발병률이 높다는 점도 이를 뒷받침한다.

이 외에도 16세기에 유행하던 심리적 장애가 매독균에서 일어난다는 것을 입증한 예와 정신분열증의 증상이 뇌에 도파민이 과다하게 존재함으로써 유발한다는 사실, 공포와 분노 같은 정서가 뇌의 특정 부위를 자극했을 때에도 일어난다는 연구결과 등으로 이 접근에서는 뇌와 신경계통에서 일어나는 전기적·화학적 작용으로 인한 부적응 행동의 증상에 주목한다.

치료법

생물학적 접근에서는 이상행동의 치료를 위해 주로 약물과 전기충격치료, 뇌절제술 등에 의존한다. 예를 들면 주의력결핍과잉행동장애ADHD 치료를 위해서는 흥분성 약물이나 비흥분성 약물비향정신성을 사용한다. ADHD 아동이나 자폐증 아동에게 천연 보충제인 비타민이나 미네랄을 복용시키기도 하며, ADHD 아동 식사에서 방부제와 음식첨가물을 제거하는 등의 치료법을 사용하기도 한다. 정신분열증이나 심각한 공격성, 파괴적 행동의 치료를 위해서는 항 정신치료약을 사용하기도 하며, 심각한 우울증을 위해서 전기충격치료ECT를 사용한다.

정신분석적 접근

부적응 행동의 원인

정신분석적 접근에서는 부적응 행동의 근원적 원인을 어린 시절의 경험에 뿌리를 둔 무의식적 갈등으로 설명한다. 정신분석이론에서 인간의 성격은 원초적 욕구로 구성된 '원초아', 환경에 대한 현실적인 적응을 담당하는 '자아', 사회의 도덕적 가치와 윤리적 규범이 내면화된 '초자아'로 구성되며 이들 간의 역동적 관계로 행동이 결정된다. 성격특성은 어린 시절의 경험으로 형성되는데, 어린아이는 입, 항문, 성기 등의 신체부위를 중심으로 성적 욕구를 충족하는 구강기, 항문기, 남근기, 잠복기 등의 심리성적 발달단계를 거치며 성장한다.

프로이트는 모든 인간은 이러한 발달단계를 거쳐서 자기의 본능적 욕구를 만족시키려고 노력한다. 이러한 발달과정에서 욕구의 과잉충족이나 과잉좌절이 성격적 문제나 갈등의 근원이 될 수 있다. 일반적으로 각 발달단계에는 본능적 충동이나 요구를 만족시키기 위한 갈등이 있는데, 이러한 갈등을 만족스럽게 해결하지 못하는 경우에 불안이 발생하며 이는 심리적 장애의 원인이 되며 성인이 되어서까지도 영향을 미친다.

정신분석적 모델에서는 이상행동의 주요 요인을 불안으로 간주한다. 또한 자아가 원초아의 통제에 어려움을 겪게 될 때 신경증적 불안을 경험하게 된다. 이러한 불안을 감소하기 위해 억압, 부인, 반동형성, 합리화, 대치, 투사, 분리, 신체화, 퇴행, 승화 등 다양한 방어기제를 사용한다.

프로이트에 의하면 정신병리는 원초아, 자아, 초자아 간의 갈등을 적응적인 방어기제와 대처전략으로 극복하지 못했을 때 생긴다.

치료법

정신분석적 접근은 아동의 정신병리가 무의식적이거나 의식적 갈등에 기초해서 결정된다.[Lesser, 1972] 따라서 아동이 자신의 문제에 영향을 미칠 수 있는 무의식적 요인들을 의식하도록 도와주는 데 치료적 초점을 둔다.[Chethik, 1989; Scharfman, 1978]

치료는 자유연상, 꿈의 분석, 전이분석, 저항분석 등으로 내담자가 자신의 무의식적 갈등을 통찰하고 현실생활에서 통찰내용을 실천하게 하는 훈습*의 과정으로 구성된다. 이러한 방법은 아동의 연령에 따라 놀이치료나 언어적 상호작용을 통해 적용할 수 있다.

잠재된 갈등을 해결함으로써 치료자는 아동이 갈등을 해결하고 극복하기 위해 보다 더 적응적인 방법을 개발할 수 있도록 도와준다.

---

* 훈습[薰習, working through]은 본래 어떤 성질에 물듦 또는 어떤 기운에 배어듦이란 의미이다. 본문에서 훈습은 상담자가 내담자의 문제를 인식하고 알려주었다고 해서 한 번의 깨달음[insight]만으로는 변화가 오지 않는다는 것을 의미한다. 특히 무의식 속에 잠재된 어린 시절의 문제는 끊임없이 저항과 전이를 해석하고 내담자 스스로 통찰할 수 있을 때까지 3년 이상 상담을 지속하여야 한다. 이런 일련의 과정을 훈습이라고 한다.

행동주의적 접근

부적응 행동의 원인

이 접근에서는 인간의 내적인 정신 과정보다는 외적인 행동을 이해하는 것을 목표로 한다. 즉, 부적응 행동을 이해하려고 할 때, 그 행동의 원인이나 내면세계가 아닌 '행동' 그 자체에 초점을 맞추려는 것이 행동주의적 접근의 관점이다. 엄격한 과학적 입장에 근거하여 인간의 행동을 환경으로부터 학습된 것으로 본다.

인간의 행동을 자극과 반응의 관계로 설명하며 행동이 학습되는 원리와 과정에 주된 관심을 갖는다. 이상행동이 형성되고 유지되는 과정을 고전적 조건형성, 조작적 조건형성, 사회적 학습 등의 학습원리로 설명한다.

고전적 조건형성은 무조건자극과 조건자극을 짝지어 반복적으로 제시함으로써 조건자극에 대한 조건반응이 학습되는 과정이며, 조작적 조건형성은 어떤 행동의 결과가 보상적이면 그 행동이 증가하는 반면 그 결과가 처벌적이면 행동의 빈도가 감소하는 학습과정을 의미한다. 특히 인간의 경우에는 사회적 상황에서 다른 사람의 행동에 대한 관찰과 모방을 통해 새로운 행동을 학습하는 사회적 학습이 중요하다.

두려움, 불안, 우울증 등의 부적응 행동들도 학습에 의한 것으로 설명할 수 있는데, 흰쥐 실험Watson & Rayner, 1920은* 고전적 조건학습을 통해 특정 대상에 대한 공포증이 학습된 사례라고 할 수 있다. 또한 일상에서 쉽게 접할 수 있는 아기의 울음은 조작적 조건학습으로 설명할 수 있다.

처음에는 아기가 고통을 호소하기 위해서 울지만, 이때마다 부모들이 즉각적인 관심을 보이게 되면, 아이는 우는 행위에 대한 부모의 반응에 강화되어 고통이 없을 때

* 11개월 된 아기 앨버트Albert는 실험 이전에는 흰쥐를 보고 공포심을 갖지 않고 쥐에게 다가갔다. 이때 아이의 머리 뒤에서 쇠망치를 쳐 소리를 냈는데 그 소리에 아이는 쓰러지면서 머리를 파묻었다. 잠시 후 아이가 흰쥐를 잡으려 하자 또 쇳소리를 냈는데 아이는 울면서 앞으로 넘어졌다. 그 뒤 쥐 근처에 다가갔을 때 아이는 손을 움츠렸고 몇 번 더 대면했을 때 울면서 쥐를 피했다. 그 후 아이는 쥐를 닮은 대상뿐만 아니라 흰털 달린 인형이라든가 산타클로스의 수염에게도 공포심을 나타냈다.

에도 관심을 끌기 위해 우는 행동을 선택하게 된다.

치료법

이 모델에서 부적응 행동은 성장 과정에서 주변환경의 영향으로 바람직하지 않는 행동이 습득된 것으로 보고 이러한 학습원리를 적용해서 부적응 행동을 수정하는 치료법을 사용한다.

여기서 부적응 행동에 대한 지도는 4단계로 이루어지는데, 1단계에서는 부적응 행동 중 변화시켜야 할 행동[목표행동]이 무엇인지를 결정하고 그 문제점을 밝힌다. 2단계에서는 수정하고자 하는 목표행동이 결정되면 A[행동의 선행자극]—B[목표행동]—C[그 행동이 발생한 후의 후속자극, 즉 그 행동으로 나타난 결과]를 분석한다. 3단계에서는 행동수정기법을 선택하고, 4단계에서는 앞선 행동수정 기법이 효과적으로 활용되었는지의 여부, 즉 결과를 평가한다.

행동수정 기법은 바람직한 행동을 증가하기 위한 것과 바람직하지 못한 행동을 감소하기 위한 것으로 구분하며, 전자에는 정적 강화, 부적 강화, 토큰 강화, 행동형성법, 모방학습법, 사회적 기술훈련 등을 이용하고, 후자에는 소거, 벌, 혐오적 조건형성, 체계적 둔감법, 타임아웃 등을 활용할 수 있다. 실례로 자폐증[autism] 아동이 자기학대행동을 할 때마다 혐오스러운 충격을 주면, 그러한 행동의 횟수가 줄어든다.

인지적 접근

부적응 행동의 원인

인지적 접근에서는 인간을 자신과 세상에 대해 의미를 부여하는 능동적인 존재로 보며 인간이 고통받는 주된 이유는 객관적 환경 자체보다는 그에 부여한 의미 때문이라는 가정에 근거하고 있다. 이 접근에서는 아동의 부적응 행동이 아동의 사고에서 지각적 편향, 비합리적 신념, 잘못된 해석을 나타내는 결함이나 왜곡의 결과라고 본다.[Kendall, 1991] 즉, 이상행동과 정신장애는 자신과 세상에 대해서 부정적이고 왜곡된 의미를 부여하는 부적응적인 인지적 활동에 기인한다. 따라서 부적응 행동의 교정 및 치료의 초점을 일차적으로 인지에 두며, 개인의 정서반응과 행동을 이해하기 위해서는 개인의 신념이나 생각을 먼저 아는 것이 필요하다고 본다.

인지란 자신이나 주변에서 일어나는 일을 지각하고 또 거기에 의미를 부여하는 과정을 말한다. 그것은 신념과 신념체계, 생각 및 이미지 등을 포함한다. 또한 인지과정은 환경과 자기에 대한 정보를 평가하고 조직하는 방식과 대처행동[coping behavior], 문제해결을 위해서 정보를 처리하는 방식, 그리고 미래의 사건을 예측하고 평가하는 방식을 포함한다. 즉, 각 개인이 일상생활에서 일어나는 일들을 평가하는 것이나 자신에 대해서 어떤 개념을 갖게 되는 것이나 혹은 세상 돌아가는 이치에 대해서 어떤 가설을 형성하는 것이 모두 인지과정이다.

인지적 접근에서는 부적응 행동 감소를 위해 인지 내용이나 인지 양식을 개선하는 것에 초점을 둔다.

치료법

인지적 심리치료에서는 내담자의 이상행동을 초래하는 부적응적인 사고내용을 포착하여 그러한 사고의 타당성, 현실성, 유용성을 내담자와 함께 다각적으로 평가함으로써 보다 현실적이고 적응적인 사고로 전환하는 구체적인 작업이 이루어진다. 예를 들어 A학점을 받은 예쁜 소녀가 자신이 못생기고 학업에서 실패하고 있다고 생각하는 경우, 치료에서는 인지적 재구조화[cognitive restructuring]를 통해 이러한 잘못된 인지를 변화하고 이에 따라 아동의 행동과 감정의 변화를 유도하고자 한다.

인본주의적 접근

부적응 행동의 원인

인본주의적 접근에서는 긍정적인 인간관에 근거하여 인간을 근본적으로 자기실현을 추구하는 성장 지향적 존재로 본다. 인간은 그가 지닌 잠재력을 최대한으로 개발하여 현재의 자신보다 더 향상하려는 기본적인 욕구가 있다. 비록 여러 종류의 환경적·문화적 장애에 부딪쳐 잠시 동안 퇴행하는 것처럼 나타날 때도 있지만 적절한 상황이 되면 스스로 자기 자신을 인도하고 통제할 능력을 갖춘다고 본다. 이러한 인간이 이상행동과 정신장애를 나타내는 이유는 사회적·환경적 상황이 개인의 성장과 적응적 기능을 위해 갖고 있는 기본적 능력을 간섭하기 때문이다. 이 간섭 때문에 아동은 자존감의 상실이나 손상을 경험하게 된다.

인본주의적 입장에서 보면 정서적 건강은 자아실현self-actualization 추구에 있다. 자아실현은 자신에게 충실하려는 자유로서, 타인으로부터 받는 무조건적인 긍정적 관심감정이입, 수용 등에 따라 다르게 나타난다.Raskin & Rogers, 2000 따라서 부적응 행동은 부모와 다른 사람에게서 따뜻하고 일관적인 지지와 확인을 받지 못한 데 기인한 자기존중감 부족의 결과라고 간주한다.

부모가 어린아이의 유기체적 욕구나 성향을 충분히 수용하지 못하고 자신들의 가치와 기대에 맞추어 조건적인 수용을 하게 되면, 아동은 부모의 애정을 얻기 위해 자신의 유기체적 경험을 왜곡하거나 부인하게 된다. 이런 과정을 통해서 자기개념과 유기체적 경험의 괴리가 점점 확대되면, 개인은 점점 더 심한 불안을 경험하며 부적응 상태를 나타낸다.

인본주의 이론가들은 아동기에 무조건적으로 긍정적인 관심을 받지 못하면 인간은 왜곡되고 잘못된 자아가 발달된다는 점을 강조한다.

치료법

인본주의적 심리치료자는 무조건적으로 그리고 편견 없이 한 개인으로서 순수하게 아동을 수용하는 공감적 관계를 형성한다. 이러한 성장촉진적 관계를 형성하여 아동이 그동안 왜곡하고 부인해왔던 자신의 진정한 모습을 자각하고 수용함으로써 부적응 행동이 감소되고 자기실현적 성향이 활성화되도록 돕는다.

사회문화적 접근

부적응 행동의 원인

아동의 발달은 생물학적 및 심리적 영향뿐만 아니라 그들의 사회적 및 환경적 맥락에서도 영향을 받는다. 사회문화적 접근에서는 한 인간을 부적응 행동의 주체로 보기보다는 그 개인이 속한 사회문화 속의 어떤 요인을 부적응의 원인으로 본다. 즉, 개인의 행동은 그가 속해 있는 사회의 가치, 제도 및 습관의 영향은 물론 자기의 가족이나 일상생활에서 접하게 되는 사람들의 영향을 크게 받는다.

이 접근에서는 아동의 부적응 행동을 이해하기 위해 특정 시기에 특정 상황에서 아동에게 직접적으로 영향을 미치는 중심과 말초 사상 모두를 고려해야 한다. 브론펜브레너Bronfenbrenner, 1977의 생태학적 모델은 가족, 지역사회, 문화 등 아동이 몸담은 생태환경을 보다 체계적으로 구조화하고, 이들 환경체계와 개인 간의 관계를 이해하고자 한다. 그는 인간을 둘러싸고 있는 생태환경을 가장 가까운 것에서부터 가장 먼 것에 이르기까지 네 개의 층으로 구분한다.

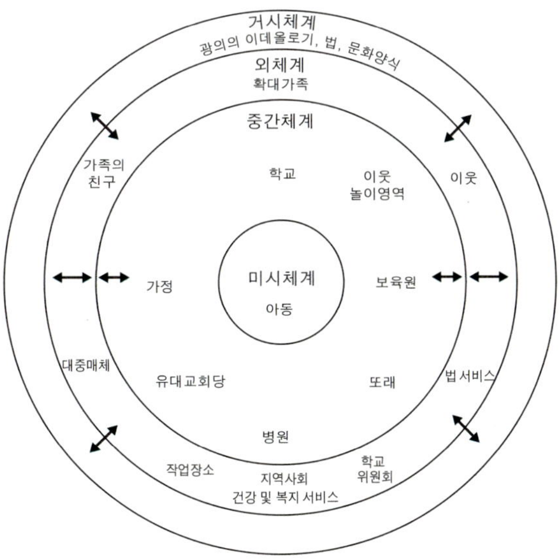

그림 2
브론펜브레너의 생태학적 모델

가장 가까운 층인 미시체계microsystem는 아동에게 근접한 환경으로 아동이 직접 상호작용하는 환경체계이다. 즉, 아동이 거주하는 집이나 보육시설, 아동의 부모, 친구, 교사 등은 미시체계에 속한다. 다음 층인 중간체계mesosystem은 미시체계들 간의 상호관계를 뜻한다. 예를 들어 아동의 부모와 교사 간의 관계, 아동의 부모와 친구 간의 관계는 중간체계에 속한다. 외체계exosystem는 아동이 직접 참여하지는 않지만 아동에게 영향을 미치는 사회적 환경을 가리킨다. 그 예로 부모의 직장환경을 들 수 있다. 부모의 직장 내 보육시설 유무는 아동 생활에 영향을 미치며, 휴가와 같은 복지제도는 아동이 부모와 함께 보낼 수 있는 시간에 영향을 준다. 거시체계macrosystem은 미시체계, 중간체계, 외체계에 포함된 모든 요소와 더불어 개인이 살고 있는 문화적 환경까지 포함한다. 성역할에 대한 문화적 전통은 거시체계에 속한다.

실제로 정신적 장애의 경우 시골보다는 도시에서, 결혼생활을 하는 사람보다는 이혼자와 별거자에게서 높은 발병률을 보인다는 사실은 생태학적 환경이 개인에게 미치는 영향을 뚜렷하게 보여준다. 비록 이 접근에서 부적응 행동의 치료에 대한 견해는 제시하고 있지 않지만 적응에서의 사회문화적 요인의 중요성을 강조했다는 측면에서 그 의의가 크다.

CHAPTER 14

부적응 행동 지도

학습개요

적당한 수준의 갈등과 긴장은 유아가 독립심을 기르고 사회에 적응해나가는 데 필요한 자양분이 되지만, 자기 주변의 사회문화적 환경과 적절하게 상호작용할 수 없는 부적응 행동은 부모나 또래와의 원만한 관계를 유지하기 힘들며, 스스로를 고통스럽게 하는 원인이 된다. 그러므로 유아의 부적응 행동이 발생하면 그 원인을 규명하여 조기에 해결하도록 근본적인 지도대책을 세우고 실천해나가야 한다.

이 장에서는 부적응 행동에 영향을 미치는 요인을 살펴본 후, 부적응 행동의 지도원리를 알아보고, 구체적인 사례를 통해 부적응 행동의 양상과 지도 방법을 알아본다.

학습목표

- 부적응 행동에 영향을 미치는 요인을 이해할 수 있다.
- 부적응 행동의 일반적인 지도원리를 설명할 수 있다.
- 부적응 행동의 사례별 행동양상과 지도 방법을 이해할 수 있다.

주요 용어

반사회적 행동, 공격성, 산만한 행동, 의존적 행동, 말 더듬는 행동

부적응 행동의 일반적 지도

유아의 정상적인 발달과정에는 일련의 인지적·신체적·정서적·사회적 변화가 수반된다. 대부분의 유아들은 이러한 변화에 적응하는 과정에서 갈등과 긴장 그리고 여러 가지 정서·행동상의 문제들을 나타내는데, 유아는 이러한 문제를 스스로 해결하는 과정을 통해 발달과업을 달성하고 주변환경에 적응하는 방법을 익히게 된다. 정상적으로 발달하는 유아는 독립심과 자신감을 기르고 또래나 주변 사람들과 관계 맺는 것을 배우며, 기본적인 가치를 형성하고 새로운 사고방식과 정보를 습득한다.

그러나 발달과정에서 나타난 갈등이나 문제들을 올바른 방법으로 해결하지 못할 경우, 유아는 또래나 주변 사람들에게 부적절한 행동을 보일 수 있다. 특히 유아의 부적응 행동은 유아교육기관과 같은 집단에 속하게 되었을 때 더욱 문제화 되는데, 이때 부모와 교사는 부적응 행동의 원인을 파악하여 적절한 방법으로 지도한다. 부적응 행동을 보이는 유아를 지도하기 위해서는 그 원인이 무엇인지를 확인하고 그에 따른 적절한 지도방법을 계획 실천한다.

이 절에서는 부적응 행동에 영향을 미치는 일반적인 요인, 그리고 부적응 행동의 지도원리에 대해 알아본다.

부적응 행동에 영향을 미치는 요인

앞에서 살펴본 바와 같이 유아의 부적응 행동의 원인과 해결방법에 대해 다양한 관점에서 설명하려는 노력이 있었다. 그러나 부적응 행동의 원인을 규명하는 구체적이고 객관적인 연구는 아직도 많이 부족하다. 유아의 부적응 행동에 영향을 주는 요인은 크게 개인적 요인과 환경적 요인으로 구분할 수 있다.

개인적 요인

부적응 행동에 영향을 미치는 개인적 요인은 유아 자신이 갖고 있는 유전적이고 신경학적 요인을 말하는 것으로, 뇌손상이나 역기능, 영양결핍, 기질, 신체적 질병 등이 그 원인이 될 수 있다. 또한 성별이나 연령 등도 부적응 행동의 출현에 영향을 주는 것으로 본다.

모든 유아는 태어날 때부터 이미 생리적으로 결정된 기질이나 행동 유형을 가지고 태어나는데, 그 기질이나 행동 유형에 따라 부적응 행동이 달라질 수 있다.[Buss & Plomin, 1984] 까다로운 기질은 3세 이후의 문제행동과 관련 있으며,[Thomas, 1968] 유치원에서의 부적응 행동은 여아보다 남아에게서 더 자주 나타난다는 연구도 있다.[Hughes, Pinkertom, & Plewis, 1979] 또한 홍강의와 홍경자[1986]는 남아는 과잉운동, 미숙, 공격성 등 외향적 문제행동의 빈도가 높은 반면, 여아는 불안이나 우울 그리고 정신신체 증상 등 주로 내향적·정서적 문제의 빈도가 높은 경향을 보인다고 하였다.

환경적 요인

부적응 행동의 발현에 있어 환경적 요인의 영향을 강조하는 입장에서는 인간의 행동은 환경과의 끊임없는 상호작용의 결과라고 본다. 특히 유아기의 행동은 가정환경의 영향을 많이 받으며, 유아교육기관에서의 또래관계나 매체 등에 영향을 받을 수 있다.

가족 요인과 관련해서는 가족의 크기 및 출생 순서와 같은 것들이 부적응 행동 문제와 관련있어 광범위하게 적용되어 왔으며, 부모의 별거, 이혼은 정서 및 행동적 부적응의 원인으로 작용한다고 알려져 왔다.[Zigler & Finn-Stevenson, 1997; Hetherington & Hagan, 1989] 더불어 가정의 사회경제적 수준, 가족의 크기, 부모의 유무, 형제의 유무, 가족의 가치관, 부모의 양육태도 등에 영향을 받을 수 있다. 이중 특히 부모의 양육태도는 유아의 발달 전반에 걸쳐 중요한 영향을 미치는데, 지나치게 엄격한 양육태도, 거절, 거부, 일관성 없는 상벌 등이 부적응 행동을 유발시키는 요인이 될 수 있다.

교육·보육기관에서 부적응 행동을 보이는 유아는 대개 인지적으로 낮은 지능과 학습부진의 문제가 있으며, 또래와의 관계에도 어려움을 느낀다. 이러한 유아는 의존적이거나 신체발달의 미성숙으로 스스로 또래들과의 협동놀이에 참여하지 못하기 때문에 부모나 교사의 도움이 필요하다. 이 외에도 유아 주변의 물리적 환경으로 복잡하고 소란한 환경, 협소한 주택에 의한 압박감, 항상 위험을 느끼게 하는 주거환경,

가정의 경제적 빈곤 등도 유아의 부적응 행동에 영향을 미치는 원인이 된다.유영의, 1994

부적응 행동의 지도원리

영유아기에 겪게 되는 내면적·외면적 적응 행동문제는 영유아가 성장함에 따라 더 큰 사회적 부적응이나 문제행동을 유발할 수 있으므로 가능한 즉각적으로 해결할 수 있도록 관심과 노력을 기울여야 한다. 영유아의 부적응 행동이 발생하면 그 원인을 규명하여 근본적이고 개별적인 지도대책을 세우고 해결해나가야 한다.

부적응 행동 각 사례마다 구체적 지도방안은 달라질 수 있겠지만, 일반적으로 부적응 행동을 지도할 때 유념해야 할 원리는 다음과 같다.안영진·이성숙, 1998

첫째, 치료적인 지도보다는 예방적인 지도에 힘써야 한다. 문제가 심각해져서 표면으로 나타났을 때는 이미 지도하기 힘든 상태에 도달한 경우일 수 있다. 그러므로 문제가 표면화되기 전 잠복상태에 있는 초기에 정확하게 발견하여 예방하도록 힘쓰는 것이 필요하다. 예방적 지도의 효과적인 방법으로는 버릇들이기나 욕구충족의 연기 등 일반적인 욕구불만에 대해 인내심을 길러주는 노력을 들 수 있다.

둘째, 외형적인 변화나 일시적인 개선보다 심리적인 변화가 일어나도록 힘써야 한다. 외형적인 변화는 일시적인 위협이나 벌로도 가능하지만 사람을 기피하거나 특정 개인을 수용, 배척하는 행동은 쉽게 교정되기 어렵다. 문제가 되는 행동의 지속적인 변화를 위해서는 심리적 부분에 초점을 두고 체계적인 노력을 기울일 필요가 있다.

셋째, 대중적 지도와 더불어 근본적 치료를 실시하여야 한다. 겉으로 드러나는 부적응 행동은 전반적으로 영유아의 심리 정서상태가 외부환경에 잘 적응해나가기에 부적절하거나 취약함을 반영한 결과라고 볼 수 있다. 따라서 당장 문제가 되는 부적응 행동을 지도하는 것과 더불어 문제의 뿌리를 해결하는 방향으로 나가야 한다. 놀이치료나 개인 상담 등 긍정적 자아개념을 발달시킬 수 있는 전문적 지도와 더불어 영유아의 건강한 발달을 지원할 수 있도록 주변환경을 조성하는 노력이 함께 이루어져야 한다.

부적응 행동의 사례별 지도방안

유아의 부적응 행동을 효과적으로 지도하기 위해서는 무엇보다도 부적응 행동의 원인에 대해 많은 정보를 가지고 체계적이고 조직적으로 유아의 행동을 관찰하는 것이 필요하다. 이 절에서는 영유아 및 아동에게서 나타날 수 있는 부적응 행동의 사례를 소개하고 그 원인 및 행동특성과 해결을 위한 지도 방법에 대해 살펴본다.

공격적·반사회적 부적응 행동

유·아동기는 생리적인 욕구뿐 아니라 애정, 소속감, 사회적 승인, 독점 등의 인격적·사회적 요구가 강하게 나타나는 시기이다. 이 시기의 유아나 아동은 그를 둘러싸고 있는 사회의 공통 목표, 즉 사회적 행동규준이나 기대역할, 행동에 맞도록 생활을 한다.[김충기·장선철, 2002] 그렇지 못할 경우 사회적인 문제행동을 보이는데, 사회규범을 어기고, 사회질서를 파괴하여 남에게 해를 끼치는 일체의 행동을 반사회적 행동이라고 한다.

유아 및 아동의 사회적인 부적응 행동은 사회환경에 적응하기 위한 생활능력과 기술을 습득하지 못했거나, 부모의 잘못된 양육태도는 부적응 행동에 여러 가지 지장을 가져온 것 등이 원인으로 작용한다. 다음에서는 대표적인 공격적·반사회적 부적응 행동의 특성과 지도 방법에 대해 알아본다.

화를 잘 내는 행동

행동양상 화를 내는 행동은 바닥에 드러누워 울고, 비명을 지르며, 손을 휘두르면서 발로 차고, 그 밖에 화가 난 상황을 나타내는 다른 여러 가지 격동적인 행동들이 집합된 행동으로 정의된다.[유효순·지성애, 2002] 유아는 자율성을 획득하는 과정에서 새로운 행동을 시도하고자 하는데, 이때 성인이 행동을 제어하게 되면 유아의 자유 의지와 상충되어 유아는 화를 내는 행동을 보인다. 특히 성질이 급한 아이, 응석받이로 자란 아이의 경우 화를 더 잘 내며, 피로하거나 초조할 때, 무언가에 열중하여 다른 것을 생각할 여유가 없을 때도 화내는 행동을 보이기 쉽다.

아이가 화를 낼 때 파괴적인 행동을 함께 동반한다면 매우 위험할 수 있으므로 특별한 관심을 가지고 지도할 필요가 있다.

지도 방법 유아는 화나는 것이 자연스럽고 일반적인 일이라는 것을 알 필요가 있다. 교사는 자신의 요구를 화를 냄으로써 표현하는 유아에게 말로 한다든가, 다른 표현으로 그 요구를 나타내도록 가르쳐야 한다. 그러나 화를 낼 때에는 가능한 관심을 주지 않고 무시하며, 아무리 외치고 떠들고 울더라도 그대로 내버려 두어야 한다. 이때 부모나 주위 사람들은 일관되게 명확하고 엄격한 태도를 취해야 한다. 반면에 감정적인 상황을 조절하여 긍정적인 상호작용을 할 때에는 자주 칭찬하여 바람직한 행동을 강화한다.

화냄은 신체적 긴장을 유발하는 정서이므로 긴장을 해소하고 보다 건설적인 정서로 바뀌도록 신체적 에너지를 발산할 수 있는 활동적인 놀이 기회를 제공해주는 것도 도움이 된다. 화남을 적절하게 표현할 수 있는 특별한 영역을 만들어 차거나 때리고 두드릴 수 있는 물건들, 공격용 백, 미술자료들, 소리 지르는 상자, 껴안거나 역할놀이를 할 수 있는 인형 등을 준비해두고 감정을 건설적으로 표현하고 다루는 것을 도와줄 수 있다.

떼쓰는 행동

행동 양상 유아는 영아기를 지나면서 서서히 자기주장을 하기 시작하며 흔히 자기 희망사항이나 요구가 관철되지 않으면 심하게 떼를 쓴다. 대부분 자연스러운 발달과정으로 볼 수 있지만, 주위 사람에게 폐를 끼치거나 피해를 줄만큼 심한 고집은 주변 사람들과의 상호작용을 차단하므로 적절한 지도가 필요하다. 유아가 떼를 쓰는 행동을 하는 경우 우선은 부모의 정서적 성향이나 양육태도를 점검할 필요가 있다. 부모가 신경질적이거나 과격한 성향을 갖고 있거나 초기 양육 시 부모의 정서상태가 불안정한 것이 원인이 될 수 있다. 또한 발달과정에서 유아의 지적 호기심이나 자율성을 무리하게 제재한 경우 지적 욕구나 독립성에 대한 욕구가 충족되지 않아 쓸데없는 고집을 형성시킬 수 있다. 또한 부모의 사랑을 충분히 받지 못한 경우 관심을 받기 위한 방편으로 떼를 쓸 수도 있다.

지도 방법 우선 떼쓰는 행동의 원인이 될 만한 사항들을 점검하고 개선시킨다. 부모가 아이를 대하는 방법을 수정하고, 지적 욕구나 애정욕구에 대한 충족이 원활하게 이루어질 수 있도록 교육환경을 개선하는 한편 유아와의 지속적인 상호작용으로 사랑을 받고 있다는 느낌을 갖게 한다. 그리고 자기 스스로 통제할 수 있는 충분한 기회를 제공한다. 아이의 요구를 거절했을 경우 떼쓰는 행동에 대응하지 않되, 명확하게 거절한 이유를 설명하고 다른 합리적인 제안을 하여 아이가 선택하도록 한다. 그럼에도 불구하고 계속 떼를 쓰는 경우에는 단호히 거절하는 태도를 일관되게 보여주는 것이 필요하다.

공격적 행동

행동 양상 일반적으로 공격성은 친구에게 욕을 하고, 약 올리고, 때리고 괴롭히는 행동, 또는 장난감이나 물건을 부수고, 던지고, 파괴하는 등의 모든 행동을 의미한다. 즉, 공격성은 다른 사람 또는 동물에게 상처를 입히거나 소유물을 손상시키거나 파괴하는 모든 부정적인 행동으로 정의된다.[최국남·박순이, 1999]

유아들은 자신의 욕구가 좌절되거나 분노를 느낄 경우 적절한 해소 방법을 알지 못하여 종종 공격적인 행동으로 표출하는데,[조운주·최일선, 2004] 유아들이 성장함에 따라 공격성의 양상이 변화되어 간다. 대부분의 유아들은 원하는 목적을 성취하기 위한 도구적 공격과 신체적 공격을 많이 사용하나, 점차 성장하면서 타인에게 해를 끼치기 위한 적대적 공격과 언어적 공격을 많이 사용한다.

유아가 공격적 행동을 하는 이유는 부모나 TV매체 등으로 공격성이 학습된 경우, 갈등을 해결하기 위한 바람직한 행동이나 사회적 기술이 부족한 경우, 분노나 좌절 등의 감정을 해소하는 적절한 방법을 모르는 경우, 관심을 끌기 위한 수단 등으로 다양하다. 유아기의 공격성은 이 시기에 해결하지 못했을 때 이후 사회적인 문제를 야기할 수 있으므로 적절한 지도가 필요하다.

지도 방법 일반적으로 유아의 공격적 행동을 지도할 때는 어떤 상황에서도 공격적 행동은 용납될 수 없다는 것을 인식시켜야 한다. 어떤 형태이든 신체적 또는 언어적 공격을 무시해서는 안 된다. 교사가 공격적인 행동을 무시한다면 유아는 교사가 공격적인 행동을 승인했다고 생각한다.

모방 행동으로 공격적 행동을 하는 경우에는 공격적 영상매체를 제거하고, 부모 상담 등을 통해 공격적 행동의 모델을 제거한다. 사회적 기술이 부족한 경우에는 갈등을 해결하는 상호작용 및 의사표현 방법을 알려주고, 찰흙이나 펀치백 등을 제공하여 자신의 감정을 적절히 표현할 수 있는 방법을 알려준다. 관심을 끌기 위한 수단인 경우에는 바람직한 행동을 했을 때 더 많은 관심과 칭찬을 제공하고 공격적인 행동은 어떤 보상도 받지 못하게 한다. 그럼에도 불구하고 유아 스스로 공격적인 행동을 통제하지 못하는 경우 권리박탈법이나 일시적인 격리를 통해 지도할 수 있다.

산만한 행동

행동 양상 산만한 행동은 자신이 참여하는 활동에 대한 주의집중 시간이 짧아 활동에 몰두하는 데 어려움을 느끼거나 가만히 있지 못하고 부산한 모습을 보이는 것을 말한다. 평균적으로 2세의 유아는 한 가지에 집중하는 시간이 2~3분가량 되지만, 5세가 되면 15~20분 정도 주의를 집중할 수 있다. 그러나 유아의 기질적 특성이 외부 자극에 민감하다든지 신체적 질병을 갖고 있는 경우 주의를 집중하기 어렵다. 또한 유아들에게 제공되는 활동이 발달에 부적합하여 지루하거나 어렵다고 여겨질 때도 집중하기가 어려우며, 가정에서 부모의 양육태도가 엄격하고 지배적인 경우에도 이러한 행동을 보이기 쉽다. 그리고 지나친 소음이나 무질서한 물리적 환경도 산만한 행동의 원인이 된다.

지도 방법 산만한 행동을 지도하기 위해서는 가능한 주의집중력을 증진시킬 수 있는 환경을 구성한다. 교실의 불필요한 소음을 줄이고, 유아의 흥미를 충족시킬 수 있는 다양한 자료와 활동을 제공한다. 또한 부모나 교사가 유아에게 기대하는 것이 발달 수준에 적합한지를 확인하고, 힘에 겨운 과제는 되도록 피하고, 쉽고 재미있는 과제를 부과한다. 유아가 집중하는 모습을 보일 때 격려와 칭찬을 해주며, 체계적이고 조직적인 관찰을 통해 다른 활동보다 오래 집중하여 참여하는 행동을 파악하고 점차 집중시간과 강도를 늘려가도록 체계적으로 도와준다. 또한 유아가 잘한 것이든 못한 것이든 간에 해낸 결과에 대해 인정과 격려를 아끼지 않으며, 따뜻하고 안정된 분위기에서 사랑과 인정을 받고 있음을 느낄 수 있도록 해 준다. 더불어 유아 내부의 활동에너지를 발산할 수 있는 동적인 활동 기회를 미리 제공하는 것도 도움이 된다.

훔치는 행동

행동 양상 훔치는 행동이란 자신의 것이 아닌 물건을 가지고 오는 행동을 말하는 것으로, 유아기의 훔치는 행동의 주된 원인은 소유개념의 부족 때문이다. 즉, 유아기에는 자신의 것과 남의 것을 구분하지 못하기 때문이다. 4세 정도가 되면 소유개념이 분명해지고 도덕성도 발달하여 남의 물건을 갖고 싶어도 몰래 가져서는 안 된다는 것을 알게 된다.

이 외에도 훔치는 행동의 유발 원인으로는 충동조절 능력의 부족이나 애정결핍, 정서불안이나 갈등 등의 정서적 문제 등이 있다. 소유개념이 생겼는데도 불구하고 다른 사람의 물건을 반복해서 가져 오는 행동을 하는 경우에는 습관적인 도벽으로 발전되지 않도록 적절한 지도가 필요하다.

지도 방법 일반적으로 유아기의 훔치는 행동은 충동적·정서적 원인에 의해 발생하는 경우가 많으므로 지나친 비난보다는 훔치게 된 내재적 원인이 무엇인지를 파악하는 것이 필요하다. 먼저 수치심을 느끼게 하지 않는 방법으로 다른 사람의 물건을 가져 오는 것은 바람직한 행동이 아니라는 것을 분명하게 알려주고, 물건에는 각자 주인이 있다는 소유개념을 이해하도록 도와주어야 한다. 더불어 타인의 물건을 빌리는 과정에서 사용할 수 있는 구체적인 방법들을 학습시킨다. 정서적 불안이나 불만이 원인인 경우에는 부모와 교사가 유아에게 관심과 사랑을 주고, 존중받는다는 느낌을 받을 수 있도록 자주 칭찬과 격려를 한다. 또한 충동조절이 부족한 경우에는 충동을 억제할 수 있는 능력을 길러주는 것이 필요하며 가정이나 유아교육기관에서 일정한 역할을 부여해주면 자부심을 가져 자연스럽게 훔치는 행동이 사라질 수 있다.

거짓말하는 행동

행동 양상 거짓말이란 진실이 아닌 말을 의도적으로 하는 것을 의미한다. 거짓말은 원인에 따라 상상에서 오는 거짓말, 재미로 장난삼아 즐기는 거짓말, 타인의 관심을 끌기 위한 거짓말, 꾸중이나 벌과 같은 두려움을 피하기 위한 거짓말, 다른 사람을 돕기 위한 거짓말 등 다양한 유형으로 나눌 수 있다.

유아가 거짓말을 했다면, 먼저 어떤 종류의 거짓말인지를 확인한다. 상상과 현실을 구분하지 못한 데서 연유한 거짓말이나 그저 놀이의 하나로 거짓말을 즐기는 경우, 일시적으로 상황을 모면하기 위한 거짓말 등의 사소한 경우는 정상적인 발달과정에서 나타나는 현상이므로 과민하게 반응하지 않아도 된다. 그러나 비난이나 체벌에 대한 두려움, 사랑과 인정 상실에 대한 두려움 등 심리적인 원인에 의한 거짓말은 반복적이고 지속적으로 나타날 수 있으므로 이러한 경우 원인이 무엇인지를 파악하여 습관적인 거짓말로 발전하지 않도록 미리 적절한 지도를 해야 한다.

지도 방법 유아가 하는 거짓말의 대부분은 발달과정 중에 지나가는 사소한 현상일 수 있으므로 지나친 벌이나 꾸중은 바람직하지 않다. 유아가 재미를 위해, 혹은 관심을 끌기 위해 거짓말을 하는 경우 교사나 부모는 못들은 체 하거나 상대하지 말고 무시한다. 의도적 거짓말이 나쁘다는 것을 분명히 인식시켜야 하기 때문이다. 또한 실수로 잘못한 것은 처벌하지 않지만, 의도적인 거짓말에 대해서는 처벌할 수 있다는 것을 분명히 말해준다.

부모나 교사는 유아가 거짓말을 하게끔 만드는 상황을 만들지 말아야 한다. 가정에서 지나치게 엄격하거나 사사건건 야단치고 따져서 아동을 윽박지르면 유아는 결국 자기를 보호하기 위해 거짓말을 하게 된다. 그러므로 평소에 유아의 잘못이나 실수에 대해 너그럽게 받아들이고 잘못을 인정했을 때는 칭찬해주어 유아가 솔직히 말할 수 있도록 용기를 주어야 한다. 더불어 항상 유아가 관심받고 있음을 느끼게 하며, 부모나 주변 어른은 진실하고 솔직한 행동으로 바람직한 모델이 되어야 한다.

욕하는 행동

행동 양상 유아기는 언어에 대한 감수성과 관심이 높기 때문에, TV나 대중매체,

주변 어른들이나 또래들로부터 이상한 말을 들으면 그것을 곧 기억하여 반복해서 사용하려고 한다. 이 시기에는 욕의 정확한 의미를 이해하지 못하고 자신이 그런 말을 사용했을 때 부모나 교사가 놀라움, 또는 웃음으로 반응을 보이면 자신의 말이 관심 받고 있다는 것을 알게 되어 반복한다. 욕하는 행동은 습관적으로 별 뜻 없이 하는 경우도 있지만, 일반적으로는 화가 난 경우에 욕을 많이 하게 된다. 욕하는 행동의 원인에 따라 다른 접근의 지도가 필요하다.

지도 방법 유아가 처음 욕을 사용했을 때는 그런 언어는 좋은 것이 아니라는 것을 알려준 후, 다시 사용했을 때는 무시해버리고 관심을 보이거나 야단함으로써 오히려 욕하는 행동을 강화하지 않도록 한다. 습관적으로 욕을 하는 경우에는 욕하는 행위에 대하여 정적 강화나 권리박탈법을 사용할 수 있다. 일정 시간을 정해두고 욕을 하지 않는 경우 보상을 주며, 욕을 하는 경우에는 유아가 좋아하는 바깥 놀이나 TV 보기 등의 활동을 할 수 있는 기회를 뺏음으로써 지도할 수 있다. 화가 나서 욕하는 행동이 나타나는 경우에는 욕 대신 화를 표현할 수 있는 대치 행동을 가르치는 방향으로 지도한다.

심리적·퇴행적 부적응 행동

유아의 정서발달은 성격의 기초와 심리적 안정감을 형성시키므로 중요한 발달과업의 하나이다. 결국 심리적으로 적응에 실패하였을 때 정서적 부적응 행동을 나타내는데, 주된 원인은 불안정 애착인 경우가 많다. 애착 형성의 시기에 애착대상의 상실이나 붕괴의 경험은 혼란스러운 애착을 만들고, 초기 애착에 실패한 유아들은 분리불안, 회피, 위축 등의 문제를 보인다. 이러한 불안정 애착으로 다른 사람과 관계를 가지는 것에 관심이 없거나 함께 어울리는 것을 즐기지 못하고 부적절한 방법으로 감정을 표현하고 행동하게 된다. 정서 문제는 그대로 방치하면 심각한 심리적 병리현상을 초래하고 스트레스를 유발하여 신체적 질병이나 발달적 퇴행으로 이어질 수 있기 때문에 조기 발견 지도가 필요하다. 다음에서는 대표적인 심리적·퇴행적 부적응 행동의 특성과 지도 방법에 대해 살펴본다.

등원거부

행동 양상 유아가 교육보육기관에 가지 않으려고 하는 행동은 특히 신학기 초에 많이 나타나며, 주된 원인은 격리불안 때문이라고 할 수 있다. 격리불안은 유아의 애착 대상자가 없어졌을 때 나타나는 현상으로 2세 이상이 되면서 격리불안도 점차 감소하지만, 낯선 상황에서 한동안은 불안감을 갖게 된다. 낯선 환경에서의 부정적인 경험도 원인이 될 수 있으며 친구들로부터 따돌림을 받거나 놀림을 받은 경우 등원거부 행동을 나타낼 수 있다. 또한 가정에서의 과잉보호로 인해 독립심이 발달하지 못하거나 가정불화로 인해 정서적으로 불안한 유아들도 등원을 거부하는 행동을 보일 수 있다. 이 외에도 동생의 출생, 장기간의 질병, 집단압력 등이 등원거부의 원인이 된다. 등원을 거부하는 경우에는 그 원인을 분명하게 밝혀내어 부모와의 상담 및 가정과의 연계를 통한 지도가 필요하다.

지도 방법 등원거부를 지도하기 위해서는 유아의 격리불안을 해결하며, 이를 위해서는 먼저 어머니 자신이 자녀에 대한 불안한 마음을 없애고 우리 아이가 적응을 잘 할 것이라는 신념을 가져야 한다. 기관에 적응할 수 있도록 적응기간을 두고 단계적으로 떨어져 보는 연습을 하며, 유아에게 부모와 떨어져 있어도 유대관계가 지속적으로 유지되고 있다는 것을 확신시켜 준다. 익숙하지 않은 상황에 대해서 구체적으로 미리 설명해주는 것은 유아의 마음을 편하게 해 기관에 적응을 돕는다. 성공적인 또래와의 관계형성, 교사와의 상호작용 기회의 제공 등을 통하여 교육보육기관에서 더 많은 즐거움을 얻을 수 있는 기회를 제공하고 스스로 하는 습관을 통해 독립심을 길러주는 한편 칭찬을 자주 하여 보다 자신 있게 새로운 환경에 익숙해지도록 도와준다.

수줍음을 많이 타는 행동

행동 양상 부끄러워하거나 수줍음을 타는 것은 자신의 주변환경에 능동적으로 참여하기를 피하는 행동으로, 유아들의 30~50%는 수줍음의 성향이 있다.Zimbardo, 1982

수줍음이 많은 유아는 낯선 사람을 만날 때나 낯선 장소에서, 그리고 많은 사람들 앞에서 이야기할 때 어려움을 보이며, 일반적으로 자신감이 적고, 당황스러워하고, 실패에 대해 두려워한다. 다른 사람들에게 비판받고 거절당하는 것에 대한 두려움, 사회적 상황에서 적절하게 반응할 수 없는 것에 대한 두려움, 친교에 대한 두려움 등이 수줍음의 원인이 될 수 있다. 이러한 유아들은 자신이 만든 막연한 생각으로 항상 고민하고 있고 다른 사람으로부터 비난을 불러올 위험을 회피하려고 참여자보다는 관찰자로서의 안전한 역할을 선택한다. 수줍음은 유아의 내향적인 성격이나 또래와 함께 어울리는 놀이 경험의 부족에서 연유될 수도 있다.

지도 방법 부끄러움을 많이 타는 유아의 경우 외부에서 자극을 주거나, 학업에 있어서 표현력이 요구될 때, 낯선 사람들과 강제로 인사시키거나, 놀이를 할 때 즉각적인 반응을 요구하면 오히려 더 움츠러들거나 자신 없어 할 수 있다. 그러므로 교사는 성급하게 많은 것을 요구하기보다는 발달과 특성에 적합하게 대응한다.

먼저 자신감과 자아존중감을 높일 수 있는 경험을 하게 한다. 자신이 좋아하는 활동이나 쉽게 할 수 있는 활동을 제공하여 교사의 칭찬을 통해서 유아의 노력을 격려하고 촉진해준다. 유아가 적극적으로 참여할 수 있는 교사의 심부름이나 또래들에게 필요한 자료 나누어주기, 꽃에 물주기 등의 활동을 시켜 적극성과 자아존중감을 강화해준다. 또한 대집단보다는 소집단활동에 참여하게 하며, 유아가 한 활동 중 잘한 점을 찾아내어 칭찬하고 격려한다. 다른 사람들과 함께 놀이하는 경험을 제공함으로써 놀이가 즐거운 것이라는 느낌을 주고, 동시에 적절한 상호작용을 통해 말을 거는 법, 사과하기, 요청하기, 거절하기 등의 대인관계에 필요한 사회적 기술을 연습시키고 훈련시킨다. 더불어 타인에게 관심받고 있다는 확신을 주며, 화, 좌절, 분노 등의 감정을 표현하도록 개별적인 감성교육을 병행하는 것도 필요하다.

고립된 행동

행동 양상 유아기의 성공적인 또래관계 경험은 유아기는 물론 이후 사회성 발달에 지속적인 영향을 미칠 수 있으므로 혼자 노는 행동의 원인을 파악하는 것이 중요하다. 유아가 또래와의 접촉을 회피하고 어울리지 못하며 혼자서 고립된 행동을 보이는 원인은 다음의 몇 가지로 나누어 볼 수 있다. 먼저 성인과의 지나친 밀착이다. 자기를 돌보아주는 어른, 즉 어머니와의 관계가 지나치게 밀착되어 어머니에게 모든 것을 의존하는 경우이다. 두 번째는 대인관계에 실패했던 경험이나 사회적 기술의 부족으로 또래와의 놀이 경험이 부족한 경우이다. 세 번째는 유아의 기질적 특성으로 내성적인 성격으로 친구를 사귀고자 하는 욕구가 없으며, 또래에 대해 관심이 없는 경우이다. 이러한 이유들로 친구관계를 회피하고 집단에 적응하지 못하는 것은 유아를 더욱 위축시키고 고립시키는 결과를 가져오기 때문에 적절한 지도가 필요하다.

지도 방법 고립된 행동은 단기적인 지도를 통해 효과를 보기 어렵고 꾸준하고 지속적인 지도가 필요하다. 성인과 지나친 밀착으로 고립된 행동을 보이는 경우 부모와의 면담을 통해 부모의 양육 방법과 태도를 개선시켜야 한다. 그리고 유아들에게는 또래와의 놀이에서 즐거움을 느끼는 경험을 제공함으로써 성인들과 놀거나 혼자 노는 것보다 친구들과 어울려 노는 것이 즐겁다는 것을 느끼게 한다. 동시에 놀이과정에서 친구에게 사과, 요청, 부탁하는 데 필요한 사회적 기술을 알려준다. 기질적 특성으로 또래에게서 배척당하는 유아의 경우에는 자신감을 갖도록 도와주고 장점을 부각해준다. 그리고 또래들과 잘 어울려서 놀이하는 모습을 보이는 경우 칭찬과 격려로 그 행동을 강화한다.

의존적 행동

행동 양상 의존적 행동이란 자신의 판단이나 의사에 따라 행동하지 않고 타인의 도움을 받아 문제를 해결하는 행동을 말한다. 이러한 행동은 대부분 가족이 많다든지 할머니가 있는 집의 아이, 막내 등 주변 어른들이 지나치게 보살핀 경우나, 어머니가 지나치게 간섭하는 경우에 나타난다. 이러한 환경에서 성장한 유아는 스스로 선택할 수 있는 경험이 부족해져 주도성이나 적극성이 개발되지 못한 경우가 많다. 또는 부모나 주위 사람들이 바쁘고 성급한 경우에도 의존적 행동을 보이기 쉽다. 그리고 체력이 약하거나 타고난 기질에서 수줍음이 많고 느린 경우에도 의존적 행동을 보일 수 있다.

지도 방법 의존적 행동을 보이는 유아는 목표 행동을 여러 단계로 나누어 작은 일에서부터 성취감을 느끼도록 도와준다. 문을 닫는다든지 신발을 가지런히 놓는 등 유아가 쉽게 할 수 있는 범위에서 시작해 점차로 수준을 높여가는 것이 필요하며, 시간이 다소 지연돼도 느긋한 마음으로 기다려 주는 과정이 필요하다. 유아가 잘 할 수 있는 일을 찾아내어 다른 사람이나 학급을 위한 역할을 부여하고 칭찬과 격려를 하여 자신감을 갖도록 한다. 일상에서 유아가 자신이 하고 싶은 활동을 결정할 수 있는 기회를 제공하고, 부모님과 상담을 통해 가정에서도 유아에게 잔소리보다는 혼자 할 수 있는 일을 구체적으로 실천하도록 도와준다. 또한 잘 했을 때 칭찬으로 자신감을 부여한다.

손가락을 빠는 행동

행동 양상 6개월 전후의 영유아기에 손가락을 빠는 행동은 입의 탐색기능이 발달하는 자연스러운 행동이라고 볼 수 있으나, 생후 1년 이후부터는 손과 입의 탐색기능이 분화되면서 손가락을 빠는 행동이 사라지는 것이 일반적이다. 그 이후에도 손가락을 빠는 행동이 지속되는 경우 다른 원인들을 고려해본다. 심리적 긴장을 해소하기 위한 경우 이러한 행동이 나타날 수 있으며 이때 부모나 교사와의 상호작용이 강압적이거나 지배적이지는 않은지 검토할 필요가 있다. 손가락 빠는 행동이 습관화된 경우 무엇을 빨지 않으면 불안해하거나 행동을 통해 관심을 받고자 하는 의존성이 원인이 될 수도 있다. 혹은 감각활동에 대한 욕구불만이나, 주변 또래가 하는 행동의 모방으로 손가락 빠는 행동을 할 수도 있다. 그리고 유아에게 제공된 활동이나 교육과정이 수준에 맞지 않는 것도 원인이 될 수 있다. 자신의 발달 수준보다 높은 활동은 좌절감을, 낮은 활동은 지루함을 주어 손가락 빠는 행동을 유발할 수 있다.

지도 방법 나이 든 유아들의 손가락 빠는 행동은 대부분 정서적 긴장에서 비롯된 경우가 많으므로, 행동 자체에 대해 직접적인 제재를 가하는 것은 바람직하지 않다. 일단 부모나 교사가 세심한 관찰을 통해 불만의 원인을 해소할 수 있도록 도와주어야 한다. 자주 안아주거나 쓰다듬는 행동을 통해 유아가 사랑받고 있다고 느껴 스스로 긴장감을 해소할 수 있는 방법을 모색하는 것도 도움이 된다. 손 마사지나 점토 놀이, 손가락 인형 놀이, 그림자 놀이 등 재미난 손 놀이를 통해 손가락 빠는 행동으로부터 관심을 돌리고, 감각활동에 대한 욕구를 충족시켜준다. 또래의 행동을 모방한 경우는 민감하게 반응하지 않고 손가락을 빨지 않았을 때 칭찬과 격려를 통해 강화해주고, 그래도 행동이 사라지지 않으면 청결 유지의 중요성 등에 대한 이야기를 나누어 합리적 인식을 이끌어내는 것도 도움이 된다.

무서워하는 행동

행동 양상 유아에 따라 두려움이나 공포의 대상은 다양하게 나타난다. 어둠, 귀신, 낯선 사람, 도깨비, 물, 피, 동물, 자동차, 주사기 등에 대해 무서워하는 행동을 보일 수 있다. 유아의 연령과 특성에 따라 누구나 어느 정도의 공포심은 있지만, 남다르게 지나친 경우에는 문제가 된다. 무서워하는 행동의 원인은 과거 무서운 경험에 의한 경우가 많다. 개에 물렸거나 자동차 사고가 났을 때 등의 무서운 경험으로 특정 대상을 무서워할 수도 있다. 또한 도깨비 이야기와 같이 거짓된 이야기가 유아의 상상력과 결부되어 무서워하는 행동을 유발하기도 하며, 부모나 또래가 무서워하는 대상을 모방하여 무서워하는 경우도 있다. 이 외에도 엄격한 양육태도로 위축되고 소심하거나, 소외되고 사랑받지 못한다고 느끼는 유아도 비교적 심하게 공포심을 느끼는 경향이 있다. 지나친 공포심이나 겁을 내는 경우는 용기가 부족하고 마음 약한 어른으로 성장할 수 있으므로 초기에 적절한 지도가 필요하다.

지도 방법 유아가 나타내는 공포나 두려움은 성장하면서 사라진다는 것을 염두해두고 유아가 무서워하는 행동을 수용하고 인정하는 것이 중요하다. 무서워하는 행동의 원인이 무엇인지 관찰하여 대상에 대해 충분히 설명하고, 체계적 감각법이나 행동형성법 등을 활용하여 공포의 대상과 친숙하게 되도록 도와주거나 무서워하는 마음을 없애주어야 한다. 예를 들면 개를 무서워하는 유아에게 개의 사진이나 모형을 보여주고 만져보게 함으로써 친숙해지는 것을 도울 수 있다. 부모는 유아가 무서워하는 대상을 없애도록 노력하는 한편, 가족의 사랑과 믿음을 바탕으로 유아가 자신을 도울 수 있는 사람이 많다는 것을 느끼게 하여 두려움을 없애줄 수도 있다. 적당한 운동과 영양으로 건강한 몸과 마음을 만들고, 무엇이든지 유아 자신의 힘으로 하도록 유도하여 성공적인 경험을 갖게 하는 것도 도움이 된다.

말 더듬는 행동

행동 양상 말더듬증이란 말의 진행이 운동 신경적으로 잘못된 음절, 말소리 낱말의 문제나 이에 대한 사람의 반응으로 방해를 받을 때 생기는 현상이다. 말더듬은 대부분 자기의 의지와는 관계없이 시작되며, 2~5세에 걸쳐 나타나고 특히 3세 전후에 집중된다. 이 시기 아동들은 대체로 상당수 말의 반복이 있고 일반적으로 2~4세에 걸쳐서는 말이 급속히 많아진다.

말더듬증의 양상으로 가장 흔히 볼 수 있는 것은 첫소리를 반복하는 것인데, 이러한 반복이 심해지면 이를 피하려고 특정 소리에서 입만 벌리고 아무 소리도 내지 못하거나 아예 말을 하지 않으려고 한다. 또한 주변 사람들이 말더듬는 것에 주의를 주게 되면 말하는 상황에 공포감을 느껴 말을 더듬음과 동시에 가볍게 입술을 떨거나 얼굴근육이 일그러지는 등 여러 가지 신체행동이 수반되기도 한다.

말을 더듬는 행동은 신체적 장애보다는 대부분 심리적 원인에서 연유한 경우가 많다. 충격적인 사건이나 심한 긴장, 불안을 유발시키는 사건을 경험했을 때 말을 더듬는 경우가 많고, 매를 심하게 맞거나 꾸중을 들었을 때나 유치원 입학이나 엄마와 떨어지는 캠프 등도 말더듬증을 가져오는 촉발사건이 될 수 있다.

한편 말더듬증은 언어발달이 이루어지는 과정에서 원인을 찾을 수도 있는데, 2~4세경의 아동은 낱말을 이용하여 문장을 구사하기 시작하며 급속도로 언어능력이 확대된다. 아이들은 단지 어른의 말을 반복적으로 모방하면서 배우는 것이 아니라 복잡한 말의 구조를 나름대로 터득해나가기 때문에 시행착오가 불가피하며 이런 과정에서 더듬는 행동이 나타날 수 있다. 이때 주변 어른들이 짜증을 내거나 야단을 치게 되면 아이는 자기의 말이 크게 잘못되었다고 생각하여 말하기를 두려워하게 되며 말을 더듬는다.

지도 방법 말을 더듬는 아동은 신체적·사회적 자아개념이 부정적으로 발달되는 경향이 있다. 말더듬증 행동을 지도할 때는 더듬는 말의 교정보다는 부모나 교사들의 수용적이고 온정적인 태도, 즉 정서적 지지에 보다 중점을 둔다. 행동을 고치기 위해 "천천히 다시 해봐."하며 지도하는 것은 그 태도가 아무리 부드럽다 해도 대부분 역효과를 가져온다. 말더듬증 현상 자체를 직접 고쳐주려 하기보다는 아이가 말하는 것에 대한 불안과 두려움으로 위축되지 않도록 편안함을 주는 것이 가장 중요하므로 가능한 한 말더듬증 행동에 대해서는 관심을 보이지 않는 것이 좋다. 대신 아이와 함께 말을 할 때 부드럽고 천천히 말하며, 아이의 말을 끝까지 들어주고 중간에 끼어들지 않는 것이 좋다.

또한 과도하게 많은 학습지나 학원 등 부담되는 과제를 줄여 불안정한 심리상태를 편안한 상태로 돌리고자 노력하며, 유아가 말을 더듬지 않는 곳은 어디인지 잘 관찰하여 그 상황에서 자꾸 자연스럽게 말을 하는 경험을 확장시킬 필요가 있다.

모둠생활·기본생활습관과 관련된 부적응 행동

여성의 사회참여 확대와 영유아 보육에 대한 사회적 책임이 강조됨에 따라 많은 영유아들이 어려서부터 모둠생활을 경험하게 된다. 모둠생활에서는 연령에 따라 교사 대 아동의 비율이 높아지며, 이에 따라 개별 가정에서 보다 자립적이고 독립적인 행동을 요구한다. 또한 교사들은 다양한 활동들을 균형 있게 계획하고 제공하여 유아가 가능한 많은 것을 경험하고 학습하기를 바라며, 식사, 배변, 정리 등 기본생활습관이 바르게 형성되도록 노력한다. 그러나 다양한 이유로 유아교육기관에서 제공하는 활동에 참여하기를 거부하거나, 일반적인 기본생활습관과는 다른 행동을 보이는 유아들이 종종 나타난다. 이러한 문제들은 사회적 관계에 대한 흥미를 감소시키고 모둠생활에 대한 적응을 방해하여 이후 사회적 참여활동에서 여러 가지 문제들을 유발시킬 수 있으므로 적절한 시기에 지도가 필요하다. 다음에서는 모둠생활과 관련된 부적응 행동 및 기본생활습관상의 부적응 행동의 특성과 지도 방법에 대해 알아본다.

활동에 참여하지 않는 행동

행동 양상 활동에 참여하지 않는 행동이란 아동이 교사가 계획하거나 자기가 시작한 모둠활동에 건설적으로 참여하지 않는 모든 경우를 말한다. 주위에서 서성대거나, 모둠활동을 할 때 한쪽 구석에 따로 떨어져 있거나, 자료도 만지지 않고, 참여요청을 받았을 때 거부하는 등의 행동이 이에 속한다. 활동에 참여하지 않는 아동은 일반적으로 활동 참여와 관련하여 좋지 않은 기억이 있는 경우가 많다. 부모가 지나친 기대를 하여 아동의 활동에 불만을 보이거나 다른 사람과 비교함으로써 열등감을 느낀 경우에 아동은 활동에 흥미를 잃기 쉽다. 또한 잔소리를 많이 하고 재촉하는 경우에도 아동은 자주적인 활동에서 자신감을 형성하지 못하여 연령에 맞는 활동을 할 수 없게 되기도 한다. 또한 제공된 자료나 활동이 흥미롭지 않거나 너무 쉽거나 어려워 발달 수준에 적합하지 않은 경우도 원인이 될 수 있다. 이 외에도 기질이나 성격적으로 매우 수줍음을 타는 경우이거나 시각 또는 청각 등의 감각·지각적 결함이나 신체적 결함으로 활동에 참여하기를 꺼릴 수도 있고, 교사나 부모의 관심을 끌기 위해 활동에 참여하지 않을 가능성도 있다.

지도 방법 활동에 참여하지 않는 아동은 무엇보다도 스스로 활동을 선택하도록 존중하는 것이 필요하다. 아동이 자율적으로 활동을 선택할 수 있도록 아동의 흥미에 맞는 적절한 자료나 활동, 설비를 제공하고, 활동 자체에 흥미가 없다면 마음껏 실험해볼 수 있도록 종이 찢기나 밀가루 반죽 등의 부담 없는 활동을 주어 수시로 놀게 하는 것도 필요하다.

더불어 열등감이 심하거나 자신감이 부족한 경우에는 아동이 한 일이나 활동에 애정과 칭찬, 인정과 같은 긍정적인 반응을 보여준다. 완성도가 떨어지거나 잘하지 못한 결과물에 대해서도 존중하며, 열등감을 느끼지 않고 자신감을 키워갈 수 있도록 배려한다.

한편 교사나 부모가 활동에 참여하지 않는 행동 자체에 관심을 두고 직접적으로 잔소리를 하거나 달래줄 경우, 오히려 어른의 관심을 끌고자 행동을 지속할 수 있으므로 활동에 참여하지 않을 때는 인정도 부정도 하지 말고 중립적으로 반응하거나 무시하는 것이 좋다. 대신 활동에 참여하거나 참여하고 있는 다른 아이들을 바라만 볼 때에도 강화를 주어 아동이 차츰 활동에 참여하는 양이나 빈도를 늘여가도록 도와주는 것이 바람직하다.

한 가지 활동에만 참여하는 행동

행동 양상 모둠생활을 하는 유아교육기관에서는 유아들의 사회적·정서적·신체적·인지적 발달을 촉진하기 위해 다양한 자료, 설비활동들을 제공하며, 이는 유아들의 다양한 발달적 욕구를 충족하기 위해서 고안된 것들이다. 그러나 어떤 유아는 다양한 활동을 원하지 않고 매일 똑같은 활동만 하기를 고집하기도 한다. 이러한 행동이 한 가지 활동에 몰입했기 때문이거나 혹은 그 활동을 숙달하려는 노력이라면 다행이지만, 그렇지 않은 경우 유아는 다른 다양한 활동들을 경험해보지 못함으로써 여러 가지 발달적 문제를 갖게 된다. 다양한 감각발달이 제한됨은 물론이고, 이후 인지적·사회적·정서적 발달에서도 편중된 발달양상을 보인다. 이러한 행동의 한 원인으로는 교실에 제공된 자료들이 발달 수준과 흥미에 적합한지 인원에 맞게 충분히 제공하였는지를 고려할 수 있다.

지도 방법 한 가지 활동에만 참여하는 유아를 지도하는 방법은 크게 세 가지로 나누어 볼 수 있다. 먼저 유아에게 체계적으로 다른 활동영역을 소개한다. 유아가 좋아하는 활동과 유사한 활동부터 시작하여 점차 다른 활동으로 연결시키면서 유아가 다른 활동에서도 성취감을 가질 수 있도록 구조화시킬 필요가 있다. 더불어 다양한 활동에 참여한 것을 인정하고 지지하며, 특히 활동을 한 후 나타난 완성품에 대해 각별한 관심을 표현하여 유아가 지속적으로 흥미를 가질 수 있도록 도와준다. 마지막으로 좋아하는 활동에 참여한 것에 대해서는 관심을 보이지 않는다. 이러한 방법으로 유아가 다양한 활동에 참여하도록 도와주면 유아는 자기가 하고 있는 활동에서 즐거움을 느끼면서 보상을 받아 점차 다른 활동으로 참여를 확대해간다.

고자질하는 행동

행동 양상 고자질은 남의 잘못이나 비밀을 몰래 타인에게 일러바치거나 헐뜯어 말하는 행동을 말한다. 일반적으로 고자질을 하는 유아는 교사나 부모에게 인정받고 사랑을 얻고 싶으나 그렇지 못한 상황에 처한 경우가 많다. 친구관계에서 불만이 있거나 모둠활동에서 잘 어울리지 못하므로 자신의 존재를 알리고 싶은 욕구에서 고자질하는 행동을 선택할 수 있다. 또한 부모의 양육태도에서 연유한 것으로, 옳고 그른 것에 대해 지나치게 엄격하고 단정적인 부모의 잔소리나 금지를 받은 아동은 자연히 친구들의 행위를 인정할 수 없는 경우가 많고 자신이 금지 받은 일을 다른 아동들이 자유로이 행하는 것을 보고 시기심이 생겨 교사에게 고자질함으로써 보상 받고자 할 수 있다.

고자질을 하는 행동이 습관화, 고착화되면 없었던 일도 거짓으로 꾸며 거짓말 하는 행동으로 발전할 수 있고, 잘못을 하고도 그 잘못을 일러바친 사람만 원망하고 복수하려는 마음을 갖을 수 있으므로 어릴 때부터 바른 지도가 필요하다.

지도 방법 고자질을 하는 유아를 지도하기 위해서는 고자질을 하는 목적이 무엇인지를 파악한다. 즉, 상대방을 비난하여 자신을 높이기 위해서인지, 상대방을 도우려는 의도에서인지, 아니면 상대방에게 불이익을 주지만 공익을 위한 것인지에 따라 다르게 지도할 수 있다.

고자질을 하는 아동을 지도할 때 교사가 가장 유의해야 할 점은 아동을 편리한 존재로 생각하여 그 아동의 말에 동조하는 행위를 절대 피해야 한다. 고자질의 대상이 되는 유아를 야단치면 고자질하는 행동을 강화할 수 있으므로 다른 아이의 나쁜 점을 들었을 때 담담한 반응으로 대처하며 중요하게 생각하지 않는다는 것을 보여줄 필요가 있다.

또한 친구들과 잘 어울리지 못하여 친구들을 험담하거나 일러바치는 아이들에게는 다른 친구의 좋은 점을 인정할 수 있는 기회를 많이 만들어주고 친구들의 집단 속에 들어가 같이 어울릴 수 있도록 유도한다. 더불어 부모님과 의논하여 유아 앞에서 다른 사람을 험담하는 모습을 보이지 않게 하고, 지나친 간섭과 엄격한 지도는 조정할 필요가 있다.

정리정돈을 못하는 행동

행동 양상 유아는 주의집중 시간이 짧고, 다양한 장난감에 관심이 많아 놀이를 하는 과정에서 자연스럽게 어지르는 행동을 보인다. 특히 호기심이 많은 아이들은 여러 가지 잡다한 물건들을 모으기 좋아해서 주변이 지저분한 경우가 많다. 정리하는 습관은 초기에 형성하지 않으면 나중에 지도하기가 힘들기 때문에 유아기에 각별히 신경을 써서 지도해야 하는 부분이다. 특히 많은 아이들이 함께 생활하는 모둠생활에서 정리정돈을 못하는 행동은 발달의 여러 다른 영역과도 관련되므로 각별한 지도가 필요하다. 정리정돈을 못하는 아이들의 경우 대개 주의집중 시간이 짧고, 산만한 모습을 보인다. 활동이나 장난감을 자신의 기분대로 하려 하고, 순서를 기다리거나 질서를 지키는 것도 어려워한다. 부주의한 실수가 잦고 작은 일도 끝까지 하기 어려워하며, 자신의 힘으로 할 수 있는 일도 부모에게 의존하는 모습을 보인다.

정리정돈을 못하는 행동의 주된 원인은 부모가 먼저 정리정돈을 해주어 아동이 정리정돈을 할 기회가 없었기 때문이다. 또는 집중력이 짧아 한 가지를 오래 하지 못하거나 기억하지 못하거나, 활동이나 일에 대한 순서를 잘 알지 못하고, 급하게 일을 끝내려는 성향이 원인으로 작용할 수도 있다.

지도 방법 정리정돈을 못하는 유아들의 행동을 지도하는 데 쉽게 사용할 수 있는 방법은 습관화이다. 습관화를 위해서는 쉬운 것부터 하나씩 나누어 꾸준히 지도하는 노력이 필요하다. 처음에는 교사나 부모가 먼저 치우기 시작해서 어느 정도 남겨놓은 다음에 아이가 치우게 하거나 옷걸기, 장난감 정리, 책 정리하기 등 하나의 영역으로만 한정하여 습관화시키는 것이 좋다. 이때 성급하게 생각하지 말고 완전히 습관화될 때까지 꾸준히 실행하며, 정돈을 잘 한 경우에는 칭찬이나 안아주는 등의 사회적 보상을 해주는 것이 좋다.

또한 정리를 쉽게 할 수 있는 환경을 구성해주는 것도 도움이 된다. 정리 공간을 만들어 구분 짓고, 정리할 물건에 맞도록 이름표를 붙여둘 수도 있다. 더불어 노래에 맞춰 정리를 한다든가, 정해진 규칙에 맞게 정해진 시간 안에 물건을 찾는 등 정리정돈을 놀이로 지도하는 것도 효과적인 방법이 될 수 있다. 이런 다양한 노력에도 불구하고 정리정돈을 안 하는 경우에는 약속을 정하고 일정기간 장난감을 압수하는 방법을 사용해볼 수 있다. 이때 교사나 부모는 잔소리를 하거나 야단치기보다는 약속에 대해서만 강조하는 것이 바람직하다.

편식하는 행동

행동 양상 3~7세 전후의 유아는 자아의식이 발달하면서 음식에 대한 선호의 표현이 강하게 나타나기 시작하여, 특정 음식에 대해 좋아하고 싫어하는 기호성이 매주 또는 매일 주기로 수시로 변화한다. 이러한 식품 기호는 일반적으로 일어날 수 있는 일이며 지나치게 걱정을 하거나 강제로 먹이려 하면 역효과가 날 수 있다. 특히 이런 상황에서 잘못 대처하였을 때 특정 음식군에 대한 부정적인 태도가 고착돼 편식하는 유아가 될 수 있다.

편식하는 행동은 충분한 영양섭취가 필요한 유아기에 영양의 불균형을 초래할 수 있고, 미각을 비롯한 다양한 감각발달도 제한될 수 있다. 또한 낯선 음식을 기피하는 습관은 새로운 활동이나 친구, 환경에 대한 거부감으로 발전할 수 있으므로 원활한 모둠생활을 방해하는 요인으로 작용할 수 있다. 편식은 불규칙한 식사시간이나 식사 전의 간식 등 잘못된 식습관의 형성이나 주변 어른들의 편식습관에 대한 모방 행동으로 생길 수 있다.

지도 방법 식사습관은 어렸을 때 형성되어 나이가 들어서까지 지속되기 때문에 일시적인 방법으로 해결하기보다는 시간을 두고 지속적으로 지도하는 노력이 필요하다. 식사시간을 규칙적으로 정해두고, 식사시간 전에 운동을 충분히 하여 공복감을 느끼도록 하고, 가족이 모두 편식하지 않는다는 것을 모범으로 보여주는 것도 필요하다. 식사를 하지 않는다고 쫓아다니면서 떠먹여 주거나 때를 가리지 않고 간식을 넉넉히 주는 것은 오히려 잘못된 식습관을 조장하는 결과를 초래할 수 있으므로 유의한다.

아이들이 잘 안 먹는 음식에 대해서도 먹어볼 수 있는 기회를 제공하는 것이 필요하다. 야채나 고기 등은 잘 씹어서 쉽게 삼킬 수 있도록 잘게 잘라주고 조금씩 먹게 한다. 팥죽이나 도토리묵 등 일상에서 쉽게 접하지 못했던 낯선 음식들은 관련된 동화나 음식의 유래에 대한 이야기를 통해 호감이나 관심을 높여주고, 먹어볼 수 있는 동기를 부여한다. 식품을 먹을 때 나는 소리나 맛을 음미하면서 식사시간을 즐겁게 유도할 수 있다. 오이나 깍두기 등은 '사각사각'소리를 들어보면서, 멸치볶음이나 뱅어포구이 등은 '바삭바삭'하고 짭짤한 맛을 느껴보면서 먹어보도록 권할 수 있다. 더불어 식품 섭취가 우리 몸에 어떠한 영향을 미치는지에 대해 일상에서 자연스럽게 알도록 하고, 음식을 가리지 않고 잘 먹는 친구들을 칭찬함으로써 편식하는 행동을 개선해나갈 수 있다.

배설과 관련된 부적응 행동

행동 양상 일반적으로 유아가 3~4세가 되면 대소변을 가릴 수 있게 된다. 유뇨증은 5세 이후에도 계속해서 밤과 낮에 소변을 가리지 못하는 것이고, 1주일에 2번, 3개월 이상 지속, 밤에만 소변을 가리지 못하는 것은 야뇨증이라고 한다. 유분증은 만 4세가 지나 대변을 가릴 나이임에도 불구하고 가리지 못하는 경우를 말하는데, 이런 배설장애를 보이는 아동은 정서적으로 쉽게 긴장하고 예민하며 심한 경우 불안증세를 동반하기도 한다. 성격적으로는 지나치게 의존적이고 내향적이며 자발성과 인내력이 부족한 경향을 보인다. 자신감이 부족하고 열등감이 있어 대인관계에서 위축되거나 놀림당하는 대상이 되기 쉽다.

이러한 증상은 신체적으로 방광이나 요로의 염증, 직장이나 항문의 기형 또는 질병, 발작, 정신지체 등으로 배뇨조절이 안 될 때 나타날 수도 있으나, 실제 기질적 질환이 원인이 되는 경우는 아주 드물고 대부분 심리적인 요인으로 생긴다. 처음에 대소변을 가릴 수 있었던 아동도 동생의 출생이나 유치원 입학, 부모의 불화, 이사, 가족의 사망 등 환경적인 요인으로 심리적 스트레스로 못 가리게 되는 경우가 발생한다. 다른 심리적 요인으로는 부모의 배변훈련을 들 수 있는데, 아이가 아직 생리적으로 대소변을 가릴 만큼 성숙하지 못했는데, 너무 성급하게 혹은 지나치고 엄격하게 대소변 가리기를 강요할 때 하나의 무의식적인 반항으로 이런 행동을 보이기도 한다.

지도 방법 배변 문제는 유아 스스로 수치심이나 죄의식 등을 느끼게 하고, 자신감을 상실하게 하는 등 정서적인 문제를 유발할 수 있다. 배변 문제를 지도하기 위해서는 지속적인 관찰로 문제 상황 및 원인을 명확히 파악하고 이를 기초로 적절한 지도한다.

유뇨증이나 유분증을 보이는 경우에는 무조건 꾸중하여 아동에게 열등감이나 죄악감, 노여움을 일으키게 해서는 안 되고, 실수한 경우에도 야단을 치거나 민감하게 반응하는 것보다 유아를 감정적으로 안심시켜야 한다. 대신 실수를 하지 않은 경우에 적극적으로 칭찬하고 격려한다. 저녁식사 후 물, 주스, 우유 같은 수분 섭취를 제한하고 자기 전에 화장실을 다녀오게 하여 규칙적인 배변습관을 길러주며, 심리적 스트레스를 유발하는 요인을 제거하고 가능한 유아를 따뜻하게 수용해준다. 방광이나 항문의 기질적인 문제인 경우에는 외과적 치료로 문제의 원인을 해결할 필요가 있다.

성기를 만지는 행동

행동 양상 유아는 성에 대한 호기심이 증가하면서 자신의 성기를 만지거나 노출시켜 보는 등의 유아적 자위행위를 하게 된다. 특히 4~5세는 발달단계로 보았을 때 '남근기'에 해당하는 시기로 남자와 여자를 구별하고, 성에 대한 관심이 많아지는 시기이다. 유아들 중에는 바지에 손을 넣고 성기를 만지거나 계단의 난간이나 침대나 책상 모서리에 성기를 문지르거나 또는 이불이나 베개 등을 다리에 끼우고 성기에 압박을 가하는 유아들도 있다. 그러나 대개의 경우 이런 행동은 일과성을 가지며 자신의 신체를 탐색하는 자연스러운 발달과정으로 볼 수 있다. 하지만 이러한 행동이 습관화되거나 모둠생활에서 일어났을 때는 원인에 따른 적절한 지도가 필요하다.

성기를 만지는 유아들의 행동이 나타나게 된 데는 다양한 원인이 있을 수 있다. 신체를 탐색하다가 우연히 쾌감을 느끼거나, 성인이나 TV 등 주변에 성적인 자극이 많은 환경에서 자란 경우, 신경질적이고 의존적·퇴행적으로 사회성이 부족해서 쉽게 긴장하고 불안할 때 이를 해소하고 안정을 찾기 위한 대처행동으로 선택할 수 있다. 또한 몸이 청결하지 못하거나 습진 등의 질환이 있어서 긁기 시작한 것이 습관이 된 경우, 몸에 꼭 끼는 옷을 입고 있어서 성기가 압박되고 자극이 된 경우, 애정, 관심, 승인 등의 사회적 욕구를 저지당한 경우 등도 성기를 만지는 행동의 원인이 될 수 있다.

지도 방법 먼저 유아의 성적인 발견과 호기심은 자라면서 겪는 지극히 자연스러운 일이라는 것을 인정해야 한다. 유아가 신체에 대한 호기심으로 성기를 만질 때는 나무라거나 위협하여 공포심을 주면 수치심이나 죄의식을 갖게 할 수 있고 오히려 그 행동에 집착할 수 있다. 이때 꾸짖기보다는 손을 활용하는 다른 활동들을 통해 관심을 다른 곳으로 옮기도록 지도하는 것이 바람직하다. 또한 성에 대한 관심이 많은 아동에게는 성교육을 통해 성기는 중요한 부분이며 소중히 다루어야 함을 알려주는 한편 호기심을 풀어줄 필요가 있다. 교사나 어른의 주목을 끌고자 하는 행동이라면 무시해버리고, 다른 활동을 할 때 관심을 보이고 칭찬한다.

성기를 만지는 행동은 특히 가정과 연계한 일관성 있는 지도가 필요하다. 부모와 상담을 통해 가정에서 보인 행동에 대한 정보를 수집하고, 성기를 자극하지 않는 편안한 옷을 입히고, 몸을 청결히 하여 습진 등의 질환으로 성기를 만지는 일이 없도록 함께 지도한다.

CHAPTER 15

아동기 장애 지도

학습개요

장애아동은 특정 장애로 정상발달단계가 지연될 수 있으며, 신체, 인지, 정서, 사회 등의 각 영역에서 특수한 욕구를 나타낸다. 따라서 장애아동을 지도하는 부모나 교사는 그들의 욕구와 지도 방법을 구체적으로 알아야 한다. 또한 무엇보다 선행되어야 하는 것은 장애아동에 대한 초기 중재가 빠른 시기에 이루어지도록 돕는 것이다.

이 장에서는 장애아동을 발견하고 선별하는 과정, 장애지도의 실제, 장애아통합교육에 대해 살펴본다.

학습목표

- 장애의 개념과 유형을 안다.
- 장애아동을 선별하는 과정을 안다.
- 장애의 종류별로 장애의 평가와 실제 지도 방안을 안다.
- 장애아 통합교육과정에 대해 살펴본다.

주요 용어

장애, 판별, 장애아 통합교육

장애의 정의 및 기준

장애아동이란 선천적·후천적 원인에 의해 장애를 지닌 아동으로 특정 영역에서 대부분의 아동들과는 달라 특수한 교육과 서비스를 필요로 한다. 이 절에서는 장애의 정의 및 기준에 대해 알아본다.

세계보건기구[WHO]는 1980년의 국제장애분류[International Classification of Impairments, Disabilities and Handicaps, ICIDH], 1997년의 ICIDH—2, 그리고 2001년 ICF[International Classification of Functioning, Disability, and Health]를 발표하면서 장애에 관한 개념적 틀을 정립하였다.

장애의 판정에 초점을 둔 ICIDH에서는 장애의 개념을 신체구조와 외관, 기관 또는 기관계의 이상을 의미하는 '기능장애'[impairment], 신체의 기능적·구조적 손상의 결과로 발생하는 활동이나 행동의 제한이나 결여를 의미하는 '능력장애'[disability], 기능장애나 능력장애로 개인에게 초래되는 '사회적 불이익'[handicap]으로 구분한다. 그러나 ICF에는 ICIDH와 달리 장애의 독립적 정의와 기준이 제시되어 있지 않다. 단지 '건강의 구성요소' 상태에 따라 신체 기능 및 구조[body functions/body structures], 활동[activities], 참여[participation]의 세 가지 측면으로 구분되어 다양한 형태를 포괄하는 개념으로 장애를

표 1 ICF의 장애개념

구분	영역 1: 기능과 장애		영역 2: 상황적 요소	
구성 요소	• 신체 기능과 구조	• 활동과 참여	• 환경적 요소	• 개인적 요소
분야	• 신체기능 신체구조	• 생활영역 (작업과 활동)	• 기능과 장애에 영향을 미치는 외부적 요인	• 기능과 장애에 영향을 미치는 내부적 요인
구성 및 지표	• 신체기능의 변화(생리학적) • 신체구조의 변화(해부학적)	• 표준적 환경에서 과업수행능력 • 현재 환경에서 과업수행능력	• 육체적·사회적·행태적 특징을 촉진하거나 억제하는 효과	• 개인의 행태에 미치는 효과
긍정적 측면 (기능)	• 기능적·구조적 통합성	• 활동 • 참여	• 촉진제	–
부정적 측면 (장애)	• 신체기능의 손상	• 활동의 제한 • 참여의 제약	• 억제제	–

자료: WHO(2003). p.11.

정의하고 있다. 이는 장애를 특수한 문제로 이해할 것이 아니라 건강의 축으로 바라보아야 한다는 의식을 반영한 결과로, 장애에 대한 개별적 모델과 사회적 모델의 통합을 위한 노력의 결과물이다.

ICF에서 제시하는 장애의 개념은 실질적인 기능의 상태를 측정하고 평가하는 '기능과 장애', 이러한 기능에 영향을 주는 '상황적 요소' 두 영역으로 나뉜다. 기능과 장애는 신체의 생리적 기능의 분류와 해부학적 구조의 분류인 신체기능과 구조, 일상적인 활동과 과업의 수행, 사회적 역할 수행부분인 활동과 참여로 나뉘며, 상황적 요소는 개인을 둘러싼 모든 환경적 요인인 환경요소와 건강상태에 영향을 미치는 모든 개인적 특성인 개인적 요소로 나뉜다. 장애의 개념에 대한 구체적인 내용은 표 1에 제시되어 있다.

한편 장애아동은 학자마다 조금씩 다르게 정의하고 있는데, 커크와 갤러거[Kirk & Gallagher, 1989]는 장애아동을 지능 및 감각, 신경근육, 신체 발달, 사회 및 정서 발달, 의사소통능력 등에서 일반 아동으로부터 벗어난 정도가 심하며, 특수교육 및 서비스를 필요로 하는 아동이라고 정의한다. 할라한과 카우프만[Hallahan & Kauffman, 2003]은 장애아동을 자신의 잠재력을 개발하기 위해 특수교육 및 그와 관련된 서비스를 필요로 하는 아동이라 정의하였다. 이를 종합하면 장애아동이란 선천적 또는 후천적 원인에 의해 장애가 있는 아동으로 특정 영역에서 대부분의 아동들과는 달라 특수한 교육과 서비스를 필요로 하는 아동을 의미한다.

장애의 유형 및 판별

이 절에서는 장애의 범주 및 유형에 대해 알아보고, 발견, 선별 및 진단 등 장애아동의 판별단계에 대해 자세히 살펴본다.

그리고 장애인복지법[2007]에서는 장애인을 신체·정신 장애로 장기간에 걸쳐 일상생활 또는 사회생활에 상당한 제약을 받는 자로 정의한다. 신체장애에는 외부 신체기

장애의 유형

장애를 분류할 때 영역별로 집단화하는 것은 매우 보편적인 방법이다. 우리나라의 장애인 등에 대한 특수교육법2008에서는 특수교육이 필요한 장애를 다음의 10가지, 즉 시각장애, 청각장애, 정신지체, 지체장애, 정서·행동장애, 자폐성장애, 의사소통장애, 학습장애, 건강장애, 발달지체로 구분한다.

표 2 장애인 등에 대한 특수교육법에서의 장애 범주 및 기준

장애범주	선정기준
시각장애	• 각계의 손상이 심하여 시각기능을 전혀 이용하지 못하거나 보조공학기기의 지원을 받아야 시각적 과제를 수행할 수 있는 사람으로서 시각에 의한 학습이 곤란하여 특정의 광학기구·학습매체 등으로 학습하거나 촉각 또는 청각을 학습의 주요 수단으로 사용하는 사람
청각장애	• 청력 손실이 심하여 보청기를 착용해도 청각을 통한 의사소통이 불가능 또는 곤란한 상태이거나, 청력이 남아 있어도 보청기를 착용해야 청각을 통한 의사소통이 가능하여 청각에 의한 교육적 성취가 어려운 사람
정신지체	• 지적 기능과 적응행동의 어려움이 함께 존재하여 교육적 성취에 어려움이 있는 사람
지체장애	• 기능·형태상 장애가 있거나 몸통을 지탱하거나 팔다리의 움직임 등에 어려움을 겪는 신체적 조건이나 상태로 교육적 성취에 어려움이 있는 사람
정서·행동장애	• 장기간에 걸쳐 다음 각 항목의 어느 하나에 해당하여, 특별한 교육적 조치가 필요한 사람 – 지적·감각적·건강상의 이유로 설명할 수 없는 학습상의 어려움을 지닌 사람 – 또래나 교사와의 대인관계에 어려움이 있어 학습에 어려움을 겪는 사람 – 일반적인 상황에서 부적절한 행동이나 감정을 나타내어 학습에 어려움이 있는 사람 – 전반적인 불행감이나 우울증을 나타내어 학습에 어려움이 있는 사람 – 학교나 개인 문제에 관련된 신체적인 통증이나 공포를나타내어 학습에 어려움이 있는 사람
자폐성장애	• 사회적 상호작용과 의사소통에 결함이 있고, 제한적이고 반복적인 관심과 활동을 보임으로써 교육적 성취 및 일상생활 적응에 도움이 필요한 사람
의사소통장애	• 다음 각 항목의 어느 하나에 해당하여 특별한 교육적 조치가 필요한 사람 – 언어의 수용 및 표현능력이 인지능력에 비하여 현저하게 부족한 사람 – 조음능력이 현저히 부족하여 의사소통이 어려운 사람 – 말 유창성이 현저히 부족하여 의사소통이 어려운 사람 – 기능적 음성장애가 있어 의사소통이 어려운 사람
학습장애	• 개인의 내적 요인으로 듣기, 말하기, 주의집중, 지각, 기억, 문제해결 등의 학습기능이나 읽기, 쓰기, 수학 등 학업성취 영역에서 현저하게 어려움이 있는 사람
건강장애	• 만성질환으로 3개월 이상의 장기입원 또는 통원치료 등 계속적인 의료지원이 필요하여 학교생활 및 학업 수행에 어려움이 있는 사람
발달지체	• 신체, 인지, 의사소통, 사회·정서, 적응행동 중 하나 이상의 발달이 또래에 비하여 현저하게 지체되어 특별한 교육적 조치가 필요한 영아 및 9세 미만의 아동

자료: 장애인 등에 대한 특수교육법 시행령 제10조 관련 〈별표〉, 2008. 5. 26. 대통령령 제20790호.

능 장애와 내부기관 장애, 정신장애에는 정신지체 또는 정신적 질환으로 발생하는 장애가 포함된다. 장애의 범주를 지체장애, 뇌병변장애, 시각장애, 청각장애, 언어장애, 지적장애, 자폐성장애, 정신장애, 신장장애, 심장장애, 호흡기장애, 간장애肝, 안면장애, 장루·요루장애, 간질장애의 15가지로 제시하고 있다. 장애인 등에 대한 특수교육법2008에서의 장애구분은 특수교육이 필요한 장애아를 선별하기 위함을 주된 목적이라면, 장애인복지법2007에서는 장애인의 장애등급표에 장애등급 사정기준을 구체적으로 해석하고 표준진단방법을 제시하여 정확하게 장애등급을 판정하도록 하기 위함이 주된 목적이다.

장애아 등에 대한 특수교육법2008에서는 영유아들의 경우에도 학령기 아동들과 동일한 장애분류 및 진단체계를 사용하고 있으며, 장애를 조기발견하기 위하여 교육장 또는 교육감은 관할구역안의 어린이집, 유치원 및 학교의 영유아 또는 학생을 대상으로 선별검사를 수시로 실시하고, 선별검사를 한 결과 장애가 의심되는 영유아 등이 있는 경우 보호자의 동의를 받아 진단 평가를 할 수 있다. 이처럼 장애아동을 조기선별하고 적절한 교육을 제공하기 위해서는 기본적으로 각 장애의 특성을 알고 이에 따른 교육적 이해가 필요하다.

장애아동 판별

장애아동의 판별은 발견, 선별 및 진단 과정을 거친다.

발견단계

발견단계는 대상아동에 대한 첫 번째 접촉단계로 부모와 주변 사람들에게 특수교육의 필요성을 인식시키고 도움이 필요한 아동을 발견하는 단계이다. 부모는 자녀가 정상발달에서 벗어나 있다는 것을 알지 못하거나 중재 서비스가 있다는 것을 모를 수 있다. 또한 사회적 편견 때문에 도움 요청을 꺼릴 수 있다. 이를 보완하기 위해서 발견단계에서는 장애에 관한 대중적인 캠페인, 대중매체를 통한 홍보를 지속적으로 한다. 따라서 대중매체를 통한 특수교육 서비스 홍보 및 이용 권장, 표적집단 규정, 서비스의 대중적인 인식 증가, 의뢰 촉구, 서비스가 필요한 아동을 위해 지역사회 계몽하기 등이 발견단계의 주요 활동이다.

다음은 장애아동을 발견하는 데 유용한 질문이다.Peterson, 1987

- 아동의 발달이 정상적인 범위 안에 있는가?
- 아동이 자신의 연령수준에 적합한 행동을 하는가?
- 성장 과정에서 문제가 될 만한 요인들이 있는가?
- 가정환경에 정신적·신체적·언어적·정서적 발달에 부정적인 영향을 주는 조건들이 있는가?
- 아동이 정상적인 발달을 하기 위해서 좀 더 많은 자극과 보살핌을 요구하는가?

선별단계

두 번째는 다른 아동에 비해 더 많은 관심과 도움이 필요한 아동을 선별하는 단계이다. 증상이 분명하게 드러나지 않는 조기에 판별하여 치료하는 것이 가장 효과가 있으므로 치료를 가능한 빨리 실시하기 위해 진단을 앞당기는 것이 선별단계에서는 중요하다. 선별작업은 전문가들이 하며, 선별검사는 간단하고 비용이 적게 들고 객관적인 점수 체계를 가지고 있는 것이 효과적이고, 신뢰도와 타당도가 높을수록 좋다. 또한 선별 과정에서는 의학적 선별과 교육적 선별이 함께 이뤄진다.

진단단계

진단단계는 의학적·교육적·발달적 장애 원인과 장애 정도를 결정하여 그에 맞는 치료 처방과 특정한 프로그램을 아동에게 제공하는 단계이다. 각 영역 전문가들이 하나의 팀으로 아동의 병력을 검토하고 여러 측면에서의 장애 특성을 찾아내고 주요 발달 영역에서 아동의 수준을 파악한다. 또한 아동의 개별적인 강점과 약점, 특별한 요구 등을 평가하여 병력 처방을 결정한다. 아동은 대체로 소아과 의사나 가정의에게 먼저 진단을 받고 치료와 중재의 방법을 선택한다. 또한 진단과정에 있어서 아동에 대해 가장 많은 정보를 가지고 있는 가족을 포함하는 것이 중요하다. 장애인에 대한 예방과 조기진단 평가가 중요시 되고 있으나 나이가 어릴수록 검사의 타당성과 신뢰성이 결여되기 때문에 올바른 측정이 어렵다는 문제가 있다.

장애 유형별 평가 및 지도

이 절에서는 주요 장애로 정신지체, 자폐, 주의력결핍과잉행동장애ADHD, 청각장애, 시각장애, 지체장애, 뇌성마비의 평가 및 지도 방법에 대해 알아본다.

정신지체

평가

아동 중에는 전반적인 지적 능력이 떨어져 학업을 비롯한 대부분의 적응활동에서 부진함을 나타내는 아동들이 있다. 이처럼 지능이 비정상적으로 낮아서 학습 및 사회적응에 어려움을 나타내는 경우를 정신지체라고 한다.

정신지체를 지닌 아동은 나이나 소속집단에서 기대되는 기준에 비추어 적응행동에서 현저한 결함이나 장애를 나타낸다. 적응행동이란 개인이 생활환경에 적응하는 데 필요한 기술로서 지적 능력과 함께 정신지체 판별의 주요인이다. 좀 더 정확하게 말하면, 18세 이전에 표준화된 지능검사에서 70 미만의 지능지수를 나타내고 적응행동 중 2가지 이상에서 현저한 손상을 나타낼 경우 정신지체로 진단한다. 정신지체를 규정하는 정의에 있어서 가장 중요한 점은 유의하게 낮은 평균 이하인 지적 기능과 적응행동에서 결함이 동시에 존재하는 것이다.

정신지체는 IQ수준에 따라서 4가지 등급으로 구분된다.

경도 정신지체mild mental retardation IQ가 70 미만에서 50~55인 경우에 해당되며, 정신지체자의 약 85%가 해당된다. 10대 후반에 이르러서도 대략 초등학교 6학년 정도의 지적 수준을 보이며, 성인기에는 생계를 위한 최소한의 사회적·직업적 기술을 습득할 수 있지만 대부분 타인의 도움과 지도가 필요하다. 적절한 도움을 받게 되면 지역사회에서 독립적으로 또는 도움을 받으면서 사회에 적응하며 살 수 있다.

중등도 정신지체moderate mental retardation IQ가 50~55에서 35~40인 경우에 해당되며 정신지체자의 약 10%가 해당된다. 학령전기만 0~5세에 임상적 진단을 받을 가능성이 있으며 대부분 의사소통의 기술을 습득할 수 있고 지도감독 하에 사회적 기술과 직업적 기술을 익힐 수 있지만, 초등학교 2학년의 지적 수준을 넘기 어렵다. 성인기에는 보호기관에서 지도감독 아래 비숙련 또는 반숙련 작업을 수행할 수 있다.

중도 정신지체severe mental retardation IQ가 35~40에서 20~25인 경우에 해당되며, 정신지체의 약 3~4%를 차지하는 집단이다. 매우 초보적인 언어를 습득하고 기본적인 자기 보살핌 행동을 할 수 있다. 운동발달이 늦고 성인기에도 매우 집중적인 지도감독 하에서 비숙련 단순작업을 수행할 수 있다.

최중도 정신지체profound mental retardation IQ가 25~20 이하인 경우이며, 정신지체의 약 1~2%로서 대부분 신경학적 결함이다. 현저한 발달지체와 열등한 신체적 조건 때문에 초기에 판별이 가능하며 지적 학습이 거의 불가능하다. 인간관계를 비롯한 사회적 적응이 거의 불가능하고 흔히 걸음걸이나 운동 기능에 이상을 나타내며 초기 아동기부터 지속적인 보살핌과 지도감독이 필요하다.

표 3 정신지체 진단을 위한 기준 및 표준화 검사

지능검사	정신지체는 개별 지능검사를 통하여 평균 이하의 지적 기능을 보여야 하며, 대체로 70~75 이하의 지능지수를 나타낸다. 국내에서 많이 사용하고 있는 지능검사 도구로는 한국판 웩슬러 아동용 지능검사KEDI-WISC, K-ABC, 라벤Raven 지능검사 등이 있다.
적응행동검사	의사소통, 자기보살핌, 가정생활, 사회적·대인관계 기술, 지역사회 자원의 활용, 자기관리, 학업적 기술, 직업, 여가, 건강, 안전의 적응행동 영역 중 두 가지 이상의 영역에서 의미 있게 낮은 점수를 보인다. 국내에서 자주 사용하는 적응행동검사는 사회성숙도검사와 적응행동검사가 있다.

지도

정신지체는 지속되는 경향이 있으나 반드시 평생 동안 지속되는 것은 아니며, 진행경과는 원인이 되는 신체적·환경적 요인에 영향을 받는다. 치료의 목표와 방법은 정신지체의 수준에 따라 달라질 수 있으나, 일반적으로 일상생활에 필요한 다양한 적응행동기술을 학습시키고 유지를 목표로 한다. 가능한 빨리 확인하여 조기에 집중적인 교육을 시키는 것이 효과적이다. 지적 자극이 부족한 환경에서 유발한 경도 정신지체아의 경우는 체계적이고 집중적인 교육을 통해 여러 가지 적응기술을 습득할 경우 정신지체에 해당하지 않는 양호한 적응상태를 나타낼 수도 있다.

정신지체 아동의 지도 방법으로는 구체적으로 단계화하고 세분화하여 계속성과 계열성을 강조하되 직접 모델을 보여주는 직접 교수 방법이 효과적이다. 또한 정신지체 아동의 교육에서 통합교육이 강조되며 언어발달과 사회성 발달을 촉진시키기 위해 최대한 학습경험의 기회를 제공하며, 동료들의 시범을 보여주어 동기유발을 고취시키는 것이 좋다. 특히 '또래교수법'은 통합학급에서 정신지체 아동을 가르치기 위해 지도력이 우수한 아동을 짝 지워주고 그 짝으로부터 보충설명과 피드백을 받도록 하는 방법으로, 최근 정신지체아 교육 분야에서 가장 광범위하게 활용하는 중재법의 한 가지로 주목받고 있다. 또래교수 프로그램을 주의 깊게 계획하고 체계적으로 실시하면 매우 긍정적인 효과를 거둘 수 있으며 연령에 따라 '혼합연령교수'와 '동일연령교수'로 나눌 수 있다.

정신지체 아동을 지도할 때 주의할 점은 다음과 같다.

첫째, 아동의 현재 능력 및 수준을 정확히 파악하여 이에 맞는 과제를 제공한다. 너무 쉬운 과제는 아동의 흥미를 유도할 수 없고, 너무 어려운 과제는 아동들이 시도조차 할 수 없게 만들어 좌절을 경험한다. 따라서 정신지체 아동의 인지능력이 어느 정도인지 파악해서 그 능력에 맞는 과제를 제공하는 것이 무엇보다 중요하다.

둘째, 생활연령과 정신연령을 동시에 고려하여 학습과제를 제공한다. 정신지체 아동의 생활연령과 정신연령은 일치하지 않는 경우가 많기 때문에 적절한 학습과제를 제공하도록 주의한다. 예를 들어 아동의 실제 나이는 10세인데 정신연령이 3세 수준이라 가정하고 '빨간색'을 가르치고자 할 때 빨간색 카드로 직접 가르치기보다는 생활주변에서 빨간색을 찾아보면서 가르치는 것이 더욱 효과적이다. 즉, 신호등, 소화전, 사과 등 생활 속에서 실제로 경험할 수 있는 것들을 통해서 학습한다.

셋째, 어려운 과제일지라도 제외시키지 말고 부분적으로라도 과제에 참여하게 한다. 정신지체 아동이 스스로 전체 과정을 할 수 없다고 판단되더라도 아동을 제외시키거나 부모나 교사가 대신 수행하지 않는다. 아동이 할 수 있는 것을 찾아서 부분적으로 참여시킨다. 부분 활동을 수행하면서 아동의 능력이 촉진될 수 있기 때문이다. 예를 들어 사탕이 든 병 마개가 잠겨 있으면, 뚜껑 여는 법을 지도하기 위해서 마개 돌리기 기술을 과제 분석하여 아동이 완전히 마개 돌리기를 습득하기까지 한 단계 한 단계 차근차근 지도한다. 교사는 병을 열려는 하는 갖가지 시도를 도와야 하며 성공하지 못하더라도 아동이 인내하도록 돕는다.

교사는 아동의 지루함과 좌절의 신호를 읽을 수 있어야 하고 마지막으로 성공적인 마개 열기의 토대를 만들어 줄 시기를 포착해서 적절한 중재를 제공한다. 또한 교사는 아동이 습득한 기술을 일반화할 수 있도록 시행착오 과정을 재차 연습할 수 있게 한다.

자폐성장애

평가

자폐성장애는 심각한 부적응을 나타내는 대표적인 전반적 발달장애이다. 자폐아는 대부분 3세 이전에 발병하는데, 어린 유아의 경우에는 증상이 미묘하여 파악하기 어렵다. 자폐성장애는 크게 3가지의 주된 증상을 나타낸다.

첫째, 사회적 상호작용의 심각한 곤란으로 대인관계에 필요한 눈 마주치기, 얼굴표정, 몸짓 등이 매우 부적절하여 부모나 친구와 친밀한 관계를 형성하지 못한다. 어려서부터 마치 부모와 애정 어린 관계를 거부하는 듯한 행동을 나타내며 말을 배우지 못하고 혼자서 생활한다.

둘째, 의사소통에도 심각한 어려움이 나타나며 적절한 언어발달을 이루지 못하거나 괴상한 단어나 언어행동을 나타낸다. 특히 말을 할 때 음성의 고저, 억양, 속도, 리듬 및 강도가 비정상적이다. 또한 문법구조는 미숙하고 독특하며 반복적인 언어를 사용하거나 상대방의 말을 그대로 따라하는 반향언어증을 나타내기도 한다.

셋째, 특정 패턴의 기이한 행동을 똑같이 반복하며 특정 대상이나 일에 비정상적으로 고집스럽게 집착하는 행동을 나타낸다.

자폐성장애의 평가는 일반적으로 관찰, 선별, 비차별적 평가의 절차를 거친다. 가장 흔하게 적용되는 평가척도의 하나가 '아동기 자폐성 장애 평정 척도'The Childhood Autism Rating Scale, CARS이다. 이 평정척도는 숄퍼 등Scholper et al., 1986이 제작한 것으로 15개 척도에 총 60문항으로 되어 있다. 다른 진단도구들과 비교해 CARS는 자폐성 장애아동을 판별해내는 데 있어 가장 타당도가 높은 것으로 나타났다. 또 다른 자폐성장애 판별 도구로는 자폐성 장애행동 검목표The Autism Behavior Checklist, ABC이다. 이는 크룩 등Krug et al., 1980이 18개월에서 35세 이하의 자폐성 장애인들을 대상으로 표준화한 것으로 감각, 관계, 신체개념, 언어, 사회적 자립의 5개 영역에서 선정된 57개 문항으로 구성된다.

지도

자폐성 장애아동은 대부분 정신지체를 나타내지만 어떤 경우에는 정상이거나 정상 이상의 지능 수준을 나타내기도 한다. 따라서 자폐성 장애아동들을 위한 교육 과정 및 방법을 결정하는 데 있어 인지발달 정도를 고려해야 한다. 자폐성 장애아동의 교육은 사회성 발달을 촉진시킬 수 있는 기능적인 언어교육에 초점을 둔다. 이를 위해 가능한 한 조기교육을 제공하며, 행동분석을 적용한 구조화된 교육, 통합교육, 사회성 및 의사소통 기술을 강조한 교과과정 운영이 요구되고, 교육활동에 가족지원 및 부모참여가 필수적이다. 특히 자폐성 장애의 주요 특성인 사회성 발달의 결함을 극복하기 위해서 통합교육이 매우 중요하다. 자폐성 장애아동을 위한 교육과정 속에는 다음과 같은 기능들이 포함된다.Berkell, 1992

생활기술 사회적 상호작용, 안전 및 일상생활기술 등이 포함된다.

직업준비기술 성인이 되었을 때 생산현장에 고용됨을 대비하는 교육내용들을 강조한다. 초등학교 단계에서는 과제를 끝까지 완결짓는 습관을 기르거나 책임을 완수하는 방식을, 중학교 단계에서는 다양한 직업세계에 대한 탐색을, 고등학교에서는 생산현장에서 실제로 필요로 하는 직업훈련의 강조를 다룬다.

기능적인 학문기술 돈 세기, 시간 알고 말하기, 생동감 넘치게 읽기, 대중교통 수단 시간표 이해하기 등과 같은 일상생활에 유용한 기능적인 기술 등이 포함된다.

자폐성 장애아동을 교육하는 데 있어서 조작적 조건형성과 모방학습, 강화와 소거 등의 '행동수정 방법'으로 말하는 것, 다른 아이들과 노는 것, 타인의 말에 주의를 기울이는 것, 공격적 행동이나 기이한 몸동작을 감소시키기 등을 학습시킬 수 있다. 또한 스스로의 독립적인 학습을 도모하기 위해 '인지적 행동교정 전략'을 이용할 수 있는데, 대표적으로 '자기교수법'이 있다. 자기교수법은 어떤 과제의 수행순서를 스스로 확인하면서 실행하는 방법이다. 즉, 교사가 먼저 과제의 각 단계를 말로 하면서 수행하는 시범을 보인 후, 교사가 같은 과제를 하면서 아동에게 각 단계를 말로 되뇌도록 한다. 다음으로는 아동이 각 단계를 말로 하면서 수행하도록 하며, 마지막으로 아동이 각 단계를 작은 소리로 말하거나 속으로 되뇌면서 수행하도록 한다. 이와 같은 자기교수법은 자폐성 장애아동의 학습에 효과적이며, 적용 면에서 읽기, 수학, 사회적 기술, 부적응 행동의 감소 등과 같은 다양한 영역에 적용되고 있다.Dunlap & Dunkap, 1989

주의력결핍과잉행동장애

평가

주의력결핍과잉행동장애Attention Deficit/Hyperactivity Disorder, ADHD 아동을 사정함에 있어서는 생활연령과 현재 나타나는 행동 간의 불일치 여부를 우선적으로 고려한다. 아동의 정서나 행동이 연령에 적합한지 결정하기 위해서는 특정 행동이나 정서상태가 얼마나 자주, 어떠한 상황에서 일어나는지 평가한다. 자주 활용되는 표준화된 심리측정검사들 가운데 객관적인 검사로는 적응행동검사, 사회성숙도검사, 지능검사, 성취검사, 자아개념검사 등이 있으며, 투사검사로는 로르샤 검사 Rorschach Test, CAT 아동용 주제통각검사, HTP 집-나무-사람검사, ScT 장면구성검사, KFD 동작성가족화검사, KFT그림진단검사, 인물화검사 등이 있다.

ADHD의 주된 특징은 부주의, 과잉행동, 충동성이다. 이런 특성은 어린 아동에게 일반적으로 나타나지만 성장하면서 점차 빈도와 강도가 줄어든다. 나이에 비해 이러한 부적절한 행동이 빈번하게 나타나는 경우에는 ADHD로 진단한다. ADHD가 있는 아동은 가만히 앉아있지 못하고 안절부절 하며 항상 지나치게 많이 움직이고 부산하다. 학교에서는 교사의 지시를 제대로 따라하지 못하고 여러 가지 말썽을 피우며 자신의 지능 수준에 비해서 학업성취도가 저조하다. 부모나 교사에게 꾸중과 처벌을 받기 쉬우며 또래들에게 거부되는 경향이 높아서 부정적 자아개념을 형성하고 정서적으로 불안하고 공격적이며 반항적인 성향을 보인다.

DSM-IV*에서 부주의와 관련된 증상군이나 과잉행동-충동성과 관련된 증상군 중 한 가지 이상을 나타내면 ADHD로 진단한다. 지난 6개월 동안 어떤 증상양상이 우세했느냐에 따라 ADHD는 3가지 하위유형, 주의력 결핍 우세형, 과잉행동-충동성 우세형, 복합형으로 구분된다. ADHD 발병 시기는 보통 3세경이지만 초등학교에 입학할 때까지는 진단을 내리지 않는다.

지도

ADHD 아동을 교육하는 교사들은 교실에서의 행동문제, 사회적 기술의 습득, 학과목 학습의 세 가지 측면을 고려하여 교육 프로그램을 계획한다. 특히 수업 중 큰소리로 떠들기, 수업시간에 돌아다니기 등과 같은 문제행동을 지도하기 위해 교실의 규칙

---

* 정신장애의 진단 및 통계 편람Diagnostic and Statistical Manual of Mental Disorders, DSM은 미국 정신의학 협회American Psychiatric Association가 출판한 서적으로, 정신장애의 진단에 있어 가장 널리 사용된다. DSM은 처음 출판된 뒤 II, III, III-R, IV, IV-TR판 등으로 다섯 차례 개정되었다. 다음 판은 DSM-V로서, 2013년에 출판될 예정이다. DSM-IV는 다축적 진단체계가 특징이며, 임상적 증후군에 관한 정보로 구성된 축 I, 성격장애를 진단하는 축 II, 일반적인 의학적 상태에 관한 축 III, 심리사회적 환경적 문제에 관한 정보로 구성된 축 IV, 현재의 적응적 기능 수준을 평가하는 축 V로 구성된다.

따르기, 차별강화, 자기조절 등과 같은 기법을 사용한다. 사회적 기술 부족으로 발생하는 또래와의 사회적 관계형성을 위해서는 시범보이기, 역할놀이, 대체행동 강화, 행동분석 등의 기법을 사용한다. 또한 학습준비기술, 집중력, 조직력, 반응의 정확도 등의 증진을 집중 지도하여 학교생활의 성공적인 적응을 도와주는 것이 바람직하다.

구체적으로 ADHD를 지도하는 행동분석 방안은 바람직한 긍정적 행동에 대해 스티커나 점수제 등의 보상을 제공하는 반면 문제행동이 계속될 때 처벌을 가하는 것이다. 이때 화풀이 식 처벌보다는 아동과 합의하여 벌점을 부과하거나 '타임아웃'을 받도록 하는 등 일관성 있게 처벌을 가하는 것이 중요하다. 특히 '타임아웃'은 아동이 조용하고 격리된 공간에서 일정시간 혼자 있게 하는 방법으로, 부산하고 활동이 많은 아동이 어떤 활동도 하지 못하고 조용히 생각하게 한다는 점에서 치료효과가 있다. 이밖에도 멈추고 생각하기, 일일 계획표 만들기, 대인관계기술이나 대화기술 훈련하기, 부정적인 감정을 처리하는 방법 등을 가르친다.

또한 ADHD 아동은 주의집중 지속시간이 짧고 주의집중의 범위와 초점을 맞추기가 어렵다. ADHD 아동의 주의력을 지도하기 위한 구체적인 행동지도 방안은 다음과 같다.

관찰을 통해 아동의 흥미와 욕구를 파악한다 아동은 자신이 좋아하는 것이나 하고 싶은 일에 집중을 잘한다. 평소에 아동이 좋아하는 것사람, 사물, 음식, 장소 등과 싫어하는 것이 무엇인지 기록해두었다가 과제를 제시할 때나 혹은 과제를 성공적으로 수행하였을 때 강화제로 이용하면 효과적이다.

불필요한 주변자극을 제거하여 주의집중을 도와준다 중요한 자극을 부각시키는 것과 함께 주변의 불필요한 자극이나 환경을 제거하여 필요한 자극만 제시하는 것도 아동의 주의집중력을 향상시킬 수 있는 방안이다. 예를 들어 아동이 수업에 집중하지 못하고 장난감을 가지고 논다면 장난감을 보이지 않는 곳에 치우거나 조용하고 작은 방에서 수업을 진행하는 것이 효과적이다.

학습과제는 시각적으로 제시한다 학습과제를 제시할 때 시각적으로 시작과 끝을 명백하게 보여준다. ADHD 장애아동들은 활동이 어디서부터 시작되고 끝나는지 파악하기가 어렵기 때문에 이로 인해 과제수행 중에 쉽게 산만해질 수 있다. 예를 들어 아동이 적극적으로 보고, 듣고, 생각하도록 격려하는 방법으로 요리활동이 효과적이다. 요리수업을 하기 전에 여러 가지 그릇, 숟가락, 포크 등의 도구들을 배열해놓고, 교사는 "제일 처음 무엇이 필요할까?"라는 질문을 하고, 아동에게 "노란색 그릇을 가져와라." "포크를 가져와라."하고 지시할 수 있다. 말로만 지시하는 것보다 시각적 경험과 연합시켜 제시하는 것이 아동의 주의집중을 유지하는데 더 효과적이다.

또한 ADHD 아동의 지도에는 부모의 역할이 중요한데, 부모가 치료기법을 배워서 가정에서 일관되게 지도하는 것이 중요하다. 부모가 ADHD 아동의 문제점을 이해하고 효과적으로 아동과 의사소통하고 보상 및 처벌을 바람직한 방법으로 제시한다. 한편 리탈린ritalin, 덱시드린dexedrine과 같은 중추신경계 자극제 등의 약물로 ADHD 아동의 주의력을 높이고 학업성취도를 향상시키고 산만한 행동을 감소시켰다는 보고가 있다. 그러나 이러한 약물은 식욕감퇴, 두통, 불면, 틱과 같은 부작용을 초래할 뿐 아니라 ADHD 아동의 30% 정도에서는 효과를 보지 못하고 있다는 점에서 약물치료는 신중하게 이뤄져야 한다.

청각장애

평가

생리학적 관점으로 청각장애는 소리의 강도를 기준으로 어느 정도 크기의 소리를 들을 수 있는지를 기준으로 평가한다. 그러나 90dB 이하는 청각장애로 진단하기도 한다. 이는 청력역치를 기준으로 분류하기 때문인데, 청력역치는 최초로 음을 탐지하는 수준이다. 즉, 교육학적 관점에서는 단순히 소리의 강도를 기준으로 삼기보다는 청력손실이 아동의 말과 언어능력에 얼마나 영향을 미치는가를 기준으로 삼는다. 청력의 손실과 언어능력의 발달은 밀접한 관계가 있으므로 구어의 발달에 따라 분류한다. 청력손실이 언어발달에 미치는 절대적인 영향 때문에 청각장애가 '언제 발생했는가?' 또한 매우 중요하다.

1~2세 때 청각장애가 발생한 경우에는 심각하게 영향을 받는 반면, 어휘나 언어

구조, 읽기능력 등이 어느 정도 갖춰진 10세경에 청각장애가 발생한 경우에는 지속적인 발전을 기대할 수 있다.

청각장애 아동을 판별하는 방법은 여러 가지가 있다. 대개 부모나 주양육자가 아동의 청력손실을 발견하는 경우가 많다. 청력을 측정하지 않고 청각장애 유무를 결정하기란 쉽지 않으나, 다음과 같은 특성을 보이는 아동은 청각장애일 가능성이 있다.Green & Fischgrund, 1993

- 자주 귀앓이를 하거나 귀에서 고름이 나오는 등 귀와 관련된 신체적인 문제를 나타낸다.
- 말소리가 명료하지 않거나 조음을 잘하지 못하며, 연령에 맞는 소리를 산출하지 않고 소리를 완전히 생략한다. 특히 자음의 생략현상이 있다.
- 라디오, 텔레비전 등을 들을 때, 보통 사람들이 불평할 만큼 큰 소리로 듣는다. 즉, 필요 이상으로 큰소리가 날 때까지 전자기기의 볼륨을 높인다.
- 좀 더 잘 듣기 위해서 머리를 치켜 올리거나 화자 쪽으로 머리를 돌리며, 화자와 마주보는 상황일 경우 더 유의해서 듣는 것 같다.
- 다시 말하라고 자주 요구한다.
- 보통의 말소리에 반응을 보이지 않거나 주의를 기울이지 않는다.
- 의사소통 중 직접적인 시도에 반응하지 않는다.
- 언어적 요구를 자주 틀리게 이해한다.
- 말하는 활동에 참여하지 않으려고 한다.

과학적인 청력검사에는 순음청력검사, 어음청력검사, 유아청력검사, 특수한 청력검사 등을 하게 되는데 구체적으로 살펴보면 다음과 같다.

순음청력검사 순음청력검사기를 사용하여 피검자의 청력역치를 측정하는 주관적 방법의 검사이다.

어음청력검사 말소리를 탐지하고 이해할 수 있는 어음청취역치를 측정하는 검사와 말소리의 변별도를 측정하기 위한 어음변별력검사, 말소리 청취역치 저하 검사가 있다.

반사청력검사 신생아와 유아의 청각을 알아보기 위한 것으로 이 검사는 유아에게 소리자극을 주고 그에 대한 반응을 보아 청각장애 여부를 판별하는 방법이다.

유희청력검사 유아의 청력을 측정하기 위해 놀이를 활용한 검사이다. 이 검사는 약 2.5세 이상 되는 아동에게 특히 적합하며 아동과 검사자와의 관계가 어떻게 성립되느냐가 중요하다.

조작적 조건화청력검사 조건화 원리를 적용시켜 아동이 소리를 듣고 반응할 때 보상을 하는 검사이다. 이러한 원리에 기초한 유희–조건화 청력검사는 장난감을 갖고 놀 수 있게 하는 보상 방법이 주로 사용되며, 아동의 청력측정에 유용하다.

행동관찰청력검사 아동이 소리에 반응하는 것을 관찰하는 것으로 반응[머리 돌리기, 눈 깜박이기, 놀다 멈추기]이 명확하게 관찰될 때까지 강도수준을 높이면서 소리를 제시한다. 이 검사는 보통 3세 이하 아동에게 사용한다.

전기피부청력검사 전기피부반응검사와 유사한 검사로 유아나 검사가 어려운 아동에게 적합한 검사이다. 이 검사는 청각자극에 대한 반응을 손이나 발 등에 부착한 전극에 의해 간접적으로 측정하는 방법이다.

유발반응청력검사 전기 생리학과 컴퓨터를 이용하여 음자극에 대한 청각신경계에서의 미세전위의 변화를 관찰하여 청각장애의 유무를 판별한다. 이 검사법은 뇌성마비 아동, 유아 등과 같이 일반검사가 어려운 아동에게도 객관적인 검사가 가능하다는 장점이 있으나 비용이 많이 든다.

중이검사 고막을 향해 긴 소리를 주고 난 후 반사되어 나오는 소리의 양을 미세 마이크로 잡아 전기로 분석함으로써 고막과 중이의 상태를 진단하는 검사이다.

지도

청각장애 아동에게 가장 중요한 것은 조기교육을 실시하는 것이며 1차적 교육목표는 의사소통 능력의 향상이다. 따라서 의사소통 능력을 최대한 향상하기 위해서는 청능훈련과 보청기 착용, 독화지도, 발화지도 등으로 구성된 구화법과 수화와 지문자를 사용한 수화법과 같은 방법을 지도한다. 구화법은 청능훈련을 통한 듣기기술의 개발을 전제로 하며, 독화와 듣기로 수용하고 발화로 표현하는 방법이다. 이 방법은 일반인과의 소통이 용이하고 읽기 및 쓰기 학습에도 도움을 주며 사회적응도 더 잘한다는 사실 등을 들어 강조하고 있다. 수화법은 손을 사용한 의사소통체계로 수화와 지문자*를 사용한다. 수화는 농인사회에서 사용하는 의사교환의 양식이며, 농인들이 창조하였고 일종의 언어이다. 또한 수화는 음성체계가 아니라 시각–운동체계이다.

많은 청각장애 아동들이 적절한 시각적 교수 자료 제공과 교수 절차상의 수정을 통해 일반학급에서 충분히 교육을 받을 수 있다. 청각장애 아동의 좌석은 시끄럽지 않고, 교사를 정면으로 바라볼 수 있는 자리에 배치하는 것이 바람직하다.

의사소통 방법과 관련된 지도방법을 구체적으로 살펴보면 다음과 같다.

청능훈련 청각장애 아동이 가지고 있는 잔청을 가능한 한 최대로 활용할 수 있도록 하기 위한 것이다. 청능훈련의 일반적인 목표와 단계는 다음과 같다.

- 음의 인식: 소리와 소리의 기능을 알게 하고, 듣는 태도를 기른다.
- 음의 변별: 우선 소리를 대별할 수 있게 하고 소리와 그 소리를 내는 사물을 짝짓게 한다. 차츰 말소리에 대한 단계적인 변별훈련을 한다. 변별훈련은 항상 변별하기 쉬운 것부터, 친숙한 것부터 시작하여 점차 단계를 높여간다.
- 청각적 이해: 청각장애 아동의 구어 이해를 강조한다. 일상어의 변별에서부터 구조화되지 않은 상황에서 복잡한 음성언어의 메시지를 이해하는 것에 이르는 넓은 범위의 청능과정을 포함한다.

보청기 착용훈련 청각장애 아동은 청력손실도가 같을지라도 각각 다른 청력형을 가질 수 있다. 보청기의 선택은 아동의 청력형에 알맞은 것으로 하고, 청각 특성에 맞게 보청기를 적합한다.** 보청기 착용은 조기에 할수록 효과적이며 착용훈련은 단계적으로 진행한다. 초기에는 귀본 끼기, 짧은 시간 동안 자주 착용하기부터 시작해

---

* 손가락을 사용하여 수나 문자를 나타내는 기호이다.

** 청각장애를 겪는 이들이 청각적 문제를 진단받은 후 보청기를 선택한 뒤 그 기능이 발휘되는지 확인하고 검증하는 모든 과정을 말한다.

서 점차 착용시간을 늘려가기, 소음이 없는 장소로부터 점차 소음에 노출시켜 착용하기, 음의 인식, 음소청취, 말소리 이해 등의 순으로 훈련시킨다.

독화(말읽기)지도 독화는 말의 시각적인 수용이다. 즉, 말의 시각적인 정보를 통하여 화자가 말한 내용을 이해하는 시각적 기술이다. 독화지도 방법은 종합법과 분석법으로 대별할 수 있다. 종합법은 낱말 수준부터 시작하여 구, 문장, 문단의 순으로 지도하는 것이며, 분석법은 무의미 음부터 시작하여 음절, 낱말, 구, 문장, 문단의 순으로 지도하는 것이다.

발화(말하기)지도 발화지도 방법은 자연적인 방법과 문법적인 방법으로 대별할 수 있으며 자연적인 방법은 가능한 한 언어습득 및 발달의 정상적인 과정을 따라 지도하는 것을 말한다. 이 방법은 청각활용을 극대화하여 듣기를 통하여 말하기를 지도한다. 문법적인 방법은 형식적인 방법, 분석적인 방법, 체계적인 방법으로 이루어지며, 어떤 감각양식을 주로 활용할 것인가와 음운, 음절, 낱말 중 어느 수준에서 시작할 것인가에 따라 약간의 차이가 있다.

시각장애

평가

시각장애 아동은 시각장애가 아동의 학업성취에 영향을 주기 때문에 특별한 자료와 교육환경을 필요로 하는 아동을 의미한다. 교육을 위한 목적으로 촉각점자이나 청각을 사용하는 아동을 실명[맹] 상태에 있다고 보며, 심각한 시각장애가 있으나 어느 정도의 사용 가능한 시각 능력이 남아있는 경우를 저시력 아동이라고 말한다. 저시력 아동은 시력을 교정한 후에도 심한 시각장애가 남아있기는 하지만 교정렌즈, 확대경, 망원경 등을 사용하여 인쇄물을 읽을 수 있는 경우에 해당된다.

시각손상 아동의 판별에 있어서 주로 사용하는 것은 시력검사이며, 시야검사, 색각검사를 수반한다. 시력검사는 눈의 감염, 구조의 이상, 선천성 녹내장, 백내장 등을 검사하는 것이다. 글을 모르는 경우에는 그림으로 특수 제작된 아동용 시력표로 측정이 가능하므로 2세 이후 1년에 한 번씩 하는 것이 바람직하다. 시력검사는 원거리 시력과 근거리 시력검사로 나눌 수 있다. 일반적으로 5m용 표준형 시시력표를 쓰는 경우에 일정한 표준조도200~500Lux 밑에서 시표를 식별한다. 또한 시야검사는 시야계를 사용하되, 주변 시야를 측정할 경우는 페르스테르 시야계를 쓰고, 중심시야 측정에는 페룸평면 시야계를 사용한다. 또한 색각검사는 전색맹과 전색약, 적노색맹, 적녹색약 등이 있으며, 정확한 판별이 요구된다. 색맹인자를 가진 염색채는 열성이어서 남자의 약 8%, 여자의 0.1%가 색맹으로 나타난다고 한다. 색각검사는 색맹검사표, 스펙트럼을 이용한 아노말로스코프가 많이 쓰인다.

시력검사의 교육적 진단기능을 보완한다는 점에서 학교에서의 교사의 판별, 부모의 아동에 대한 시각적 행동 관찰이 중시한다. 다음과 같은 증상이나 행동을 취할 때는 시각장애를 의심할 수 있으니 반드시 시력검사를 하여 조기진단과 예방이 가능하도록 한다.

지도

시각장애 아동은 중복장애를 제외하고는 인지능력이 일반아동에 비해 많이 떨어지지 않으므로 시각장애를 보완할 수 있는 보조기기들과 일반교사의 교육적 배려만 있으면 비교적 통합교육이 용이하다. 시각장애의 특성과 남아있는 시력을 고려한 좌석배치, 실내조명, 광채 등과 같은 학습환경을 조성하고 학습내용이나 교수 방법의 수정, 점자 및 묵자교육, 다양한 보조공학적 도구 등을 선택하여 각 아동에 맞게 수정하는 노력이 필요하다.

시각장애로 보지 못하는 문제를 해결하기 위하여 점자 및 녹음자료를 사용하며, 저시력 아동을 위하여 확대자료를 제작하는 등 대안적인 교수자료의 활용이 요구된다. 구체적으로 시각장애 아동을 위한 지도 방안을 살펴보면 다음과 같다.

점자읽기와 쓰기 점자는 읽는 속도가 느리고 책의 부피가 많아 불편한 점이 있으나 맹아동에게는 필수적인 교육과정이다. 최근에는 취학전 아동과 초등부 저학년 아동을 위한 점자교과서가 개발되어 활용되고 있으며 점자판 외에 점자타자기에 의한

쓰기교육이 확대되어 활용된다. 일반적으로 점자지도는 읽기를 가르친 다음에 쓰기를 가르치는 것이 효과적인 것으로 알려져 있으며 속독법도 활용되고 있다.

듣기훈련 녹음도서는 점자보다 속도가 빠르고 듣기교재는 제작이 용이하기 때문에 토킹북, 녹음테이프, 음성압축장치 등이 개발되어 학습매체로 사용된다. 듣기 학습은 독서량이 많은 고학년으로 갈수록 더 유용하기 때문에 시각장애 아동의 청능훈련은 학습과 보행에 중요한 교육과정의 하나이다.

시기능훈련 시기능훈련은 유아수준에서부터 시작하여 읽기를 배우는 3학년까지의 아동들에게 보다 중요하다. 특히 3~8세의 아동에게는 시각적 자극을 인식하고 판별하고 해석하는 능력이 발달한다. 콘[Corn, 1983]은 저시력 아동에게 시각적 자극과 시효율성 훈련, 시각 활용 등의 지도를 강조한다.

표 4 시각장애 증후

외견 증후	• 안검에 염증이 있거나 다래끼 따위의 종기가 나 있다. • 눈꺼풀이 충혈되어 부어 있다. • 눈곱이 자주 끼고 고름이 난다. • 눈의 흰 부분이 충혈된다. • 눈이 자주 실룩실룩거리며 가늘게 떨린다. • 눈물에 항상 얼룩진 눈을 하고 있다. • 의시할 때 양쪽 눈의 균형이 잡히지 않는다(사시).
행동 증후	• 한 걸음 한 걸음 주의 깊게 걷는다. • 물체에 걸려서 넘어지기도 하고 불쑥 뛰기도 한다. • 눈앞을 손으로 자주 펼치려는 듯한 행위를 한다. • 눈을 사용할 때에 얼굴을 찌푸린다. • 빛에 대해서는 아주 민감하기도 하고 반대로 둔감하기도 하다. 또한 색체의 식별에 곤란을 느낀다. • 책을 눈에 가까이해서 본다든가 멀리한다. • 때때로 눈을 깜빡거린다. • 형태가 비슷한 문자를 혼동한다.
아동의 견해	• 주의력을 요하는 작업에 두통과 메스꺼움을 호소한다. • 이마와 관자놀이에 고통을 느끼고 탈 것을 타면 현기증을 느낀다. • 영화나 텔레비전을 보면 피로를 호소한다. • 눈이 욱신욱신 아프다. 사물이 흐릿하게 보인다거나 이중으로 겹쳐 보인다. 눈알이 가렵고 피곤하다.

일반문자교육 일반문자 타자기 사용법을 맹아동에게 가르치는 것은 문자를 통한 의사전달이라는 점에서 중요한 교육과정이다. 타자교육은 초등부 3~4학년에서 시작하는 것이 바람직하며, 손가락 조작능력과 협응능력, 주의집중능력, 일반적 언어능력을 고려하여 시작한다. 이러한 타자기능은 컴퓨터 교육으로 연계성을 가지며, 컴퓨터 조작을 통해 의사전달기능을 향상시킬 수 있다.

보행훈련 및 운동발달 시각장애 아동은 능동적으로 주변환경을 탐색하는데 어려움을 겪기 때문에 기기, 앉기, 걷기 등의 운동발달이 지연되는 경우가 많다. 비정상적인 시력으로 운동발달이 지체될 수 있기 때문에 촉각적·청각적 자극을 통해 움직이도록 격려한다. 보행은 방향정위와 이동으로 구분하며, 방향정위는 시각장애아가 환경을 이해하는 능력이며, 이동은 특별한 기능이나 잔존 감각의 사용, 시각이나 기타 감각기관을 통하여 한 장소에서 다른 장소로 움직이는 능력이다. 이 두 요소는 동시에 이뤄지는 것으로 잘 조화시켜서 독립적이고 효율적인 보행기능을 발휘할 수 있도록 하는 것이 훈련의 목표이다. 보행훈련은 조기에 실시하되 연령별·영역별로 내용을 설정하여 가르친다. 안내자에 의한 보행과 캐인cane*에 의한 보행, 안내견이나 보조기구에 의한 보행 등을 가르친다.

일상생활활동 취학 전 단계에서 중등교육에 이르기까지 일상생활 기능과 대인관계, 비언어적 의사소통, 성교육, 여가선용 등의 내용이 포함된다. 일상생활 기능은 주로 의식주와 관련된 내용이며, 전화걸기, 시계보기 등이 포함된다. 의사소통 영역에서는 적절한 제스처, 얼굴표정, 복장, 자세 등을 지도하며 여가선용은 시각장애아의 건강하고 지적인 성장 발달을 도모한다. 발달단계별로 고려해보면, 취학 전의 경우에는 옷 입기, 식사, 대소변, 수저 사용이 주요 내용이며, 초등학교 단계에서는 옷의 선택, 머리손질, 집안일, 금전관리 등이 포함된다. 중고등학교 단계에서는 단장하기, 개인소지품 관리, 특정 기구 주문관리, 적절한 사회기능 지도 등이 주요 내용이다.Barraga & Enn, 1992

---

* 시각 장애인이 걸을 때 쓰는 지팡이다.

지체장애

평가

지체장애란 골격이나 근육 혹은 신경 중 어느 부분이 손상되어 영구적으로 그 기능을 제대로 발휘하지 못하는 상태를 의미하며, 신체장애로 말미암아 한 가지 이상의 일상적 활동이 크게 제한된 것을 말한다.

지체장애의 대표적 유형으로는 소아마비, 뇌성마비, 척추손상, 절단, 근이양증 등이 있다. 같은 장애가 있는 지체장애 아동이라 하더라도 아동 간에 차이가 심하기 때문에 교육목표, 교육내용, 교수방법, 교육자료 및 기기는 아동 개개인의 지능·신체·감각·정서적 특성을 사정하고 그것에 따라 정해야 한다. 지체장애 아동의 개별화 교육계획을 수립하기 위해 일차적으로 실행하여야 할 것은 아동의 개인정보와 현재의 성취 수준을 진단하는 일이다. 이러한 진단을 위해서는 각종 심리검사 결과, 학부모와의 상담내용 및 교육적 요구 수준, 생육력, 병력, 전담임교사의 관찰기록, 교과별 성취 수준, 진로상담 내용 등을 분석한다. 진단과 평가를 통해 지체장애 아동이 가지고 있는 잠재능력을 발견하고 그 능력을 최대한 개발시켜주는 것을 교육목표로 정하여 효과적인 방법을 채택하는 것이 중요하다.

신체활동의 평가는 현재 스스로 수행할 수 있는 일상생활활동을 평가하고 앞으로 익혀야 하는 일상생활동작을 알기 위해 관찰을 통해 평가한다. 평가내용은 "아동

표 5 선별평가에서의 수준 및 측정방법

수준	• 의존 – 완전히 다른 사람의 도움에 의존하는 수준 • 보조 – 다른 사람의 도움이 어느 정도 필요한 수준 • 지시 – 다른 사람의 감독이나 언어적 지시가 필요한 수준 • 독립 – 완전히 독립적으로 활동하는 기능을 가지고 있는 수준
측정방법	• 관찰 – 치료사의 관찰에 의한 측정 • 교사 – 치료사가 관찰을 못했으나 교사의 진술에 의한 측정 • 학생 – 치료사가 관찰을 못했으나 학생의 진술에 의한 측정 • 부모 – 치료사가 관찰을 못했으나 부모의 진술에 의한 측정

표 6 각 영역에서의 선별 평가 내용

활동	운동능력	개인생활기능	몸자세	보조기구/자료
학급 내 활동	• 앉은 자세에서 교실바닥에 떨어진 연필을 잡는다.	• 공책을 열고 닫는다. • 글씨를 쓴다. • 지시에 따른다.	• 의자에 앉는다. • 줄을 선다. • 칠판 앞에 선다.	• 손 브레이스(brace), 휠체어, 서 있도록 고안된 책상, 높인 의자, 쓰기도구, 워커 등
식당	• 쟁반을 들고 선다. • 쟁반에 음식을 놓고 테이블로 간다.	• 돈을 관리한다. • 지갑에서 돈을 꺼낸다. • 딱딱한 음식을 씹는다.	• 줄에 서 있는다. • 의자에 혼자 앉는다.	• 특수수저, 컵, 음식을 먹여주는 도구, 휠체어에 부착된 쟁반
이동능력	• 이동한다. • 문을 열고 드나든다. • 평평하지 않은 곳을 걷는다.	• 책상을 연다. 문을 열고 닫는다. • 전깃불을 켜고 끈다.	• 의자에 앉아 편한 자세로 고쳐 앉는다.	• 휠체어, 바퀴가 달린 의자, 브레이스, 크러치(crutch), 손잡이

의 신체적인 제약이 무엇인가?, 신체적인 제약이 치료교육을 통해 나아질 것인가? 아니면 같은 상태를 유지할 것인가? 혹은 앞으로 더욱 나빠질 것인가?" 등이다. 표 5와 같이 평가방법에는 두 가지 단계가 있다. 하나는 기초적인 선별을 위한 평가의 단계이고 다른 하나는 선별평가에서 신체적 장애가 있다고 판별된 아동들만을 대상으로 실시하는 정밀한 평가이다. 지체장애 아동이 필요로 하는 도움의 정도에 따라 수준을 구분하고, 어떻게 장애를 측정했는지를 기록한다.

평가방법의 사례로 학교 내 활동, 식당, 이동방법에 나타난 기능적 활동을 선별 평가하는 내용을 제시하면 표 6과 같다.

지도

지체장애 아동은 신체적 건강수준이 낮고 여러 가지 요인 때문에 활발한 활동에 참여하기가 어렵다.[Buell, 1974] 지체장애 아동의 활동을 방해하는 가장 큰 요인은 운동발달의 지체이다. 운동발달이 지체된 아동은 운동기술을 수행하는 데 지속적으로 실패하고 신체활동에 대한 흥미를 잃어버리게 되어 운동발달은 더더욱 더디게 된다. 이러한 악순환을 끊기 위해서는 지체장애 아동이 활동에 참여하도록 격려하고 동기화하는 것이 중요하다.

먼저 지체장애 아동의 신체발달을 촉진하기 위해서 편안하고 안전한 환경과 스스로 통제할 수 있는 환경 구성이 중요하다. 휠체어가 통과할 수 있는 문, 휠체어를 타고 움직일 수 있는 공간, 같은 높이의 교실 바닥, 그리고 실외환경의 경우 자갈 대신 모래나 목재사용, 볼풀ball pool설치 등은 지체장애 아동이 신체활동을 하는데 도움이 되는 환경이다. 또한 자세잡기, 이동, 일상생활을 위한 적응 보조도구는 어렸을 때부터 사용하면 신체가 기형적으로 발달하는 것을 미리 예방하는 역할을 한다. 대표적인 보조도구로는 서기 받침대와 수정된 의자, 휠체어, 음식물을 쉽게 떠먹을 수 있는 구부러진 숟가락, 긴 덧베개 그리고 개별 아동에게 적합한 의자 등이 있다. 또한 지체장애 아동의 소근육 기술을 지도하고 눈과 손의 협응을 발달하기 위해서 작은 사물을 집어보는 기회를 자주 제공한다. 예를 들어 미술 영역에 4개 구멍의 가위를 배치한다. 아동의 손가락 2개 외에 교사의 손가락 2개를 같이 넣을 수 있는 것으로, 처음에는 교사가 주도적으로 자르고 아동이 점차 독립적으로 자르도록 유도한다. 또한 교사는 신체발달을 위해서 구조화된 활동과 비구조화된 활동을 적절히 균형 있게 제공한다. 실외 놀이, 대근육 활동, 소근육 활동을 모두 포함하며, 아동이 이미 배운 신체능력을 반복하고 새로운 것을 학습하도록 일과표를 구성한다.

아동의 장애에 맞추어 교수방법을 적절히 변형하는 것은 지체장애 아동 교육의 승패를 좌우하는 중요한 요인이다. 지체장애 아동을 지도하는 데 중요한 방법은 '과제분석' 과정이다. 세분화한 부분과제로 아동의 능력을 평가하고 그 결과를 바탕으로 아동의 발달 수준에 가장 적절한 개별화된 교육목표를 정할 수 있다. 아동이 수행할 수 없었던 부분과제부터 학습을 계획하고 진행한다. 과제분석 방법을 통해 아동은 과제를 더 작게 나누어 목표를 습득하는 단계별 과정을 배울 수 있다. 부분과제를 수행하는 과정에서 교사는 아동에게 최대한 독립성을 키워줄 수 있도록 보조의 정도를 결정한다. 이를 통해 기본적인 신체기술이 습득된 후에는 일상생활 속에서 반복적으로 연습할 수 있는 기회를 제공한다. 상황이나 환경에 제한되지 않고 습득된 기술이 유지되고 일반화될 수 있도록 도와준다.

신체기술을 촉진하는 적절한 지도 원리를 구체적으로 살펴보면 다음과 같다.

준비가 되어 있나 관찰한다 준비가 되어 있지 않은 아동에게 운동기술을 수행하도록 지나치게 요구하면 아동이 다칠 위험이 있으며 잦은 실패를 경험할 수 있다.

동적 활동과 정적 활동을 교대로 제공한다 적절한 휴식과 재충전 시간이 특히 필요하므로 활발한 활동과 이완된 활동을 번갈아 수행한다. 한 번에 너무 많은 활동을 하지 말고 너무 길게 지속시키려고 강요하지 않는다.

활동은 단순하고 산만하지 않아야 한다 그러나 지나치게 단순한 것은 아동의 활동을 자극하지 못하기 때문에 적절한 수준의 활동을 제공해서 변화가 있는 경험을 하게 한다.

학습은 목표지향적인 것으로 한다 특정 운동기술이 아동에게 왜 중요한지를 이해시키고 학습을 진행하는 것이 효과적이다. 그래야만 아동은 운동기술을 배울 때 적극적으로 임할 수 있다. 아동이 능동적이지 않을 때 시범과 언어적 교수는 비효과적일 수밖에 없다. 또한 활동을 하기 전에 기다리는 것에 많은 시간을 소모해서는 안 된다.

뇌성마비

평가

뇌성마비는 뇌손상에 의한 마비, 협응장애, 기타 운동기능 장애로 특징 지워지는 선천성 발달신경운동 장애이다. 뇌성마비는 출생 전, 출생 시, 출생 후에 뇌의 비진행성 병변으로 운동조절 및 뇌와 관련된 손상이 원인이며,[Barshaw, 2002] 일반적으로 자세, 평형유지, 이동능력, 근육협응 등의 부족이나 손상을 포함한다. 또한 신생아 및 영아시기의 뇌손상까지도 포함하며 주로 만 2세 이전에 발생한 경우를 말한다. 뇌성마비는 전염성이 아니며, 진행성도 아니고 차도가 없다. 증후는 탐지하기 힘들 정도로 대단히 가벼울 수도 있고, 신체가 거의 완전하게 무력화될 정도로 대단히 심할 수도 있다.

뇌성마비 아동은 조음과 관련된 근육의 마비상태에 따라서 어눌한 발음을 내거나 아주 말을 못할 수도 있다. 말하기, 쓰기 능력이 부족하기 때문에 제대로 지능검사를 받지 못하거나, 주변의 편견 때문에 정신지체로 오해받는 경우도 많다. 그러나 구어 사용 능력의 결함이 곧 지능의 이상을 의미하는 것은 아니니다. 뇌성마비 아동은 우수아일수도 있고 평균적인 지능일 수도 있으며 정신지체일수도 있다. 약 75% 정도의 뇌성마비 아동들은 어느 정도의 정신지체가 함께 있는 것으로 보고된다.[Batshaw, 2002] 따라서 뇌성마비 아동을 교육시킬 때에는 실제 능력의 결함 속에 감춰지기 쉬운 아동의 인지능력과 기타 수반장애들에 대해 정확히 알아보고 그에 따른 교육을 실시하여야 한다.

뇌성마비의 형태는 매우 다양하기 때문에 일반화시키기는 어렵지만, 몇 가지 유형으로 분류할 수 있다. 뇌성마비의 분류에는 마비 부위에 따른 분류와 운동장애의 유형에 따른 분류가 있다. 마비 부위에 따라 단지마비[한쪽 상지나 한쪽 하지의 마비], 양지마비[양쪽 상지나 양쪽 하지의 마비], 편마비[한쪽의 상하지 마비], 대마비[우상지와 좌하지 또는 좌상지와 우하지 마비], 삼지마비[삼지의 마비], 사지마비로 분류된다. 그리고 운동장애의 유형에 따라서 경직형, 무정위운동형, 운동실조형, 강직형, 진전형, 혼합형 6가지로 분류된다. 또한 뇌성마비 아동 중에는 중복 장애가 있는 경우가 많다. 중복 장애는 언어장애[85~90%], 인지장애[60~70%], 시각장애[40%], 간질[35~45%], 청각장애[20%] 등이 빈번하게 나타난다.[Bowe, 2000]

지도

뇌성마비 아동의 85~90%가 말과 의사소통장애를 가지고 있는데,[미국뇌성마비협회, 1992] 이들의 장애는 손상된 지능, 혀의 운동 결함, 안면, 후두, 호흡 근육의 마비, 사회적 상호작용의 부족 등으로 발생한다. 따라서 뇌성마비 아동의 적응능력을 향상하기 위해서는 기능적인 의사소통체계를 제공한다. 뇌성마비 아동의 표현수단으로 말을 사용하는 것이 가장 바람직하지만, 가능하지 않다면 보완·대체 의사소통 체계를 마련해주는 것이 필요하다. 이는 아동이 의사소통에 실패하지 않고 능동적인 참여자가 될 수 있을 뿐 아니라 동기유발 형성에 필수적이기 때문이다.

보완·대체 의사소통의 유형은 크게 보조도구를 사용하지 않는 유형과 보조도구를 사용하는 유형으로 나누어 볼 수 있다. 전자는 의사소통을 할 때 얼굴표정, 몸짓, 손짓기호, 눈응시, 머리끄덕임 등 신체의 여러 부분을 이용하는 것이고, 후자는 블리스 상징bliss symbol, 그림·사진판, 글자판 등의 의사소통판이나 테크놀러지를 이용한 보조도구를 사용하는 것이다. 보완·대체 의사소통 체계를 적용할 때는 뇌성마비 아동의 인지기능, 언어능력, 신체기능 등을 고려한다. 뇌성마비 아동을 지도하는 구체적인 방안은 다음과 같다.

충분한 시간 제공하기　뇌성마비 아동은 즉각적으로 반응하는 데 어려움이 있기 때문에 아동의 반응을 충분히 기다려주어야 한다. 교사가 충분한 시간을 제공하지 않음으로 스스로 반응하지 못할 경우 아동은 점차 좌절하면서 무기력을 학습하게 된다.

뇌성마비 아동 특징 파악하기　뇌성마비 아동은 본인이 원하지 않아도 불수의적으로 나타날 수 있는 자세나 행동이 있음을 명심한다.

활동 보조하기　뇌성마비 아동이 최대한 활동에 참여할 수 있도록 지원한다. 물리치료사와 상담하여 참여를 돕는 보조기를 제공한다.

하위기술 익히게 하기　전체기술을 학습하는 데 어려움을 보이면 하위기술을 연습시킨다. 학습이 가능한 하위기술로 전체기술을 쪼개어 지도하는 것이 좋다.

언어적 지시 반복하기　운동기술을 배우는 데 있어 언어적·시각적·신체적 촉구는 뇌성마비 아동을 도울 수 있다. 아동이 언어적 지시에 반응을 보이지 않을 때, 손짓, 몸짓을 동반한 언어적 지시를 반복한다. 행동 수행을 위해서 시도되는 모든 하위단계에서 긍정적인 강화를 주며, 신체나 손짓을 사용한 촉구는 가능한 한 빨리 사라져야만 한다.

장애아 통합교육은 장애유아와 일반유아가 함께 생활하고 배움으로써 개개인의 능력을 최대한 발전시켜 나가는 것, 있는 그대로 서로를 인정하며 존중하는 것을 목적으로 한다. 여기서는 장애아 통합교육의 필요성과 장애아 통합교육의 최근 동향에 대해 살펴본다.

장애아 통합교육

장애아 통합교육의 필요성

1970년대와 1980년대 미국에서는 특수한 요구를 가진 학생을 일반 학급에서 교육하는 것을 기술하기 위한 용어로, '주류화'[mainstreaming]라는 단어를 보편적으로 사용하였다. 주류화는 장애아동이 주류 환경인 일반 학급으로 다시 들어가는 것을 의미한다. 그러나 1990년대 이후에는 '통합'[inclusion]이란 용어를 사용하고 있다.

통합은 물리적[시간적 통합], 학문적[교수 활동적 통합], 사회적[사회적 통합]으로 통합하는 것을 의미한다.[Kauffman, 1975] 여기서 '시간적 통합'은 장애아를 일정시간 동안 일반 또래들과 동일한 교육환경에 배치하는 것, '교수 활동적 통합'은 장애아가 일반 보육실의 보육활동에 의미 있게 참여하는 것, '사회적 통합'은 장애아가 자신이 통합되는 보육실의 교사와 또래들로부터 보육실 구성원으로서의 수용을 의미한다. 진정한 의미에서 통합이 이루어지기 위해서는 사회적 통합까지 이루어져야 하는데, 실제로 장애가 경한 아동의 경우에는 보육실 구성원으로서 완전히 수용되는 단계의 통합까지도 가능한 것으로 보고되고 있다.

장애아가 통합교육을 받아야 하는 철학적·법률적·교육적 이유는 다음과 같다.

첫째, 철학적 이유는 모든 아동은 정상적인 생활을 할 권리가 있으므로, 장애아동도 일반아동과 똑같이 높은 질의 프로그램을 경험하도록 한다. 장애아는 일반학급의 활동에 참여함으로써 일반아동 및 교사와 긍정적인 사회관계를 맺을 수 있다.

둘째, 법률적 이유는 장애를 이유로 일반시설에서 장애아 보육·교육을 거부할 수 없다는 점이다.

셋째, 교육적 이유로는 장애아가 일반시설에서 보육·교육되는 것이 장애아의 발달에 도움이 된다는 점이다. 일반시설 프로그램의 질이 우수하고 장애아의 욕구에 대해서 개별 학습이 계획되고 실현된다면, 통합 프로그램의 실행은 교육적으로 바람직하다.

장애아와 일반아를 통합하기에 가장 적절한 시기는 유아기이다. 이때 또래와 어울려 함께 생활하며 자연스럽게 관계를 형성하기 쉽기 때문이다. 그러므로 영유아시기에 장애아와 일반아가 함께 생활하고 교육받는 것은 장애아에게도 가장 바람직하다고 볼 수 있다.

장애아 통합교육의 최근 동향

미국의 장애아 통합교육의 최근 동향

미국의 장애아에 관한 법인 전장애아동교육법Education for All Handicapped Children Act은 1975년에 제정되고, 1980년부터 전면적으로 시행되었다. 이 법은 수차례 개정되다가 1997년 전면 개정되어 미국의 장애아는 출생부터 21세까지 무상으로 적절한 공교육과 지원을 받게 되었다.

전장애아동교육법은 개별화 교육계획, 최소제한환경, 일반교육 주도의 특징을 담고 있다. 이 법은 모든 장애아에게 적합한 개별화 교육계획Individualized Education Plan, IEP을 세우고 이를 문서화하며, 장애아의 부모나 장애아 자신이 그 계획 작성에 참여하도록 하였다.

또 특수교육을 최소제한환경Least Restrictive Environment, LRE을 규정하여 장애아가 가급적 비장애아와 같은 환경과 장소에서 교육받도록 하였고, 특수한 요구를 가진 아동에 대해 일반교육을 주도하는 통합교육방식으로 접근하려 했다.

이 법이 시행된 후 특수교육을 받게 된 아동의 수는 증가하였으나, 이 법으로 실현하려 했던 통합교육은 처음부터 제대로 실현되지 않았다. 그리하여 1980년대에 일반교육 주도Regular Education Initiative, REI로 알려진 통합교육운동이 일어났다. 이것을 계기로 하여 다양한 학습요구를 가진 아동을 보다 많이 통합하는 일반교육 체제를 확립하기 위해 특수교육, 일반교육, 보상교육의 효과적인 경험을 결합시킨 통합교육이 실시되었다.

전장애아교육법은 1990년에 장애인교육법Individuals with Disabilities Education Act, IDEA으로

개정되었다. 개정된 미국 장애인교육법은 적절한 무상공립교육Free and Appropriate Public Education, FAPE, 최소제한환경, 개별화교육프로그램Individualized Education Program, IEP, 이들과 관련된 안전장치 규정 등을 내용으로 포함하고 있다.

2004년 미국 부시대통령과 의회는 장애인교육법을 개정하면서 법명에 '향상' improvement를 추가하였다. 장애인교육법이 사실상 장애인교육향상법Individuals with Disabilities Education Improvement Act, IDEIA이라는 명칭을 갖게 되어 장애학생들에게 최고의 교육과정과 가르침에 대한 완전한 접근을 보장한다는 책무성을 갖게 된다.심인주, 2010

독일의 장애아 통합교육의 최근 동향

제2차 세계대전 이후 다방면으로 전쟁 복구가 이루어지면서 장애유아도 교육을 받아야 한다는 부모들의 요구가 확대되었다. 연방정부도 장애아 교육의 필요성을 인식하고 장애유아들을 위한 교육제도를 만들게 되었다. 이후 장애유아 통합교육은 세 가지 방향의 노력을 기초로 발전하게 된다.

첫째, 먼저 개인적인 노력에 의한 발전으로 1969년 헬브뤼게Hellbruegge 교수는 '햇볕 운동'이라는 개인재단을 설립하여 몬테소리 프로그램을 적용한 장애유아 통합교육을 시도하였다. 둘째, 장애유아 부모들이 통합교육의 필요성을 적극적으로 요구하여 연방정부가 일부이기는 하지만 일반 유아교육기관에서 통합교육을 실현하도록 지원하였다. 셋째, 장애유아 통합교육을 올바르게 실현하고자 장애유아 통합교육 모델 프로그램 개발을 계획하고 진행하였다. 이를 위한 경비는 연방정부에서 지원하여, 프로그램 개발을 위한 연구팀과 연구과정에 참여할 유아교육기관을 선정하였다. 이러한 노력으로 개발된 장애유아 통합프로그램이 현장에 적용되어 널리 확산된 결과, 1982년에는 60여 개 유치원이 장애유아 통합교육을 실시하게 되었다.

1994년 장애유아들이 격리된 기관에서 교육을 받는 것보다 일반유아들과 함께 교육을 받을 수 있는 기회가 우선임을 법적으로 인정하게 된다. 이후 2001년 독일의 사회법도 장애유아들을 위한 보호로써의 교육이 아니라, 장애유아 통합교육 자체를 핵심으로 간주한다. 이를 통해 장애유아들을 일반유아와 같은 맥락에서 이해하고 똑같은 기회를 가질 수 있도록 배려하게 되었다. 2006년 독일에서는 대략 41%의 유아교육기관에서 장애유아 통합교육을 실시하고 있다.

한국의 장애아 통합교육의 최근 동향

우리나라의 장애유아와 관련된 교육의 현실을 살펴보면, 1994년 특수교육진흥법 개정령에서 '통합교육'이라는 용어특수교육진흥법 제2조제6항와 그 실행에 관한 법규동법 제15조가 명시됨으로써 통합교육에 대한 법적인 지지가 공식적으로 이루어지기 시작했다. 1996년 1월 6일 보건복지부는 영유아 보육법 시행규칙을 개정하여, 장애유아 보육에 관한 규정을 신설하였다. 장애유아 대 교사의 비율을 1:5로 규정하고, 장애유아 10인당 특수교사 1인 채용을 규정하였다. 또한 1997년까지 국고보조 장애유아 보육시설 50개소를 신·증축하고, 당시 해당 교사의 인건비 70%를 지원하기로 하였다.

뿐만 아니라 1997년부터는 '장애유아 전담 보육시설'에 관한 지정과 운영기준이 마련되었다. 보건복지부는 장애유아 전담 보육시설로 지정된 시설에 장애 유형에 따라 필요한 치료사를 2인까지 지원하고 취사부 등의 인건비 지원 등을 추가 지원함으로써 장애유아 보육시설의 운영을 도왔다.

교육인적자원부에서는 특수학급을 증설하기 위해 2006년 국공립 교육대학, 사범대학 및 종합교원양성대학, 부설학교에 특수학급을 의무적으로 설치하도록 하였다. 이에 따라 2006년도에 부산교대 등 부설초등학교에서 특수학급을 설치하여 시범적으로 운영하였으며, 2007년도에는 경인교대 부설초등학교를 비롯한 32개소에서 특수학급을 설치 및 운영하였다. 또한 일반학교에 배치되는 장애학생 수가 계속 늘어남에 따라 유치원, 초·중·고등학교에 특수학급을 계속적으로 증설하였다2004년 4,366학급, 2005년 4,697학급, 2006년 5,204학급, 2007년: 5,753학급. 2008년 장애인 등에 대한 특수교육법이 시행되면서 유치원 과정의 경우, 특수교육대상자가 1인 이상 4인 이하인 경우 1학급을 설치하고, 4인을 초과하는 경우 2개 이상의 학급을 설치하고 있다. 또한 종일제를 운영하는 유치원 과정의 교육기관에 특수교육대상자가 배치되는 경우 특수교육대상자에 대한 종일제 운영을 담당할 인력을 학급당 1인 이상 추가로 배치할 수 있도록 하였다. 더 나아가 2012년 3월부터 특수교육대상자에 대한 의무교육이 만 3세부터 만 17세까지 15년간 확대 실시되었다.

Reference ;참고문헌

1장

강문희(2001). 유아생활지도. 파주: 교문사.

공석영·이규명·이은상·방인옥·김명숙(2000). 유아생활지도. 파주: 양서원.

김진경(2002). 전통유아교육 원리를 적용한 유아사회생활지도 모형연구. 신라대학교 교육대학원 석사학위 논문.

김충기·장선철(2001). 유아생활지도. 서울: 동문사.

이순형 외(2011). 아동복지 (제5판). 서울: 학지사.

조운주·최일선(2004). 유아교육기관에서의 유아생활지도. 서울: 창지사.

조희숙·공숙자·김선옥 공역(2003). 아동생활지도. 서울 : 창지사.

홍연숙·김진선·손윤경(2006). 영유아생활지도. 고양 : 공동체.

Blankenhorn, D.(1997). Life without father. In K. M. Paciorek & J. H. Munro, *Annual editions: Early Childhood Education, 97/98* (18th ed.). New York: McGraw-Hill(Original work published in USA Weekend, Feburary 24-26, 1995).

Duis, S, S., et al.,(1997). Parent versus child stress in diverse family types: An ecological approach. *Topics in Early Childhood Special Education, 17*(1), 53-73.

Elkind, D.(1995). 이동원·김모란·윤옥경 공역(1999). 변화하는 가족: 새로운 가족 유대와 불균형. 이화여자대학교 출판부.

Fields, M. V., & Boesser, C.(1994). *Constructive guidance and discipline: Preschool and primary education.* New York, NY: Merrill.

Miller, D. F.(2000). *Positive Child Guidance* (3rd ed.). Thomson.

2장

강문희(2001). 유아생활지도. 파주: 교문사.

권민균 외(2012). 아동발달 (개정판). 서울: 창지사

김순혜(2004). 현대 아동상담. 서울: 학지사.

김춘경 외(2002). 아동학개론. 서울: 학지사.

김현주(2001). 아동생활지도론. 서울: 학문사.

유효순·지성애(2002). 유아생활지도와 상담. 서울: 한국방송통신대학교 출판부.

이숙재·이봉선(1999). 영유아의 발달과 교육. 서울: 창지사.

장선철(2009). 유아생활지도. 서울: 태영출판사.

정옥분(2004). 전생애발달의 이론. 서울: 학지사.

조복희(1995). 유아발달. 서울: 교육과학사.

조희숙·공숙자·김선옥 공역(2003). 아동생활지도. 서울: 창지사.

Miller, D. F. (2000). *Positive Child Guidance* (3rd ed.). Thomson.

3장

박성옥 외(2003). 영유아의 건강과 안전. 서울: 창지사.

윤운성·정정옥(1998). 영아유아아동발달심리. 서울: 교육아카데미.

정옥분(2002). 아동발달의 이해. 서울: 학지사.

정옥분(2006). 사회정서발달. 서울: 학지사.

Ainsworth, M. D. S., Blehar, M. C., Waters, E., & Wall, S. (1978). *Patterns of attachment: A psychological study of the strange situation.* Hillsdale, N.J.: Erlbaum.

Baumrind, D.(1971). Current patterns of parental authority. *Developmental Psychology, 4*(1), 1-103. doi: 10.1037/h0030372.

Berk, L. E.(2000). *Child development.* Boston: Allyn & Bacon.

Caspi, A., & Silva, P. A.(1995). Temperamental qualities at age three predict personality traits in young adulthood. *Child Development*, 66, 486–498.

Friedrich-Cofer, L., & Huston, A. C.(1986). Television violence and aggression: The debate continues. *Psychological Bulletin, 100*, 364–371.

Thomas, A., & Chess, S.(1977). *Temperament and development.* New York: Brunner/Mazel.

4장

강숙현(2002). 관찰과 기록화를 통한 유아평가. 교육과학사.

김지은·김진숙(1996). 아동행동관찰. 하우.

김희진·박은혜·이지현(2000). 유아교육기관에서의 관찰. 창지사.

이은해(1997). 아동발달의 평가와 측정. 교문사.

이춘재 외(1998). 발달정신병리학: 영아기부터 청소년기까지. 중앙적성출판사.

최지영(2010). 아동생활지도. 동문사.

Burgess, C. S.(2005). *The evaluation of a multi-component early intervention strategy on school readiness levels. Unpublished doctoral dissertation.* Johns Hopkins University.

Cohen, R. J., & Swerdlik, M. E.(2005). *Psychological testing and assessment: An introduction to tests and assessment* (6th ed.). NY: McGraw-Hill

Kerlinger, F. N., & Lee, H. B.(2000). *Foundations of behavioral research* (4th ed.). Fort Worth: Harcourt College Publishers.

5장

공석영·이규명·이은상·방인옥·김명숙(2005). 유아생활지도. 서울: 양서원.

김경회 외(2006). 보육학개론. 서울: 창지사.

김경희(2007). 아동생활지도. 서울: 창지사.

김광웅(1996). 유아생활지도. 서울: 학문사.

김희경(2002). 아동청소년 문제행동의 이해와 생활지도 방안. 연세대학교 교육대학원 미출판 석사학위논문.

손덕순·이준우(2007). 정신보건사회복지론. 경기: 서현사.

장선철(1995). 유아생활지도. 서울: 동문사.

정옥분(2006). 사회정서발달. 서울: 학지사.

최태삼(2007). 이덕무의 사소절에 나타난 아동생활지도 원리 연구. 초등교육학연구, 14(2), 197-210.

홍연숙·김진선·손윤경(2006). 영유아생활지도. 서울: 공동체.

Allen, R. C.(1969). *Legal rights of the disabled and disadvantaged*(GPO 1969-0-360-797). Washington, DC: C. S. Department of Health, Education, Welfare, National Citizens Conference on Rehabilitation of the Disabled and Disadvantaged.

Catton, N.(1984). The development of self-esteem and self-esteem regulation. In J. E. Mack & S. L. Ablon (Eds.), The development and sustaining of self-esteem in childhood. NY: International Universities Press.

Essa, E.(1995). *A practical guide to solving preschool problem* (2nd ed.). NY: Delmar Publishers, Inc.

Eva L. Essa(1988). 지성애 역(1990). 유아행동지도. 서울: 양서원.

Fields, M. V., & Boesser, C.(1994). *Constructive guidance and discipline: Preschool and primary education.* NY: Macmillan Pub.

Gatrell, D.(1994). *A guidance approach to discipline.* NY: Delmar Pub.

Marion, M.(1991). *Guidance of young children* (3rd ed.). NY: Macmillan.

Miller, D. F.(2000). *Positive Child Guidance* (3rd ed.). Thomson.

6장

공석영·이규명·이은상·방인옥·김명숙(2005). 유아생활지도. 서울: 양서원.

김경희(2007). 아동생활지도. 서울: 창지사.

김광웅(1996). 유아생활지도. 서울: 학문사.

장선철(1995). 유아생활지도. 서울: 동문사.

정옥분(2006). 사회정서발달. 서울: 학지사.

지성애 역(1988). 유아행동지도. 서울: 양서원.

홍연숙·김진선·손윤경(2006). 영유아생활지도. 서울: 공동체.

Allen, R. C.(1969). *Legal rights of the disabled and disadvantaged*(GPO 1969-0-360-797). Washington, DC: C. S. Department of Health, Education, Welfare, National Citizens Conference on Rehabilitation of the Disabled and Disadvantaged.

Catton, N.(1984). The development of self-esteem and self-esteem regulation. In J. E. Mack & S. L. Ablon (Eds.), *The development and sustaining of self-esteem in childhood.* NY: International Universities Press.

Essa, E.(1995). *A practical guide to solving preschool problem* (2nd ed.). NY: Delmar Publishers, Inc.

Fields, M. V., & Boesser, C.(1994). *Constructive guidance and discipline: Preschool and primary education.* NY: Macmillan Pub.

Gatrell, D.(1994). *A guidance approach to discipline.* NY: Delmar Pub.

Marion, M.(1991). *Guidance of young children* (3rd ed.). NY: Macmillan.

Miller, D. F.(2000). *Positive Child Guidance* (3rd ed.). Thomson.

7장

Gartrell, D.(2008). 이은해 외 역(2008). 가이던스에 기초한 아동생활지도: 사회정서기술 가르치기. 서울: 시그마프레스.

Bredekamp, S., & Copple, C. (Eds.)(1997). *Developmentally appropriate practice in early childhood program* (Rev. ed.). Washington, DC: NAEYC.

Sherr, L., Skar, A. S., Clucas, C., Tetzchner, S. T., & Hundeide, K.(2011). *Evaluation of the parental guidance programme based on the international child development programme.* Report to the Ministry of Children, Equality, and Social Inclusion.

Center on the Social and Emotional Foundations for Early Learning(2008). *Using environmental strategies to promote positive social interactions.*

Fox, L., & Lentini, R. H.(2006). Teaching social and emotional skills. Young Children on the Web, Nov. 2006.

Joseph, G. E., & Strain, P. S.(2010). Building positive relationships with young children. CSEFEL, www.vanderbilt.edu/cssefel

Minnesota NAEYC, http://www.mnaeyc.org

The teaching pyramid. The Center on the Social and Emotional Foundations for Early Learning(CSEFEL), http://csefel.vanderbilt.edu

8장

The Center on the Social and Emotional Foundations for Early Learning(2012). Teaching your child to become independent with daily routines.

Moiser, W.(2009). *Developmentally appropriate child guidance: Helping children gain self-control.* Texas Child Care(Spring 2009).

Zero To Three.(2012). *Toddlers and challenging behavior: Why they do it and how to respond.* www.zerotothree.org

9장

권기남(2008). 사회성 발달. 이순형·이혜승·권혜진·이영미·정윤주·한유진·성미영·권기남·김정민(공저). 아동관찰 및 행동연구 (pp. 279-319). 학지사.

권혜진(2008). 인지 발달. 이순형·이혜승·권혜진·이영미·정윤주·한유진·성미영·권기남·김정민(공저). 아동관찰 및 행동연구 (pp. 179-219). 학지사.

김혜리(2001). 지각발달. 성현란·이현진·김혜리·박영신·박선미·유연옥·손영숙(공저). 인지발달 (pp. 127-180). 학지사.

대한소아과학회(2007). 소아청소년 표준 성장도표.

박선미(2001). 주의발달. 성현란·이현진·김혜리·박영신·박선미·유연옥·손영숙(공저). 인지발달 (pp. 75-126). 학지사.

성미영(2008). 언어 발달. 이순형·이혜승·권혜진·이영미·정윤주·한유진·성미영·권기남·김정민(공저). 아동관찰 및 행동연구 (pp. 221-249). 학지사.

한유진(2008). 정서 발달. 이순형·이혜승·권혜진·이영미·정윤주·한유진·성미영·권기남·김정민(공저). 아동관찰 및 행동연구 (pp. 251-277). 학지사.

중앙 m&b(2010). 1~2세 아이에게 꼭 해줘야 할 116가지.

중앙 m&b(2010). 3세 아이에게 꼭 해줘야 할 49가지.

Erikson, E.(1982). The life cycle completed: A review. NY: W. W. Norton & Co.

Fields, M. V., & Fields, D.(2006). 이희영, 허승희 역(2006). 아동생활지도: 구성주의적 접근. 21세기사.

Hoff, E.(2005). *Language development* (3rd ed.). Belmont, CA: Wadsworth.

Howes, C., & Ritche, S.(2001). *A matter of trust: Connecting Teachers and Learners in the Early Childhood Classroom.* Teachers College Pr.

Ruble, D. N., Taylor, L. J., Cyphers, L., Greulich, F. K., Lurye, L. E., & Shrout, P. E.(2007). The role of gender constancy in early gender development. *Child Development, 78*(4), 1121-1136.

Sheridan, M. D.(1997). *From birth to five years: Children's developmental progress.* London and New York: Routledge.

10장

권기남(2008). 사회성 발달. 이순형, 이혜승, 권혜진, 이영미, 정윤주, 한유진, 성미영, 권기남, 김정민(공저). 아동관찰 및 행동연구(pp. 279-319). 학지사.

송명자(1995). 발달심리학. 학지사.

여성가족부(2007). 표준보육과정 해설서: 영역별 목표와 내용.

이순형 외(2009). 보육과정. 학지사.

최순영(2006). 인간의 사회성격 발달심리. 학지사.

중앙 m&b(2010). 4세 아이에게 꼭 해줘야 할 58가지.

Bredekamp, S., & Rosegrant, T.(1992). *Reaching potentials: Appropriate curriculum and assessment for young children.* Washington, DC: NAEYC.

Miller, D. F.(2003). 조희숙, 공숙자, 김선욱 역(2003). 아동생활지도. 창지사.

Wolfgand, C. H., & Sanders, T.(1982). Teacher's role: A construct for supporting the play of young children. *Early Child Development and Care, 8*, 107-120.

11장

교육과학기술부(2007). 유치원교육과정 해설(II): 건강생활, 사회생활.

여성가족부(2007). 표준보육과정 해설서: 영역별 목표와 내용.

정옥분(2008). 사회정서발달. 학지사.

중앙 m&b(2010a). 6세 아이에게 꼭 해줘야 할 59가지.

중앙 m&b(2010b). 7세 아이에게 꼭 해줘야 할 60가지.

최순영(2006). 인간의 사회성격 발달심리. 학지사.

Bandura, A.(1965). Influence of model's reinforcement contingencies on the acquisition of imitative responses. *Journal of Personality and Social Psychology, 1*, 589-595.

Cummings, E. M., Iannotti, R. J., & Zahn-Waxler, C.(1989). Aggression between peers in early childhood: Individual continuity and developmental change. *Child Development, 60*, 887-895.

Droege, K. L., & Stipek, D. J.(1993). Children's use of dispositions to predict classmates' behavior. *Developmental Psychology, 29*, 646-654.

Eisenberg, N., & Fabes, R. A. (1998). Prosocial development. In W. Damon(Series Ed.), & N.

Eisenberg (Vol. Ed.), Handbook of child psychology: Vol.3. *Social, emotional, and personality development* (5th ed.). (pp. 701-778). NY: Wiley.

Emmerich, W.(1966). Continuity and stability in early social development: II. Teacher's ratings. *Child Development, 37*, 17-27.

Fabes, R. A., & Eisenberg, N.(1992). Young children's coping with interpersonal anger. Child *Development, 63*, 116-128.

Friend, M., & Davis, T.(1993). Appearance-reality distinction: Children's understanding of the physical and affective domains. *Developmental Psychology, 29*, 907-913.

Harrigan, J. A.(1984). The effects of task order in children's identification of facial expressions. *Motivation and Emotion, 8*, 157-169.

Harter, S.(1990). Issues in the assessment of the self-concept of children and adolescents. In A. M. LaGreca (Ed.), *Through the eyes of the child: Obtaining self-reports from children and adolescents.* Boston: Allyn & Bacon.

Lapsley, D. K.(1996). *Moral psychology.* Boulder, CO: Westview.

Maccoby, E. E., & Jacklin, C. N.(1980). Sex differences in aggression: A rejoinder and reprise. *Child Development, 51*, 964-980.

McCormack, T., & Hoerl, C.(2005). Children's reasoning about the casual significance of the temporal order of events. *Developmental Psychology*, 41, 54-63.

Nelson, S. A.(1980). Factors influencing young children's use of motives and outcome as moral criteria. *Child Development, 51*, 823-829.

Nesdale, D., & Lambert, A.(2007). Effects of experimentally manipulated peer rejection on children's negative affect, self-esteem, and maladaptive social behavior. *International Jounal of Behavioral Development, 31*(2), 115-122.

Rubin, K. H., Bukowski, W., & Parker, J. G.(1998). Peer interactions, relationships, and groups. In W. Damon & N. Eisenberg (Eds.), *Handbook of child psychology*(Vol. 3). New York: John Wiley & Sons.

Saarni, C.(1984). An observational study of children's attempts to monitor their expressive behavior. *Child Development, 55*, 1504-1513.

Siegal, M., & Peterson, C. C.(1998). Preschoolers' understanding of lies and innocent and negligent mistakes. *Developmental Psychology, 34*, 332-341.

http://www.police.go.kr

http://www.safe182.go.kr/cont/homeLogContents.do?contentsNm=182_miss_main

12장

강문희(2000). 유아생활지도. 서울: 교문사.

김준규·박희숙·추성경(2005). 유아생활지도. 서울: 동문사.

안영진(2007). 유아생활지도. 서울: 창지사.

이대균·송정원(2005). 유아교육기관에서의 유아생활지도. 경기: 양서원.

이시용·정환금·허승희·허종관(2000). 아동 생활지도와 상담. 서울: 교육과학사.

장선철(2006). 아동생활지도. 서울: 태영출판사.

조운주·최일선(2004). 유아교육기관에서의 유아생활지도. 서울: 창지사.

13장

권석만(2005). 현대이상심리학. 서울 : 학지사.

김광웅(1996). 유아 생활지도. 서울: 학문사.

박현주(2004). 부적응행동 유아를 위한 미술치료 사례 분석적 연구. 동아대학교 박사학위 논문.

박진아·이경숙·신의진(2009). 모-자녀관계와 어머니의 양육스트레스가 유아 문제행동에 미치는 영향. 한국심리학회지: 여성, 14(4), 549-566.

신의진·이경숙·황유정·박진아(2009). 부모와 교사가 보고한 유아 문제행동의 경향과 특성; 서울지역을 중심으로. 한국아동학회 2009년 춘계학술대회.

안영진·장선철(2002). 아동상담. 서울: 학지사.

유명순(2007). 모래상자놀이를 통한 부적응 행동유아의 자아존중감 및 친사회적 행동 변화양상에 관한 연구. 경성대학교 석사 학위논문.

유영의(1995). 부적응행동 유아에 대한 모래상자 적용 사례연구. 교원대학교 석사학위논문.

이경숙·신의진·전연진·박진아(2004). 한국 유아 행동문제의 경향과 특성: 서울지역중심으로. 한국심리학회지: 발달, 17(4), 53-73.

장선철(1992). 유아생활지도. 서울 : 동문사.

중앙사회복지연구회(1996). 사회사업사전. 서울: 이론과 실천.

황혜정·윤명희·강성빈·성낙운·황혜신(2002). 유아용 문제 행동 진단검사의 개발연구. 유아교육연구, 22(1), 77-88.

Americal Psychiatric Association(APA)(2000). *Diagnostic and statistical manual of mental disorders(DSM-IV-TR)*. Washington, DC: Author.

Anderson, J. C,, Williams, S., McGee, R., & Silva, P. A.(1987). DSM-III disorders in preadolescent children: Prevalence in a large sample from the general population. *Archives of General Psychiatry, 44*, 69-76.

Bower, E. M.(1970). *Early Identification of Emotionally Handicapped Children in School.* Springfield IL: Charles C. Thomas.

Chethik, M.(1989). *Techniques of child therapy: Psychodynamic strategies.* New York: Guilford Press.

Fauber, R. L., & Kendall, P. C.(1992). Children and families: Integrating the focus of interventions. *Journal of Psychotherapy Integration, 2*, 107-123.

Hewett, T. M.(1971). *The emotionally disturbed children in the classroom.* Boston : Allyn & Bacon.

Kendall, P. C.(1991). *Child and adolescent therapy: Cognitive-behavioral procedure.* New York: Guilford.

Kirt, S. A.(1972). *Educating exceptional children* (2nd ed.). Boston: Houghton Mifflin company.

Lazarus, A. A.(1981). *The Practice of multimodel therapy.* New York: McGraw- Hill.

Lazarus, A. A.(1984). Multimodel therapy. In R. Corsini (Ed.), *Current psychotherapies* (2nd ed.). Itasca, IL: F. E. Peacock.

Lesser, S. T.(1972). Psychoanalysis with children. In B. B. Wolman (Ed.), *Manual of child psychopathology* (pp. 847-864). New York: McGraw-Hill.

Raskin, N., & Rogers, C.(2000). Person centered therapy. In R. Corsini & D. Wedding (Eds.), *Current psychotherapies.* Itasca, IL: Peacock Publishers.

Reinbert, H. R.(1976). *Children in conflict.* Saint Louis: Mosby Co.

Quay, H. C., & Werry, J. S.(1979). *Psychopathological disorders of Childhood* (3rd ed.). New York: Wiley.

Watson, J., & Rayner, R.(1920). Conditioned emotional reactions. *Journal of Experimental Psychology, 3*, 1-14.

14장

강경미(2006). 아동행동수정. 서울: 학지사.

강문희·장연집·정정옥(2005). 아동정신건강. 서울: 정민사.

김나영·이승희(2002). 아동임상 및 상담심리. 서울: 동문사.

김준규·박희숙·추성경(2005). 유아생활지도. 서울: 동문사.

김충기·장선철(2002). 유아생활지도. 서울: 동문사.

박성수·유효순(1994). 아동생활지도. 서울: 한국방송통신대학교 출판부

유영의(1994). 부적응행동 유아에 대한 모래상자 적용 사례연구. 교원대학교 석사학위논문.

유효순·지성애(2002). 유아생활지도. 서울: 한국방송통신대학교 출판부.

장선철(1992). 유아생활지도. 서울: 동문사.

정용부·고영인·신경일(2003). 아동생활지도와 상담. 서울: 학지사.

조운주·최일선(2004). 유아교육기관에서의 유아생활지도. 서울: 창지사.

최국남·박순이(1999). 유아사회교육. 서울: 창지사.

홍강의·홍경자(1986). 초등학교아동의 행동문제연구(II). 서울의대 정신의학, 11(1), 39-47.

Buss, A. H., & Plomin, R. A.(1984). *Temperament: Early developing personality traits.* Hilsdale NJ: Erlbaum.

Hetherington, E. M., & Hagan, M. S.(1989). *Marital transitions: a child's perspective. Americal Psychologist, 44*(2), 303-312.

Zigler, E. F., & Finn-Stevenson, M.(1997). Policy efforts to enhance child and family life: Goals for 2010. In R. R. Weissberg, T. P. Gullotta, R. L. Hamption, B. A. Ryan & G. R. Adams (Eds.), Establishing preventive services. CA: Sage.

Zimbardo, P.(1982). *The shy child.* Garden City, NY: Dolphin.

15장

곽금주·박혜원·김청택(2001). K-WISC-Ⅲ. 서울: 도서출판특수교육.

김승국(1990). 적응행동검사. 서울: 중앙적성출판사.

김승국·김옥기(1985). 사회성숙도검사. 서울: 도서출판특수교육.

김영욱·김원경·박화문·석동일·윤점룡·정재권·정정진·조인수(2006). 특수교육학. 서울: 교육과학사.

김종현·윤치연·이성현·이은림(2005). 특수아동의 이해와 지도. 서울: 공동체.

박화문·박재국·김윤혜·김영한·김영경·박미화·이정순(2002). 장애유아 교육과 지도. 서울: 창지사.

변용찬·김성희·윤상용·임성은(2005). 장애인 이용시설 복지서비스 실태 및 개선방안 연구. 한국보건사회연구원.

신현기·변호걸·김호연·정인호·전병운·정해동·강영택·성수국·마주리·유재연(2005). 특수교육의 이해. 서울: 교육과학사.

심인주(2010). 한국과 미국의 특수교육법의 구조와 내용분석. 전남대학교 교육대학원 석사학위논문.

유수옥(2006). 유아특수교육론. 서울: 학지사.

이소현·박은혜(2006). 특수아동교육. 서울: 학지사.

조윤경·홍은주(2005). 장애 유아 통합 프로그램 실제. 서울: 창지사.

황수경(2004). WHO의 새로운 국제장애분류(ICF)에 대한 이해와 기능적 장애 개념의 필요성. 노동정책연구, 4(2), 127-148.

Barraga, N. C., & Enn, J. N.(1992). *Visual handicaps and learning.* Austin, TX: ProEd.

Batshaw, M. L.(2002). Children with disabilities (5th ed.). Baltimore: Paul Brookes.

Berkkell, D. E.(1992). *Autism: Identification, education and treatment. Hillsdale*, NJ: Eelbaum.

Bowe, F.(2000). Physical, Sensory, and health disabilites. Columbus, OH: Merrill/Prentice Hall.

Cook, R. E., Tessier, M. D., & Klein, A.(2000). *Adapting early childhood curricular for children in inclusive setting*. Upper Saddle River, NJ: Peason Prentice Hall.

Dunlap, L. K., & Dunlap, G.(1989). A self monitoring package for teaching subtraction with regrouping to students with learning disabilities. *Journal of Applied Behavior Analysis, 22*, 309-314.

Hallahan, D. P., & Kauffman, J. M. (2003). *Exceptional learners: Introduction to special education* (9th ed.). Boston: Allyn and Bacon.

Kirk, S. A., & Gallagher, J. J.(1989). *Educating Exceptional Children* (5th ed.). Boston: Houghton Mifflin Co.

Peterson, N.(1987). *Early intervention for nonhandicapped and at-risk children: Introduction to early childhood special education*. Denver: Love Publishing Co.

WHO(2003). ICF Introduction.

Index ;찾아보기

ㅅ

ㅇ

ㅍ

ㅎ

지은이

이소은

서울대학교 생활과학대학 소비자아동학과(학사)
서울대학교 대학원 아동학전공(석사)
North Carolina University 인간발달/아동교육 전공(Doctor of Philosophy)

현재 한국방송통신대학교 유아교육과 교수

이완정

서울대학교 생활과학대학 가정관리학과(가정학사)
서울대학교 대학원 생활과학대학 소비자아동학과(아동학석사)
Utah State University 가족 및 인간발달학과(아동학박사)

현재 인하대학교 생활과학대학 소비자아동학전공 교수

성미영

서울대학교 가정대학 소비자아동학과(가정학사)
서울대학교 대학원 아동학전공(가정학석사)
서울대학교 대학원 아동학전공(생활과학박사)

현재 서경대학교 아동학과 교수

권기남

서울대학교 생활과학대학 소비자아동학과(학사)
서울대학교 대학원 아동학전공(석사)
서울대학교 대학원 아동학전공(박사)

현재 울산과학대학교 유아교육과 교수

아동생활지도

2013년 2월 20일 초판 인쇄 | 2013년 2월 26일 초판 발행

지은이 이소은·이완정·성미영·권기남
펴낸이 류제동 | **펴낸곳** ㈜교 문 사

전무이사 양계성 | **편집부장** 모은영 | **책임편집** 최미현 | **본문편집** 아트미디어 | **표지디자인** 신나리
제작 김선형 | **영업** 이진석·정용섭·송기윤 | **출력** 아트미디어 | **인쇄** 동화인쇄 | **제본** 한진제본

주소 413-756 경기도 파주시 교하읍 문발리 출판문화정보산업단지 536-2 | **전화** 031-955-6111(代) | **팩스** 031-955-0955
등록 1960. 10. 28. 제406-2006-000035호 | **홈페이지** www.kyomunsa.co.kr | **E-mail** webmaster@kyomunsa.co.kr

ISBN 978-89-363-1337-1 (93370) | **값** 20,000원